U0917112

辽宁省社会科学规划基金2016年度马克思主义学科
重大研究方向项目成果

新时代中国特色社会主义理论创新发展研究

魏晓文 等 著

人民出版社

《马克思主义理论与中国道路》文库
总　序

马克思主义理论学科是对马克思主义进行整体性研究的学科，是马克思主义学科系统中的一个重要组成部分。马克思主义理论学科为加强国家主流意识形态的工作、推进党的思想理论建设和巩固马克思主义在高校教育教学中的指导地位提供了坚实的学科依据，为高校思想政治理论课教育教学提供了强有力的学科支撑，为高校思想政治理论课教师队伍提供了重要的学科平台。高校“要把马克思主义作为必修课，成为马克思主义学习、研究、宣传的重要阵地”，这是习近平总书记在全国宣传思想工作会议上对高校马克思主义理论学科建设提出的新要求、新任务，包含了高校马克思主义理论学科建设的新意蕴。2005年国家设立马克思主义理论一级学科，截至目前全国共有马克思主义理论一级学科博士点41个，一级学科硕士点178个，一级学科下设6个二级学科：马克思主义基本原理、马克思主义中国化研究、马克思主义发展史、国外马克思主义研究、思想政治教育、中国近现代史基本问题研究。

作为中国共产党1949年4月亲手创办的第一所新型正规大学，大连理工大学与新中国在崇高理想、科学精神和价值理念上具有深度融合与共鸣，表现为担当兴校强国使命的历史自觉，坚定不移跟党走的政治自觉，为国为民的行动自觉，传承民族精神血脉的文化自觉，这是大连理工大学特有的红色基因。

大连理工大学1950年7月成立政治教研室，1979年6月成立政治理论教学部，1984 年 7 月德育研究室与政治理论教学部合并成立社会科学系，1999 年 4 月成立人文社会科学学院，下设马克思主义理论课和思想品德课教学部。2009 年 4 月成立大连理工大学马克思主义学院。

大连理工大学在全国率先开设大学生德育课，是思想品德课的发源地。学院具有深厚的历史积淀和红色基因。1980 年 2 月我校首设必修课“共产主义思想品德课”（简称“德育课”），得到学生认可和国家教委的重视与肯定。时任国家教委副主任彭佩云专程到大连听取汇报，国家教委随后下发了《关于在高等学校开设共产主义思想品德课的若干意见》等系列文件，德育课、法律基础课、形势与政策课在全国高校推开。

大连理工大学是培养思想政治教育专家的摇篮。20 世纪 80 年代至 90 年代中期，在我校开办了 7 期德育教师培训班，每期 3 个月；利用暑假举办了 8 期德育研讨班，培训来自全国各地 2000 余名学员，成为全国的德育研究与交流中心。由此，国家教委首选大连理工大学、清华大学等 7 所高校创办思想政治教育专业，开设双学位班，成为培养思想政治教育专家的摇篮。

大连理工大学是全国首批获得思想政治教育专业硕士学位授予权 10 所院校之一，目前也是辽宁省唯一具有马克思主义理论一级学科博士点的学校。1987 年作为全国首批 10 所院校之一获得思想政治教育专业硕士学位授予权，2005 年获批马克思主义理论和思想政治教育二级学科博士学位授予权。2009 年思想政治教育获评辽宁省重点建设学科。2011 年获批辽宁省唯一的马克思主义理论一级学科博士学位授予权。2012 年设立马克思主义理论一级学科博士后流动站。

大连理工大学在全国最早开创了思政课案例教学和“大班授课、小班研讨”教学模式，在马克思主义理论教育教学、研究宣传和人才培养方面具有示范引领作用。大连理工大学思想政治理论课教学起步早、有创造，始于 20 世纪 80 年代的思想政治理论课教学开全国高校之先河，经过多年发展建设，形成了以案例教学和“大班授课、小班研讨”为代表的教学模式，特色鲜明，优势明显，与学校办学“红色基因”相映成辉。

中央宣传部、教育部于 2015 年 7 月 27 日印发了《普通高校思想政治理论课建设体系创新计划》（教社科〔2015〕2号）（以下简称《创新计划》），中共中央宣传部、教育部于2015年9月10日印发了《关于加强马克思主义学院建设的意见》（中宣发〔2015〕26号），教育部于2015年9月10日印发了《高等学校思想政治理论课建设标准》（教社科〔2015〕3号）（以下简称《建设标准》）。《创新计划》要求充分认识办好高校思想政治理论课的重要性和艰巨性，指出办好思想政治理论课，事关意识形态工作大局，事关中国特色社会主义事业后继有人，事关实现中华民族伟大复兴中国梦。2015年10月24日，国务院发布《统筹推进世界一流大学和一流学科建设总体方案》，《总体方案》提出，"到2020年，若干所大学和一批学科进入世界一流行列，若干学科进入世界一流学科前列"，即"双一流"建设。大连理工大学自2014年底开始，经过一年多时间的论证，确定马克思主义理论学科作为重点学科建设。

2016年3月2日，中共中央宣传部办公厅、教育部办公厅下发文件，公布了第二批全国重点马克思主义学院名单，包括大连理工大学马克思主义学院在内的全国12所高校的马克思主义学院入选。这是继中宣部、教育部确定首批9所全国重点马克思主义学院以来，确定的第二批全国重点马克思主义学院，至此全国共有21所高校的马克思主义学院是全国重点马克思主义学院。

为贯彻落实全国高校思想政治工作会议精神，按照《中共中央　国务院关于加强和改进新形势下高校思想政治工作的意见》以及《创新计划》《建设标准》《关于建设全国重点马克思主义学院的实施方案》和《统筹推进世界一流大学和一流学科建设总体方案》的要求，加强大连理工大学马克思主义理论学科建设，按照提高站位、突出特色、创新机制、超越发展的思路和有特色、出精品、有声音的要求，本着沟通交流、成果共享、共同提高的原则，大连理工大学马克思主义学院推出《马克思主义理论与中国道路》文库。这套文库是全国重点马克思主义学院大连理工大学马克思主义学院建设实施方案中"学术精品支持奖励计划"的一部分，也是大连理工大学实施"双一流"建设项目的内在组成部分。文库作为大连理工大学加强马克思主义学院建设和马克思主义理论学科建设的有机组成部分，重点围绕“马克思主义文化理论与中国文化发展道路”“中国政党与中国道路”“中国梦与中国道路教育研究”“中国近现代社会变迁与中国道路”“执政党建设规律与全面从严治党”等方向，集中精力，联合攻关，培育“马克思主义理论与中国道路”这个品牌。文库中的著作或者是我们学院教师承担的国家级、省部级课题的成果，或者是来自名校的年轻博士到我校工作后，将博士论文经过修改扩充之后的成果。我们希望通过这套文库持续不断地出版和若干年的努力，不仅能够进一步加强马克思主义学科建设，展示大连理工大学马克思主义学院研究马克思主义理论的成果，形成学科特色，而且为繁荣和发展我国哲学社会科学贡献我们的绵薄之力。

洪晓楠

2017 年 3 月 18 日于大连

目　录

第一章　新时代中国特色社会主义理论创新发展的逻辑起点……1
一、新时代中国特色社会主义理论创新发展的战略意义……1
二、新时代中国特色社会主义理论创新发展的学理依据……7
三、新时代中国特色社会主义理论创新发展的历史依据……12
四、新时代中国特色社会主义理论创新发展的时代依据……18
第二章　新时代中国特色社会主义创新发展的新部署……23
一、新时代中国特色社会主义创新发展的新依据……23
二、新时代中国特色社会主义创新发展的新布局……35
三、新时代中国特色社会主义创新发展的新任务……46
第三章　全面建成小康社会：新时代中国特色社会主义创新发展的奋斗目标……57
一、全面建成小康社会的新内涵……57
二、全面建成小康社会的战略地位……65
三、全面建成小康社会的路径新探索……70
第四章　全面深化改革：新时代中国特色社会主义创新发展的根本动力……92
一、全面深化改革的本质和特征……93
二、全面深化改革是中国共产党治国理政的重大战略抉择……99
三、全面深化改革的推进与实施……111
第五章　全面依法治国：新时代中国特色社会主义创新发展的本质要求……131
一、全面依法治国是坚持中国特色社会主义理论的本质要求……131

二、全面依法治国是完善中国特色社会主义法律体系的重要基础 ……140
三、全面依法治国是新时代中国特色社会主义的实施方略 ……………152
第六章 全面从严治党：新时代中国特色社会主义创新发展的伟大工程…165
一、新时代全面从严治党的理论缘起 ……………………………………165
二、新时代全面从严治党的理论创新 ……………………………………169
三、新时代全面从严治党的系统布局 ……………………………………183
四、新时代全面从严治党的战略价值 ……………………………………189
第七章 新发展理念：新时代中国特色社会主义创新发展的新要求………199
一、新发展理念的科学内涵及相互关系 …………………………………199
二、新发展理念是科学发展原则的必然要求 ……………………………211
三、新发展理念是对科学发展规律的深刻认识 …………………………216
四、新发展理念是破解发展难题的科学指南 ……………………………222
五、新发展理念对世界经济社会发展具有重要意义 ……………………227
第八章 “四个自信”：新时代中国特色社会主义创新发展的新境界………231
一、“四个自信”的提出 ……………………………………………………231
二、“四个自信”的科学内涵及相互关系 …………………………………248
三、“四个自信”的实践路径 ………………………………………………260
第九章 构建人类命运共同体：中国特色社会主义创新发展的全球新定位……………………………………………………………………266
一、构建人类命运共同体是中国特色社会主义走向世界的鲜明旗帜 ……………………………………………………………………266
二、走和平发展道路是中国特色社会主义走向世界的战略抉择 ………284
三、参与全球治理是中国特色社会主义走向世界的主要方式 …………299

后 记……………………………………………………………………314

第一章　新时代中国特色社会主义理论创新发展的逻辑起点

中国作为具有五千年发展历史的文明古国，在漫长的农业社会里创造了灿烂的古代文明。中国自古就产生了太平盛世、小康之家、大同社会、协和万邦的宝贵思想，这些思想成为中国在20世纪20年代接受马克思主义学说的文化之根。马克思主义传入中国之后，又经历了漫长的本土化过程，就是马克思主义中国化。马克思主义中国化既是学习的过程，更是创造的过程。毛泽东思想的创立，实现了马克思主义中国化的第一次理论飞跃。在毛泽东思想指导下，成功进行了新民主主义革命、社会主义改造和社会主义建设的初步探索，为当代中国发展进步奠定了政治前提和制度基础。随着时代的发展，邓小平等共产党人提出了建设中国特色社会主义的命题，在实践探索中成功创立了包括邓小平理论、“三个代表”重要思想、科学发展观在内的中国特色社会主义理论体系，实现了马克思主义中国化的第二次理论飞跃。进入21世纪第二个10年，在已有实践和理论成果的基础上，习近平新时代中国特色社会主义思想进一步丰富和发展了中国特色社会主义理论体系，使这一理论体系达到了新的理论高度。

一、新时代中国特色社会主义理论创新发展的战略意义

（一）中国特色社会主义理论创新发展是推进马克思主义中国化理论发展的新阶段

中国特色社会主义理论的创新发展是以马克思主义中国化理论发展为前

提的，并且是在此基础之上的新发展。马克思主义中国化实际上是把马克思主义基本原理与中国具体实际相结合。具体地说，就是灵活地运用马克思主义的基本原理解决中国的实际问题，将其同中国的历史、文化和实践紧密结合起来，实现马克思主义理论基于中国国情的丰富发展；马克思主义中国化更主要的是充分发挥马克思主义的方法论意义和实践价值，为中国革命、建设和改革等实际问题提供理论指导。在这个过程中，要特别注意把马克思主义与中国优秀传统文化有机融合，使中国在丰富多彩的实践中积累的宝贵经验凝练成理论，并且同中国的优秀历史和文化传统相结合，不断赋予马克思主义以鲜明的民族特色、时代特色、实践特色。

中国共产党是马克思主义中国化理论发展的坚强领导力量，可以说整个党的历史就是马克思主义中国化的发展历史。梳理马克思主义中国化发展脉络，明确中国特色社会主义理论的历史地位，有着重要的理论意义和现实意义。

中国共产党探索马克思主义中国化经历了三大历史阶段，分别是：新民主主义革命时期、新中国成立后30年以及改革开放的历史新时期。在这三个历史时期，党领导全国人民进行马克思主义中国化的艰辛探索，实现了两次指导思想上的历史性飞跃。第一次飞跃是在党面临右倾和“左”倾错误思想困扰，几度面临生死存亡的严重危险的情况下实现的。遵义会议的胜利召开，实现了党的历史上第一次伟大转折。从此至抗日战争后期的10年，以毛泽东为代表的中国共产党人积极思考中国发展的前途和命运，在对中国革命正反两方面经验教训的总结和提炼过程中创立了毛泽东思想，深刻反思了什么是新民主主义革命和怎样进行新民主主义革命的一系列根本问题，实现了马克思主义中国化的第一次历史性飞跃。在毛泽东思想指引下，取得了抗日战争和解放战争的伟大胜利。

新中国成立后，随着1956年社会主义基本制度在中国基本确立，我国进入社会主义初级阶段。这一时期，虽然经历了诸如“大跃进”“文革”等挫折，但在这个过程中积累了宝贵的经验教训，特别是形成了《论十大关系》《关于正确处理人民内部矛盾的问题》等一系列建设社会主义的科学思想。党在理论和实践上正反两方面的探索，为此后继续进行有中国特色的社会主义道路探索提供了思想和经验基础，为党的指导思想第二次历史性飞跃铺设了理论前阶。正如党的十九大报告总结的那样："我们党团结带领人民完成社会主义革命，确立社会主义基本制度，推进社会主义建设，完成了中华民族有史以来最为广泛而深刻的社会变革，为当代中国一切发展进步奠定了根本政治前提和制度基础，实现了中华民族由近代不断衰落到根本扭转命运、持续走向繁荣富强的伟大飞跃。"[①]党的十一届三中全会的召开，实现了历史性的伟大转折。党领导全国人民进入了新时期，这是党的历史发展的第三个阶段，开始了党在指导思想上的第二次历史性飞跃。和平与发展成为时代主题，邓小平以世界眼光分析世界发展大势和中国具体形势，在实践探索中创立了邓小平理论。在此之后，经过创新探索，逐步形成包括"三个代表"重要思想、科学发展观在内的中国特色社会主义理论体系。

十八大以来，中国共产党对中国特色社会主义理论的创造和创新进入新的发展阶段。以习近平同志为核心的党中央带领全国各族人民丰富发展了中国特色社会主义，在国家治理、社会主义建设等方面取得了一系列新的理论成果，推动马克思主义中国化向更深远更广泛的方向发展，将其推向了新的历史高度。习近平总书记在党的十九大报告中阐发了中国特色社会主义理论发展的最新成果——习近平新时代中国特色社会主义思想，是中国特色社会主义理论体系的重要组成部分。

（二）中国特色社会主义理论创新发展是中国特色社会主义理论体系的重要组成部分

习近平总书记根据变化了的国情，创造性地提出了一系列新论断新思想，为中国特色社会主义不断向前发展提供指导思想，创新发展了中国特色社会主义理论。习近平新时代中国特色社会主义思想的核心内容是"八个明确"和"十四个坚持"为主要内容的思想理论成果，它是中国特色社会主义

① 习近平：《决胜全面建成小康社会　夺取新时代中国特色社会主义伟大胜利——在中国共产党第十九次全国代表大会上的报告》，《人民日报》2017 年 10 月 28 日。

理论体系的重要组成部分，具有深远的指导意义。

2012年11月29日，习近平总书记在参观“复兴之路”展览时，第一次提出和阐述了中国梦，指出“实现中华民族伟大复兴，就是中华民族近代以来最伟大的梦想”①。此后，习近平总书记在一系列重大讲话中深刻阐述了中国梦的基本内涵、奋斗目标和实现路径。中国梦就是要实现中华民族伟大复兴，实现国家富强、民族振兴、人民幸福。

目前，我国正处在新的历史发展方位，具有很多新情况新特点。我们要想抓住机遇应对挑战，就必须进行新的伟大斗争，必须进行伟大的理论创造。党的十八届五中全会对习近平总书记系列重要讲话精神做了集中概括，创造性地提出了习近平治国理政新思想的概念，为习近平新时代中国特色社会主义思想的提出做了理论铺垫。党的十九大的成功召开，确立了习近平新时代中国特色社会主义思想的指导地位。习近平新时代中国特色社会主义思想，是十八大以来我们党进行理论探索取得的重大理论创新成果，是21世纪中国的马克思主义，是当代中国的马克思主义。

中国特色社会主义理论体系是一个前后连贯、不断发展的完整体系，它涵盖了邓小平理论、“三个代表”重要思想、科学发展观以及习近平新时代中国特色社会主义思想，是党和全国人民必须坚持和贯彻的指导思想，它始终引领中国社会的前进方向，是决胜全面建成小康社会，夺取新时代中国特色社会主义伟大胜利，实现中华民族伟大复兴中国梦的基本遵循。

（三）中国特色社会主义理论创新发展是马克思主义中国化的最新理论成果

习近平新时代中国特色社会主义思想的提出有其深刻的时代背景。我们正处在一个新的时代，这是一个伟大的时代。时代赋予马克思主义持久的生命力。

十九大报告指出：这是一个承前启后、继往开来、在新的历史条件下继

---

① 《习近平谈治国理政》，外文出版社2014年版，第36页。

续夺取中国特色社会主义伟大胜利的时代，是决胜全面建成小康社会、进而全面建设社会主义现代化强国的时代，是全国各族人民团结奋斗、不断创造美好生活、逐步实现全体人民共同富裕的时代，是全体中华儿女勠力同心、奋力实现中华民族伟大复兴中国梦的时代，是我国日益走近世界舞台中央、不断为人类作出更大贡献的时代。这是一个伟大的时代，习近平新时代中国特色社会主义思想是马克思主义中国化在新的时代背景下的集中体现，是马克思主义中国化的最新理论成果。

“时代是思想之母，实践是理论之源。”[①] 马克思主义中国化最重要的是对马克思主义中国化经验和理论成果的总结，党带领全国各族人民，经过几十年的艰辛探索，开辟了中国特色社会主义道路，形成了中国特色社会主义理论体系，确立了中国特色社会主义制度，发展了中国特色社会主义文化。十八大以来，中国特色社会主义取得了历史性新成就，国家的面貌发生了新的历史性变化，中国社会的主要矛盾发生了新的转化。总结和概括这些实践成就和变化，是党的理论创新的任务和使命。随着时代和实践的变化发展，以习近平同志为核心的党中央不断把党的成功经验上升为理论，赋予当代中国马克思主义鲜明的时代特色、实践特色、民族特色，使实践中的智慧不断条理化、系统化和理论化，创造性地创立了习近平新时代中国特色社会主义思想，完善了新时代中国的马克思主义理论体系。

（四）中国特色社会主义理论创新发展是迸发中国特色社会主义生命力、发挥中国特色社会主义优势的行动指南

历史和现实反复证明，只有将马克思主义基本原理与中国具体实际相结合，中国特色社会主义理论体系才会具有永久生命力。邓小平指出：“我们现在所干的事业是一项新事业，马克思没有讲过，我们的前人没有做过，其他社会主义国家也没有干过，所以，没有现成的经验可学。我们只能在干

① 习近平：《决胜全面建成小康社会　夺取新时代中国特色社会主义伟大胜利——在中国共产党第十九次全国代表大会上的报告》，《人民日报》2017 年 10 月 28 日。

中学，在实践中摸索。”① 邓小平通过对中国社会主义建设的长期探索，深刻总结国际经济发展的经验教训，在党的十二大上提出了“建设有中国特色社会主义”的命题，此后“中国特色社会主义”作为主题贯穿于党的全部理论和实践。

20世纪80年代末，国际环境发生激烈变化，整个世界朝多极化方向加速发展。面对苏联东欧改革进程中复杂多变的力量博弈，以江泽民同志为核心的党的中央领导集体始终坚持邓小平理论的根本立场和创新精神，继续开创中国特色社会主义发展新局面，发展了中国特色社会主义的强大生命力。党提出了“三个代表”重要思想，进一步回答了什么是社会主义、怎样建设社会主义，创造性地回答了建设什么样的党、怎样建设党的问题，提出了新阶段指导中国实践发展的新的思想理论，进一步丰富发展了中国特色社会主义理论体系。

党的十六大以来，以胡锦涛同志为总书记的党中央在全面建设小康社会的进程中，立足社会主义初级阶段基本国情，适应新要求并借鉴国内外发展经验，深刻总结中国特色社会主义发展实践，提出了科学发展观，科学地回答了实现什么样的发展和怎样发展的重大问题，为中国特色社会主义理论体系增添了新内容，体现了中国特色社会主义的强大生命力。

党的十八大以来，以习近平同志为核心的党中央，面对新时代新机遇新挑战，深刻把握国际国内变化了的发展实际，创造性地提出了“必须从理论和实践结合上系统回答新时代坚持和发展什么样的中国特色社会主义和怎样坚持和发展中国特色社会主义”这个重大时代课题，创立了习近平新时代中国特色社会主义思想，是党应长期坚持和发展的科学思想指引，是全党全国各族人民应长期坚持贯彻的行动指南。

---

① 《邓小平文选》第三卷，人民出版社1993年版，第258—259页。

二、新时代中国特色社会主义理论创新发展的学理依据

（一）世界社会主义五百年发展历程为中国特色社会主义理论创新发展提供学理依据

创新不是无源之水，无本之木，而是在继承前人成果的基础上不断发展的。世界社会主义发展至今，已有近500年的发展历史，它的最初形态是空想社会主义，大致发展时间为16世纪初到19世纪30—40年代，其影响几乎遍及欧洲，并达于美洲。空想社会主义自托马斯·莫尔等人开启之后，经过发展，到圣西门、傅立叶、欧文集其大成。空想社会主义的思想观点为科学社会主义的提出提供思想启发。莫尔文学描述式的空想社会主义者的局限在于反对阶级斗争、拒绝政治行动和幻想通过和平途径改造社会。之后的闵采尔、巴贝夫等空想社会主义者大大地前进了一步，对阶级斗争问题、建立革命组织问题、暴力革命和武装夺取政权问题、专政问题等提出了很多独到见解。闵采尔认为，无产阶级和劳动人民的解放是一个实践问题，因为“要使麦子抽花扬穗，就必须铲除一切杂草”①。恩格斯称赞闵采尔的政治纲领“接近于共产主义”。为建立平等共和国，巴贝夫提出了人民革命、武装起义推翻旧制度、劳动者革命专政、人民政权、建立平等共和国需要过渡阶段等思想。圣西门、傅立叶、欧文则提出了废除私有制和有关未来新社会的一系列天才设想。空想社会主义是早期无产阶级“对社会普遍改造的最初的本能的渴望”②，其中蕴含了科学社会主义的萌芽。

第一次工业革命的完成使无产阶级登上了历史舞台，空想社会主义逐渐暴露出了自身固有的缺点。无产阶级解放需要科学理论指导，社会主义从空想走向科学成为现实诉求。与此同时，马克思、恩格斯积极参加工人运动，不断进行理论总结，实现了社会主义从空想到科学的历史跨越。

---

① 王伟光：《社会主义通史》第三卷，人民出版社2011年版，第57页。

② 《马克思恩格斯文集》第2卷，人民出版社2009年版，第63页。

首先，马克思、恩格斯创立马克思主义，是中国特色社会主义理论创新发展根本性学理依据。19 世纪 40 年代初到 70 年代末，伴随资本主义大发展，现代社会的两大阶级——资产阶级和无产阶级之间的矛盾，在欧洲最发达国家中居首要地位，为科学社会主义的创立准备了物质条件、阶级基础。马克思恩格斯密切地关注和参加工人运动，反思工人运动失败的原因，努力为无产阶级解放和全人类的解放提供理论指导。他们批判地继承了前人的成果，主要是德国古典哲学、英国古典政治经济学、英国法国的空想社会主义，深入研究了资本主义经济运动的客观规律，提出唯物主义历史观和剩余价值学说，总结工人运动经验，提出科学的革命策略，并对未来社会基本特征进行系统表述，形成了完整的科学理论体系。

其次，列宁主义书写了马克思主义俄国化的历史篇章，是中国特色社会主义理论创新发展的重要学理启迪。19 世纪末 20 世纪初，世界矛盾的焦点和革命中心从西方向东方转移，世界历史进入新阶段。马克思的科学社会主义在西方发达国家里没有获得成功。列宁把马克思主义的普遍真理同俄国革命实际情况相结合，创立了无产阶级革命的崭新的理论形态——列宁主义，在东方落后的俄国取得了社会主义革命的伟大胜利，这启迪中国人民完全也可以走出中国特色的革命和建设道路。

再次，对“新经济政策”和苏联模式的对比反思，是中国特色社会主义理论创新发展的重要学理思考。从 20 世纪 20 年代初到 50 年代中期是社会主义从“一国到多国”的发展阶段。这一阶段，世界资本主义诸种矛盾进一步激化，世界无产阶级社会主义革命进一步发展并在欧亚一系列国家取得胜利，资本主义阵营和社会主义阵营的对抗逐渐形成和发展起来。列宁以巨大的理论勇气和务实态度，创造性地提出“新经济政策”，发展商品经济，取得了良好效果，为落后国家提供了重要的参照。列宁逝世后，苏联面临严峻的形势，在斯大林领导下比较早地结束了“新经济政策”，建立起了国家高度集中的斯大林模式，既取得了伟大成绩，也留下了深刻教训。这主要是在世界社会主义运动中，把苏联的一国模式复制推广，造成了各个社会主义国家只能有一个中心、一种模式的高度僵化的局面。经过对比反思，中国坚定了实行改革开放新政策的理论信心。

最后，社会主义从单一模式到多样化发展的理论探索，是中国特色社会主义理论创新发展的重要学理支撑。20世纪50年代后期至今，社会主义向多样化发展。资本主义世界借助当代科技革命和国家资本主义的力量，获得了相对繁荣稳定的发展，取得了很大的优势。社会主义国家力求探索符合本国实际情况的发展道路，建设有本国特点的社会主义。世界社会主义各国在探索革新的道路上，取得了重大成就，也发生了一连串的失误，付出了沉重的代价。不过，社会主义运动并没有失败，特别是中国共产党人经过多方面的艰辛探索，积累了正反两方面教训，在中共十一届三中全会以后逐渐形成了中国特色社会主义理论体系，成功解决了社会主义从单一模式到多样化发展的历史任务。

（二）中国化马克思主义为中国特色社会主义理论创新发展提供学理指导

中国共产党在推进中国革命、建设和改革的实践过程中实现了马克思主义的中国化，创造了中国化的马克思主义。马克思主义中国化是一个继往开来、前途远大的历史进程，目前已经经历的是三个阶段：

第一个阶段，马克思主义中国化的萌芽阶段，时间跨度为1918—1934年，代表人物主要有李大钊和毛泽东。李大钊于1918年7—12月发表了《法俄革命之比较观》《庶民的胜利》《布尔什维主义的胜利》，在国内开启讴歌俄国十月革命、宣传马克思主义的先河。经过五四运动的洗礼，1919年10月，他发表了《我的马克思主义观》，阐释了马克思主义的唯物史观、政治经济学和科学社会主义，李大钊的思想是马克思主义中国化的起点。青年毛泽东是这一时期思考并且实践把马克思主义同中国实际相结合的另一位代表人物。在李大钊和陈独秀的影响下，毛泽东开始接受马克思主义。毛泽东率先运用马克思主义的阶级分析方法撰写了《中国社会各阶级的分析》一文，对中国社会各阶级进行了科学分析，明确了中国革命的对象、依靠力量和团结力量。他实事求是地考察中国国情，深入考察农民运动在中国革命运动中的重要地位和作用，领导秋收起义和井冈山斗争，从实际革命运动中而不是书本中认识中国革命的内在规律，在抵制右倾机会主义和“左”倾教条主义的错误斗争中，探索农村包围城市的革命道路。1930年他写成了《反对本本主义》一文，这是中国共产党人对待马克思主义科学态度上的最早的理论自觉。他说：“马克思主义的‘本本’是要学习的，但是必须同我国的实际情况相结合。我们需要‘本本’，但是一定要纠正脱离实际情况的本本主义。”①

第二个阶段，是马克思主义中国化第一个理论成果——毛泽东思想形成和丰富发展阶段，时间跨度为1935—1976年。从1921年到1935年的14年间，中国共产党顽强奋斗，进行了可歌可泣的革命斗争。但是，总体来看中国共产党还处在幼年时期，右倾错误和连续三次“左”倾错误导致中国革命遭受严重挫折。1935年1月在长征途中召开的遵义会议事实上确立了毛泽东在党中央的领导地位，结束了教条主义在党中央的统治，遵义会议成为中国革命生死攸关的转折点。经过长征的千辛万苦，红军胜利到达陕北，建立了陕北抗日根据地，开始领导抗日战争的新征程。在相对和平的环境中，毛泽东和党中央总结正反两方面经验教训，在理论上迅速成熟起来。1938年10月，在党的六届六中全会的政治报告《论新阶段》中，毛泽东第一次向全党明确提出了“马克思主义中国化”的命题和任务，成为中国共产党人理论自觉和理论自信的光辉代表。经过延安整风运动，中国共产党学习马克思主义原著，学习中央文件等等，在思想上、政治上、组织上形成了高度的团结一致。1945年4—6月召开的党的第七次全国代表大会把毛泽东思想确立为党的指导思想。在毛泽东思想指导下，中国革命从胜利走向胜利，1949年建立了中华人民共和国；1956年完成了社会主义改造，建立了中国的社会主义制度，开始了中国社会主义建设的伟大探索。但是，在中国社会主义建设的进程中，马克思主义与中国实际的第二次结合并不是一帆风顺的。从1957年下半年开始，毛泽东对阶级斗争形势的估计和对国内主要矛盾的判断出现偏差，在指导思想上“左”倾错误越来越严重，并在1966年错误发

① 《毛泽东选集》第一卷，人民出版社1991年版，第111—112页。

动了“文化大革命”，教训非常深刻。

第三个阶段，是马克思主义中国化思想继承发展创造理论成果的新阶段，时间跨度为1978年至今。“文化大革命”结束以后，中国向何处去？中国社会主义怎么建？这需要马克思主义中国化理论成果和实践给予回答。邓小平高举毛泽东思想伟大旗帜，深入思考了社会主义建设这个基本问题，主张在正确评价毛泽东和毛泽东思想的基础上，团结一致向前看。党的十一届三中全会作出了把党和国家的工作重心由阶级斗争转到经济建设上来的重大决策，决定实行改革开放，探索中国社会主义建设的新模式、新道路。邓小平在十二大开幕词中指出：“我们的现代化建设，必须从中国的实际出发。无论是革命还是建设，都要注意学习和借鉴外国经验。但是，照抄照搬别国经验、别国模式，从来不能得到成功。这方面我们有过不少教训。把马克思主义的普遍真理同我国的具体实际结合起来，走自己的道路，建设有中国特色的社会主义，这就是我们总结长期历史经验得出的基本结论。”① 在改革开放的实践中，邓小平创造性地提出了一系列原创性的中国特色社会主义建设理论，构成了继毛泽东思想之后马克思主义中国化的第二个重大理论成果——中国特色社会主义理论体系的奠基性理论邓小平理论，党的十五大把邓小平理论确立为党长期坚持的指导思想。

以江泽民同志为主要代表的中国共产党人高举邓小平理论伟大旗帜，在东欧剧变、苏联解体的严峻考验面前，成功把中国特色社会主义事业全面推向21世纪。在总结改革发展稳定、内政外交国防、治党治国治军各方面的新鲜经验的基础上，创立了“三个代表”重要思想，进一步回答了“什么是社会主义、怎样建设社会主义”的问题，特别是创造性地提出和回答了“建设什么样的党、怎样建设党”的问题。因此，党的十六大把“三个代表”重要思想与毛泽东思想、邓小平理论一起确立为党长期坚持的指导思想。

进入21世纪的中国特色社会主义如何更好地实现发展，这成为摆在中国共产党人面前的重大任务。以胡锦涛同志为主要代表的中国共产党人，面

① 《邓小平文选》第三卷，人民出版社1993年版，第2—3页。

对人口、资源、环境的巨大压力，面对社会不和谐因素的大量存在，提出了以人为本、全面协调可持续发展等一系列重大战略思想，形成了科学发展观。科学发展观坚持以马克思主义为指导，放眼中国和世界在发展上的经验教训，及时而科学地回答了实现什么样的发展、怎样发展等重大问题，引领中国坚定不移走科学发展之路，推动中国GDP总量不断超越一些西方发达国家，发展成为世界第二大经济体。党的十八大把科学发展观确立为党长期坚持的指导思想。

党的十八大以来，以习近平同志为核心的党中央面对我国经济发展进入新常态等一系列深刻变化，继续接力创新，取得了改革开放和社会主义现代化建设的历史性成就，实现了历史性变革。我们党坚持解放思想、实事求是、与时俱进、求真务实，坚持辩证唯物主义和历史唯物主义，深化对共产党执政规律、社会主义建设规律、人类社会发展规律的认识，继续推进中国化马克思主义理论创新，取得重大理论创新成果，形成了习近平新时代中国特色社会主义思想。党的十九大提出了“中国特色社会主义进入新时代”的论断，把习近平新时代中国特色社会主义思想写入新党章，确立为全党全国人民为实现中华民族伟大复兴而奋斗的行动指南，必须长期坚持并不断发展。十三届全国人大一次会议通过的宪法修正案把习近平新时代中国特色社会主义思想载入宪法，实现了党和国家指导思想的与时俱进。

三、新时代中国特色社会主义理论创新发展的历史依据

中国特色社会主义是历史和人民的选择，是党应长期坚持和贯彻的根本成就和发展方向。

（一）党成立近百年的实践历程为中国特色社会主义理论创新发展提供历史依据

1840年鸦片战争以后，资本主义侵入中国，中国由拥有独立主权的封建社会逐步演变为山河破碎、民不聊生的半殖民地半封建社会。为了挽救灾

难深重的祖国，农民阶级革命派、地主阶级改良派、资产阶级维新派、民族资产阶级革命派先后登上历史舞台，无数仁人志士进行了可歌可泣的斗争，但都相继失败了。历史证明，中国的农民阶级虽然是革命的主力军却不是一个先进的阶级，民族资产阶级具有一些先进性和革命性，但是又具有严重的妥协性和不彻底性。这两大阶级都是近代以来中国民族民主革命的重要力量，但是都不能领导民主革命取得胜利。

伴随外国资本主义企业在中国的发展，特别是第一次世界大战期间中国民族资本主义的发展，中国现代无产阶级队伍不断发展壮大。与中国的农民阶级、民族资产阶级相比，中国的无产阶级与先进生产方式相联系，深受帝国主义、封建主义、官僚资本主义三重压迫，具有领导革命走向胜利的先进性和彻底性，为中国共产党的成立奠定了阶级基础。与此同时，1917 年俄国十月革命的胜利大大鼓舞了中国先进知识分子，由向西方学习救国救民的真理转向年轻的苏俄学习救国救民的真理。马克思列宁主义在中国的广泛传播，为中国共产党的成立奠定了思想基础。马克思列宁主义教会了中国先进分子以新的宇宙观来观察自己的命运，精神上从此由被动转向主动。1919 年中国巴黎和会外交失败激发了彻底的反帝反封建运动，激发了一大批先进知识分子的思想转变，进一步认识到中国的未来前景不应当是学习西方列强的社会制度，而应当向北方的苏维埃俄国学习。五四运动有力地促进了马克思主义同中国工人运动的结合，为中国共产党的成立做了思想上和干部上的准备。

1921 年 7 月 23—31 日，在上海和浙江嘉兴南湖召开了中国共产党第一次全国代表大会，成立了中国共产党，这是一个开天辟地的大事变。中国共产党成立以前，中国革命的目标和榜样是要在中国建立资本主义制度。中国共产党成立以后，中国革命有了全新的理想和目标，那就是通过革命手段走上社会主义道路。在共产国际的帮助下，中国共产党提出了中国革命的最低纲领和最高纲领，制定了中国革命的两步走战略：第一步进行反帝反封建的民主主义革命以期实现国内和平和国家独立；第二步进行社会主义革命，建立社会主义制度，最终实现共产主义。但是对于如何实现最低纲领和最高纲领，还需要中国共产党在具体的革命实践中进行探索研究和解决。中国共产党领导中国人民，从模仿俄国无产阶级政党的革命道路到找到中国的革命道路，付出了巨大牺牲，在实践中创造了具有中国自身特点的革命道路——“农村包围城市、武装夺取政权”。

特别可贵的是，中国共产党在实践创新的同时，进行了理论创新。1938年毛泽东指出：“马克思主义的中国化，使之在其每一表现中带着中国的特性，即是说，按照中国的特点去应用它，成为全党亟待了解并亟须解决的问题。”[①] 马克思主义中国化概念的提出，是中国共产党对苏联经验和中国自身革命实践认识上的质的飞跃，是中国共产党在方法论上的成长和成熟。马克思主义中国化思想的产生，具有巨大的思想解放意义，把坚持马克思主义与发展马克思主义统一起来，一方面大胆地坚持马克思主义基本原理，一方面大胆地推进中国特色的革命实践和对中国革命理论的大胆创造。在这一方法论的指导下，新民主主义理论诞生了，创造性地回答了中国革命为什么是民主主义性质的革命，又为什么这种民主主义的革命不能走资本主义道路而必须走向社会主义前途。这是中国思想界、理论界前所未有的思想大解放、理论大创造。在这一方法论的指导下，中国特色的社会主义改造理论和实践诞生了，中国确立了社会主义制度，进入了社会主义初级阶段。在这一方法论的指导下，中国特色社会主义理论体系形成了，打破了苏联模式，打破了对社会主义模式的教条主义理解的思想束缚，创造了中国特色社会主义的伟大奇迹。

（二）党执政 70 多年的实践历程为中国特色社会主义理论创新发展提供历史依据

如何建设社会主义？如何实现社会主义现代化？这是中国社会主义建设需要长期面对和回答的主题。经历了新中国成立初期的尝试与探索后，以毛泽东为主要代表的中国共产党人意识到了照抄照搬别国经验搞建设是行不通的，只有将他国经验与本国具体实际结合起来，才能实现社会的健康持续

---

① 《中共中央文件选集》第 11 册，中共中央党校出版社 1991 年版，第 658—659 页。

发展，提出了“以苏为鉴”“正确处理人民内部矛盾”和正确处理社会主义建设的一系列重大关系的理论，探索适合本国国情的发展道路，开始了艰辛的探索。

新中国成立初期，中国共产党面对着“一穷二白”的复杂国情。第一，中国因为跨越了资本主义的“卡夫丁峡谷”，经济结构和发展水平相对落后。第二，中国是一个地广人多、经济发展极不平衡的国家。第三，受近代中国社会性质的局限与影响，中国的劳苦大众生活苦不堪言，文化水平、受教育程度和科技水平都相对落后。第四，中国的社会主义建设是在20世纪下半叶的历史条件下开始的，国际环境有利有弊。因此，毛泽东曾反复强调，在中国社会主义建设的过程中，既不能把马克思主义教条化，也不能照搬照抄苏联模式，对苏联的社会主义建设经验要再认识，在社会主义建设的问题上要独立思考。正当此时，苏共召开了二十大。毛泽东认为苏共二十大既捅了娄子，又揭了盖子。一方面，毛泽东反对赫鲁晓夫全盘否定斯大林的做法；另一方面，毛泽东充分肯定苏共二十大在解放思想方面的意义。因为苏共二十大批评了对斯大林的个人崇拜和教条主义，揭露了苏联社会主义建设中的许多缺点和错误。

《论十大关系》的发表成为中国社会主义建设理论探索的良好开端。在我国社会主义改造与建设进入高潮之后，如何开拓出一条自己的社会主义道路，成为摆在全党和全国人民面前的一个重要任务。1956年4月25日，经过长期调查研究，毛泽东在中共中央政治局扩大会议上作了《论十大关系》的报告，标志着这一探索有了良好的开端。

在全国建设社会主义的历史新时期即将开始的时候，为了总结经验，向全党和全国人民提出新的任务，制定新的路线和政策，中国共产党第八次全国代表大会于1956年9月15日至27日在北京举行。这是党在全国执政后召开的第一次全国代表大会，分析了我国生产资料所有制的社会主义改造基本完成后国内形势及阶级关系，确定了党在新时期的根本任务。八大制定的路线是正确的。它关于中国社会主义社会主要矛盾、主要任务的分析和决策具有重大的理论意义和实践意义。此后20多年间，中国社会主义建设探索有两种取向，一种是按照八大制定的路线进行探索的比较健康的取向，取得了巨大成绩和宝贵经验；一种是逐渐偏离八大制定的路线在指导思想上比较“左”的发展取向，结果导致了“文化大革命”等严重“左”倾错误，这为改革开放树立了避免重蹈覆辙的路标。改革开放的基本立足点和对社会主要矛盾的判断，是对八大路线在新的历史条件下的一种回归。

（三）改革开放40多年的实践历程为中国特色社会主义理论创新发展提供历史依据

改革开放40多年来，马克思主义与中国具体实际的第二次结合不断丰富和发展，中国特色社会主义事业创新发展走过了不平凡的历程。

首先，确立党在社会主义初级阶段的基本路线。结束“文化大革命”以后，中国向何处去？是继续以阶级斗争为纲，还是把工作重心转移到以经济建设为中心上来？是否还要坚持四项基本原则？邓小平理论鲜明地回答和解决了这个问题，那就是“把马克思主义的普遍真理同我国的具体实际结合起来，走自己的道路，建设有中国特色的社会主义”①。邓小平领导确立了党在社会主义初级阶段的基本路线，即“一个中心，两个基本点”的基本路线，并强调基本路线要管100年，100年不能动摇。这里的100年实际是指它的长期性，特别是指中国特色社会主义的长期性。

其次，明确既不走封闭僵化的老路，也不走改旗易帜的邪路。正当中国改革开放如火如荼、开拓前进的时候，东欧剧变、苏联解体，苏联和东欧等一批社会主义国家放弃了社会主义道路改旗易帜。东欧剧变、苏联解体是不是意味着社会主义就失败了？中国改革开放是不是引进和发展资本主义？这成为中国特色社会主义创新发展必须解决的重大问题。1992年党的十四大庄严宣示，建设有中国特色社会主义的理论“是当代中国的马克思主义”②。1997年党的十五大正式把中国特色社会主义理论命名为邓小平

---

① 《十二大以来重要文献选编》（上），人民出版社1986年版，第3页。

② 《十四大以来重要文献选编》（上），人民出版社1996年版，第3页。

理论。2001 年 7 月 1 日，江泽民在庆祝中国共产党成立 80 周年大会上的讲话中说，“在新的历史时期，坚持马克思列宁主义、毛泽东思想，关键要坚持用邓小平理论去观察当今世界、观察当代中国，不断总结实践经验，不断作出新的理论概括，不断开拓前进”①。面对世界上一大批包括苏联共产党在内的大党老党执政党丧失政权的严峻现实，中国共产党在改革开放的条件下怎么办？理论创新的结果就是要增强中国共产党的先进性，“三个代表”重要思想应运而生。2002 年党的十六大把“三个代表”重要思想确立为指导思想。进入 21 世纪，以胡锦涛同志为总书记的党中央抓住重要战略机遇期，推进实践创新、理论创新、制度创新，提出了科学发展观。2012 年党的十八大在指导思想上又一次与时俱进，把科学发展观确立为党的指导思想。

再次，作出中国特色社会主义进入新时代的重大判断。在改革开放 40 年来马克思主义中国化思想的发展过程中，党的十九大的召开是具有里程碑意义的大事件。大会总结了十八大以来砥砺奋进的五年所取得的历史性成就和所发生的历史性巨变，对历史的要求、时代的脉搏和人民的向往作出了新的正确回应。指出：“经过长期努力，中国特色社会主义进入新时代，这是我国发展新的历史方位”②，并确立了习近平新时代中国特色社会主义思想的指导地位③。习近平新时代中国特色社会主义思想是对中国特色社会主义事业的时代化、系统化、理论化的全面阐述，实现了马克思主义中国化的又一次飞跃，是全党全国人民为实现中华民族伟大复兴而奋斗的行动指南。它科学阐述了“站起来”“富起来”和“强起来”之间的辩证关系，深刻阐释了科学社会主义在 21 世纪的中国发展道路，进一步解答了发展中国家实现现代化的理论课题，创造性地提出了解决人类问题的中国智慧和中国方案。理论创新是为实践服务的，新的理论也总是在人类社会实践过程中

---

① 《改革开放三十年重要文献选编》下，人民出版社 2008 年版，第 1168 页。

② 习近平：《决胜全面建成小康社会　夺取新时代中国特色社会主义伟大胜利——在中国共产党第十九次全国代表大会上的报告》，《人民日报》2017 年 10 月 28 日。

③ 《党的十九大报告辅导读本》，人民出版社 2017 年版，第 20 页。

产生。科学社会主义创始人对未来社会的展望，需要通过后人一代又一代的接力探索和实践才能最终实现。

我国正在开启建设中国特色社会主义的新的伟大时代。这个新时代，是同一社会形态内部不同阶段体现出的时代转换，是立足社会主义初级阶段而又为力图超越社会主义初级阶段奠定基础的新阶段，是实现社会主义现代化强国宏伟蓝图的新时代，是开辟中国特色社会主义伟大事业的新征程。

四、新时代中国特色社会主义理论创新发展的时代依据

（一）“新全球化”进程对中国特色社会主义理论创新发展提出新课题

20 世纪 70 年代以来，世界发生大变动大调整是中国特色社会主义理论体系形成的时代条件。在近 50 年的时间里，世界最为显著的变化，就是和平与发展成为时代的主题，苏联解体，东欧剧变，中国成长为世界第二大经济体。

当前，政治多极化、经济全球化、科技信息化的趋势明显，新科技革命正在孕育，同时，逆全球化、贸易保护主义、霸凌主义、单边主义兴起，世界经济政治格局深度重构。新科技革命在各个领域的发展和深化，推动着世界范围内生产力、生产方式、生活方式的深刻变化。纵观 20 世纪 70 年代后期以来世界格局，世界社会主义运动发生了严重挫折之后重新走向复兴，西方资本主义在长期和平中发展的同时，内部的矛盾冲突空前加剧。面对如此深刻巨大的变化与挑战，我们党要解决好时代提出的新课题，实现“两个一百年”奋斗目标，就必须从思想上跟上时代并引领时代。否则，党就有丧失先进性和领导资格的危险，中国梦就可能落空。习近平新时代中国特色社会主义思想的创立，正是我们党在迎接世界变革新浪潮、推进中国改革开放新实践基础上形成的理论创新成果，是新时代夺取新胜利的强大思想武器。

党的十九大报告重申：“全球治理体系和国际秩序变革加速推进”，“和平发展大势不可逆转”。“世界面临的不稳定性不确定性突出”，“人类面临许

多共同挑战。"①与过去的全球化不同,"新全球化"不是仅惠及发达国家10亿人口的局部现代化,而是可持续发展的普惠式新型现代化。比如,中国主导建立的亚洲基础设施投资银行、金砖国家开发银行等金融机构,已成为中国参与全球金融治理规则制定、调整,并使之发挥重要作用的新平台,弥补了现有体系的不足,并且正在改善广大发展中国家基础设施乃至全球民众的福祉。可以说,"新全球化"更加和平、共赢、协调,也更注重生态文明。当前,世界经济面临发展失衡、治理艰难、贸易摩擦加剧、单边主义盛行等严峻挑战。经济全球化模式发生新的变化,世界对于打造新一轮全球化秩序的呼声越来越高。中国共产党第十九次全国代表大会报告提出"推动经济全球化朝着更加开放、包容、普惠、平衡、共赢的方向发展"②,"推动构建人类命运共同体"③。这表明,中国将为确保全球化福祉分配更加公平,解决好全球化伴生的种种问题贡献中国智慧和中国力量。中美贸易摩擦不会改变全球化发展进程,不会动摇中国坚持多边主义、实现合作共赢的基本立场。中国是当下全球治理机制的受益者,同时也是改革者、完善者、奉献者。中国将继续本着共商、共建、共享的理念,加强国际合作,助力构建更加公平、公正、合理的国际经济新秩序。

面对复杂多变的国际环境,我们一定要坚定立场、认清形势。习近平总书记指出:在新形势下,要深刻领会中国特色社会主义是党和人民长期实践取得的根本成就,必须倍加珍惜。中国特色社会主义理论体系作为发展中国特色社会主义伟大事业的有力思想保障,应与时俱进地加以发展和创新。"新全球化"机遇和挑战并存,我们必须顺应时代潮流,加快中国特色社会主义理论的创新和发展。

---

① 习近平:《决胜全面建成小康社会　夺取新时代中国特色社会主义伟大胜利——在中国共产党第十九次全国代表大会上的报告》,《人民日报》2017年10月28日。

② 习近平:《决胜全面建成小康社会　夺取新时代中国特色社会主义伟大胜利——在中国共产党第十九次全国代表大会上的报告》,《人民日报》2017年10月28日。

③ 习近平:《决胜全面建成小康社会　夺取新时代中国特色社会主义伟大胜利——在中国共产党第十九次全国代表大会上的报告》,《人民日报》2017年10月28日。

（二）国情新常态对中国特色社会主义理论创新发展提出新要求

我国经济发展进入新常态，是以习近平同志为核心的党中央准确把握我国基本国情作出的重大战略判断。正确认识新常态、适应新常态、引领新常态，对于我们破解新的发展难题，实现经济高质量增长具有重大而深远的意义。有些人误读新常态，把新常态当作中国经济衰退的表现。其实不然，进入新常态固然有经济增速放缓的表象，但是党中央作出新常态判断实际上也是对我国迈向更高级发展阶段的明确宣示。

2014 年 5 月 10 日，习近平总书记在河南考察时首次明确提出新常态。他指出："我国发展仍处于重要战略机遇期，我们要增强信心，从当前我国经济发展的阶段性特征出发，适应新常态，保持战略上的平常心态。"① 此后，围绕新常态问题，习近平总书记发表了一系列重要观点。他强调："我国经济发展进入新常态，是我国经济发展阶段性特征的必然反映，是不以人的意志为转移的。认识新常态、适应新常态、引领新常态，是当前和今后一个时期我国经济发展的大逻辑。"② 要正确认识我国经济发展的阶段性特征，进一步增强信心，适应新常态，共同推动经济持续健康发展。他强调，中国经济发展已经进入新常态，向形态更高级、分工更复杂、结构更合理阶段演化，这是我们做好经济工作的出发点。从这些观点上看，新常态的到来既具有客观必然性，又具有历史进步性。

习近平总书记进一步从认识我国经济转型升级规律性的角度看问题，主张全面地联系地发展地去看清新常态。强调只有立足于从消费需求、投资需求、出口和国际收支、生产能力和产业组织方式、生产要素相对优势、市场竞争特点、资源环境约束、经济风险积累和化解、资源配置模式和宏观调控方式去看待和把握新常态，才能更准确、更深刻、更全面地认识新常态阶段性、规律性，从而正确制定当前及未来一个时期我国经济发展战略和政策。我国经济发展进入新常态后的特点是：增长速度从高速转向中高

---

① 《习近平关于全面建成小康社会论述摘编》，中央文献出版社 2016 年版，第 22 页。

② 《习近平谈治国理政》第二卷，外文出版社 2017 年版，第 233 页。

速，增长方式从规模速度粗放型转向质量效率集约型，经济结构上从增量扩能为主转向调整存量、做优增量并存，发展动力上从传统增长转向创新增长。因此需要正确认识新常态，更要主动作为，不断增强调结构、转方式的自觉性和主动性。

经济发展新常态之所以“新”，不仅在于当前我国经济发展呈现若干新的特征，而且包含新的战略方针、新的制度条件，包含新的思想方法、新的工作理念。首先，新的战略方针：以提高经济发展质量和效益为中心的战略取向。其次，新的制度条件：市场的决定性作用与政府的调控作用相辅相成。再次，新的思想方法：强烈的问题意识。最后，新的工作理念：不为压力所动的战略定力。习近平总书记反复强调，该改的坚决改，不能改的坚决不改，绝不能犯颠覆性错误；要敢作为、勇担当；要发扬钉钉子精神，以踏石留印、抓铁有痕的劲头，切实把工作落到实处。

（三）党情新变化为中国特色社会主义理论创新提供新机遇

中国共产党是领导中国特色社会主义的核心力量。充分认识和准确把握党情的新变化，对于加强党的领导，改进党的建设，促进中国特色社会主义理论创新具有十分重要的意义。

第一，从党员队伍发展看，规模在扩大、结构在优化、素质在提高，但也面临不少新挑战。经过长时间发展，中国共产党早已成为世界第一大党。2013 年 1 月，习近平总书记在中央政治局会议上，明确提出党员发展和管理工作的总要求：控制总量、优化结构、提高质量、发挥作用。近年来，党员队伍出现了积极变化。2013 年，全国发展党员 240.8 万名，与 2012 年相比减少 82.5 万名。2015 年，30 岁及以下党员达到 1375.2 万名。中国共产党的党员队伍后继有人，充满生机活力；党员的文化程度在逐步提高，党在高学历人群中的影响力和凝聚力日益增大；党员年龄结构比较合理。但同时我们也要看到党员队伍建设面临的挑战。比如年轻党员的数量和比例较高、非公有制企业和社会组织的党组织管理难、社区基层党组织怎么管、如何更好地发挥党员作用等等，这就需要在推动工作中进行理论创新。

第二，从党的自身建设看，全面从严治党取得很大成绩，但党内还存在不少突出问题。办好中国的事情，关键在党。党的十八大以来，我们党坚持全面从严治党，要求各级党组织把抓好党建作为最大的政绩，党的建设成效显著。首先，管党治党宽松软状况得到遏制，党的领导和党的建设全面加强。推动全党尊崇党章，增强“四个意识”，党中央权威和集中统一领导得到坚决维护。其次，通过加强学习和教育，党性更加坚强。常态化制度化地推进党的群众路线教育实践活动、“三严三实”专题教育、“两学一做”学习教育、“不忘初心、牢记使命”主题教育，全党理想信念更加坚定。再次，选人用人状况和风气明显好转。贯彻新时期好干部标准和制度建设，党内法规制度体系不断完善，公信力不断提高。复次，反腐败斗争取得压倒性胜利。中央出台八项规定，把纪律挺在前面，巡视利剑作用有效发挥。但是同时，党的建设方面还存在不少薄弱环节。比如一些党员干部理想信念缺失，理论水平不高，“四个自信”不牢固，“四个意识”没有树立，抱有等待放松从严治党的心理，违反八项规定、懒政怠政等问题仍然存在。因此，必须加强党的理论创新，用习近平新时代中国特色社会主义思想武装头脑。在新时代，党必须肩负起坚持、丰富和发展习近平新时代中国特色社会主义思想的历史重任，不断领导开辟中国特色社会主义事业的新境界。

第二章　新时代中国特色社会主义创新发展的新部署

"中国特色社会主义"是改革开放以来党和国家一以贯之的主题。习近平总书记在党的十九大报告中指出，"中国特色社会主义进入了新时代"。那么，何谓新时代？如何在新的指导思想下谋划、部署党和国家的事业以及发展战略？这就必须厘清新时代的新依据、新布局、新任务。这对于我们深化理解新时代中国特色社会主义，建构新时代中国特色社会主义创新发展的新部署具有重要意义。

一、新时代中国特色社会主义创新发展的新依据

（一）新时代的基本国情

国情是判断时代发展的基本依据。那么，国情是什么呢？它是指一个国家在特定历史发展阶段整体情况的展现，这里主要包括一个国家的自然地理环境、社会经济发展状况、历史文化传统以及国际关系等各个方面的总和。当然，也具体包括国家经济发展水平、生产力发展状况、历史演变、文化传统、价值取向、政治文化、人口、国民素质等因素。我们这里所讲到的基本国情则主要是指一个国家发展的基本性质、发展阶段、发展程度、发展水平，即构成国家诸多要素综合作用而呈现出来的总体状态、特征及趋势。客观分析国情乃是制定和执行正确的路线方针政策的基本依据。正如毛泽东曾指出："认清中国社会的性质，就是说，认清中国的国情，乃是认清一切

革命问题的基本的根据。”[①] 实际上，构成一个国家国情的要素有很多，而不同的要素在国家发展中起到的作用是不一样的。所以，我们在分析国情时既没有必要也不可能把所有要素考虑进来，而是主要看关键性的要素的变化对于国家的影响，也就是说，我们基本上可以通过关键要素的变化来把握国情。当代中国最基本的国情即是社会主要矛盾的变化以及我国仍处于社会主义初级阶段的现实。只有客观分析并准确把握新时代的基本国情，才能推动中国特色社会主义创新发展。

1. 社会主要矛盾的变化

马克思主义认为，主要矛盾决定着事物其他内在矛盾的存在和发展，在事物发展过程中起领导和决定性的作用。抓住主要矛盾也就抓住了事物发展的中心和重点，主要矛盾的变化必然导致事物中心和重点的改变。党的十九大作出了中国特色社会主义进入新时代的新判断，其主要原因在于我国的社会主要矛盾已经由改革开放初期的人民日益增长的物质文化需要同落后的社会生产之间的矛盾转变为人民日益增长的美好生活需要和不平衡不充分的发展之间的矛盾。可以说，社会主要矛盾的转变，带动了党和国家工作中心和重心的转变，进而影响我国发展的全局，并对党和国家提出新的更高的要求。那么，如何判断社会主要矛盾发生的变化呢？我们主要从两个方面分析：

一方面，从人民需求来看。人民日益增长的物质文化需要已经转变为人民日益增长的美好生活需要。改革开放40多年来的苦心孤诣、上下求索，推动了国家生产能力的迅猛发展。伴随着人民生活水平的整体提高，个体的需要也在不断提升，人们的需求早已超越了“经济”“文化”两个传统需求领域，在民主、法治、公平、正义、安全、环境等方面的要求日益增长。以人民群众的消费需求为例，改革开放之初的“三转一响一咔嚓”（缝纫机、手表、自行车、收音机、照相机），是极具标志性的奢侈品；80年代则转变为“三机一箱”（收录机、洗衣机、电视机、冰箱）；90年代家庭主要配备又变为电话、电脑和空调；进入21世纪以来，人民群众的消费需求包含了

① 《毛泽东选集》第二卷，人民出版社1991年版，第633页。

汽车、住房、旅游等。可以说，从 20 世纪 70 年代到今天，人民群众的消费需求随着经济发展水平和消费水平的提升在不断发生着变化。综上而言，在温饱问题已经得到解决、全面建成小康社会的目标即将达成的状态下，人民需求也在相应地变化和提高。概言之，人民对生活的需要已不再单纯局限于物质生活层面，而是对全方位、多领域美好生活的需求。人民需求发生了一个从物质满足到品质享受，从物质需求到对公平、法治、民主、正义等“非物质”形态需求的转变和提升。

另一方面，从社会生产来看。落后的社会生产已经转变为不平衡不充分的发展。社会生产是判断社会生产力水平和整个国民经济发展水平的重要标尺。回顾历史可以发现，改革开放之初我国社会生产是十分落后的。但经过 40 多年的改革开放的实践，我国社会生产力水平总体上显著提高，在诸多方面和领域都进入了世界前列。如 1978 年，我国国内生产总值为 5689.8 亿元，而到 2019 年我国国内生产总值达到 990865 亿元，稳居世界第 2 位。可以看到，改革开放以来的 40 多年，我国社会生产力水平得到巨大提升。因此，中国特色社会主义进入新时代，我国发展中面临的突出问题就变为不平衡和不充分的发展的问题。这里所说的不平衡，主要表现在城乡之间、区域之间、人与自然、经济建设与总体安全之间以及“五大建设”之间等横向发展上的不平衡；而不充分的发展则主要表现为社会生产力发展、社会创新能力、人均 GDP 以及发展成果共享等纵向发展上的不充分。一言以蔽之，不平衡的发展凸显的是横向发展领域的不全面、不协调；而不充分的发展则强调的是社会发展质量与人民期待之间的纵向落差。判断社会主要矛盾必须从人民需求和社会发展两方面着手，整体把握时代发展的脉搏。

2. 依然处于社会主义初级阶段

改革开放以来，我国经济社会发展取得了翻天覆地的变化，经济总量在 2010 年就已经超过日本，成为世界上第二大经济体。国际货币基金组织 2014 年 10 月 7 日的报告显示，以购买力平价计算，美国 2014 年经济规模为 17.4 万亿美元，中国达到 17.6 万亿美元。这也就是说，以购买力平价计算，中国已经超越了美国成为世界第一大经济体。尽管这只是一种计算口径结果，甚至是带有某种战略意图的结果，但也在一定程度上说明了中国社会的发展程度。由此，我们必须回答的一个问题是，我国是否还处于社会主义初级阶段，是否还是一个发展中国家？我们必须重点把握这一问题。习近平总书记在党的十九大报告中对此给出了明确回答，我国处于社会主义初级阶段的国情没有变，我国是世界上最大的发展中国家这一国际地位也没有变。十九大作出如此判断的依据是什么呢？这一判断反映出的最大国情特征是什么呢，其价值和意义何在？实际上，这就是当代中国最大的国情。而十九大作出这一判断的依据就是构成国情的诸多要素在中国历史发展的时空背景中相互作用而呈现出来的这一总体状态、基本特征和发展趋势，其最为重要的价值和意义则在于为我们客观看待中国社会的发展历史、现实状况、未来走向等提供了基本参照。具体而言，有以下几个方面：

第一，从地域分布来看，人口的东西分布、城乡分布不均衡并且差距明显。我国是有着几千年农耕历史的国家，农业人口在我国占据较大比重。换句话说，我国城市化发展水平天生不足。据 2012 年 8 月中国社会科学院发布的《城市蓝皮书：中国城市发展报告 NO.5》显示，中国城镇化率在历史上首次突破 50%，城镇常住人口第一次超过了农村常住人口，标志着中国社会结束了以乡村为主体的时代，开始进入到以城市为主体的新的城市时代，这是中国社会结构的一个具有历史性的变化。2019 年国民经济和社会发展统计公报数据显示，2019 年末全国大陆总人口 140005 万人，比上年末增加 467 万人，其中城镇常住人口 81347 万人，占总人口比重（常住人口城镇化率）为 58.52%，比上年末提高 1.02 个百分点。户籍人口城镇化率为 44.38%，比上年末提高 1.01 个百分点。① 总体来看，我国的城镇化进程仍然具有很大的发展空间。更为重要的是，由于城乡二元体制、城乡之间的户籍壁垒以及由此引来的两种不同的资源配置结果、两种不同的社会身份等深层次问题，我国在城乡一体化发展的道路上仍然任重而道远。

① 《中华人民共和国 2019 年国民经济和社会发展统计公报》，国家统计局网站 2020 年 2 月 28 日。

第二，人口老龄化问题突出。人口老龄化问题是我国社会发展所面临的一个重要问题，急需合理解决。通常，国际上把60岁以上的人口占总人口比例达到10%，或65岁以上人口占总人口的比重达到7%，作为衡量一个国家或地区进入老龄化社会的标准。审视中国，2019年我国60岁及以上人口已达2.5亿人，占总人口的18.1%，而65岁及以上人口为1.7亿人，占总人口的12.6%。① 无论依据哪一个标准，中国社会进入老龄化已经为客观事实。和发达国家的老龄化相比，中国的老龄化具有如下特点。一是“未富先老”。遍观世界，先期进入老龄化的发达国家，目前人均GDP已达到两万美元以上，人口老龄化和国内生产总值匹配得当，可以说是“先富后老”。而反观中国，到2017年人均国内生产总值约为8800美元，老龄化趋势就已经十分明显，表现出“未富先老”的显著特征。二是提前达到高峰。国家推行计划生育政策，导致人口出生率迅速下降，较低的出生率、更低的死亡率必然加快中国人口老龄化的进程。三是在多重压力下渡过人口老龄化阶段。21世纪前半叶，中国改革和发展任务繁重，社会矛盾纷繁复杂、社会问题交织出现，这就致使解决人口老龄化问题相对于发达国家更为艰巨。与老龄化问题相对应的便是人口低生育率，这就导致劳动力人口越来越少。同时，不同地区的老龄化问题也是不同的，以辽宁为例，近几年东北地区的经济发展成为社会关注的一个热点问题，人口流失、人才流失的情况比较明显。2013年，沈阳市、大连市老年人口均已突破百万。这些问题的突出就促使我国国策不断调整，2013年以来计划生育政策开始调整，从单独两孩政策到2015年全面放开二孩政策，但每年实际新增人口与国家评估的新增人口存在较大差距。

第三，社会阶层结构变化。当前中国社会发展具有明显变化特征的一方面还包括社会阶层结构，过去中国社会的结构主要包括工人、农民、知识分子这一基本结构，改革开放以后，这一基本结构发生了显著的变化。一是

① 《中华人民共和国2019年国民经济和社会发展统计公报》，国家统计局网站2020年2月28日。

农民已经不是小农经济下的农民，进城打工的农民已不是农耕方式下的农民，进入大城市被推进市场经济大潮中的农民已不是同父辈具有相同观念的农民。二是第二产业工人规模的下降，在第三产业就业的服务业人员不仅增长速度最快，而且在规模上也将逐渐超过第二产业就业的工人。三是社会上出现了一些新的社会阶层，社会阶层再也不是马克思恩格斯等经典作家所表述的无产阶级和有产阶级的简单划分，而是出现了国家与社会管理者阶层、私营企业主阶层、专业技术人员阶层、个体工商户阶层、产业工人阶层、农业劳动者阶层、城乡无业失业半失业者阶层等，使阶层分布呈现多样化、多变化的态势。四是中等收入群体逐渐在社会中占据主导地位，成为规模最大的就业群体。中国的中等收入群体因为淘宝购物、互联网支付和境外旅游等消费领域的快速增长，在过去的十年里迅速形成了一个强度可观的消费浪潮。另外，在观念上也存在着很大变化，中国在历史发展过程中形成了一种“人情”社会，具有利弊两方面，在这种社会体系中，中国人的价值往往通过比较而实现，在别人认可的基础上所生成的，就导致了社会的攀比现象。这样的变化也是改革开放以来市场机制发挥越来越重要作用的体现。市场机制在资源配置中的决定性作用，不仅意味着市场经济主体和市场交易关系的决定性地位，更意味着市场机制在社会阶层地位和利益的形成中的决定性作用。

第四，从教育事业发展来看，教育结构和教育质量仍需提升。改革开放以来，我国教育事业在办学质量、规模、公平和影响力等各个方面取得历史性成就，可以说，我国教育事业发展经历了一个突飞猛进的发展历程。教育结构不断改善，义务教育、高等教育、职业教育等都得到迅速发展，尤其是在高等教育方面，收效显著。但我们仍需看到，高等教育面临着发展不均衡、教育质量不高，“大而不强”等问题和挑战。1977 年高考的恢复是中国高等教育事业发展的里程碑，自此，中国高等教育改革的序幕得以拉开。尤其是 20 世纪 90 年代以后，科教兴国战略和可持续发展战略的实施，高等教育改革发展事业走上快车道。国家先后启动实施“211 工程”“985 工程”和“2011 协同创新计划”等教育支持项目，并从 2016 年开始部署高等教育一流大学和一流学科建设（简称“双一流”建设)。习近平总书记在党的十九大报告中又提出了把建设教育强国确立为中华民族伟大复兴的基础工程的号召。这一系列举措大力推动了高等教育事业的发展，从根本上提升了中国核心竞争力。十八大以来，以习近平同志为核心的党中央坚持把教育摆在优先发展战略地位，对教育发展和改革事业多次作出批示和部署，对于我国教育事业的发展起到重要推动作用。毋庸讳言，我们在深刻认识教育事业取得卓越成就的同时，同样需要认识到其面临的诸多问题和挑战。教育资源分配不均衡、教育产业化、素质教育缺失等问题。综上可见，尽管我国在教育事业发展方面取得了巨大成绩，但我们更要深刻认识教育作为建设社会主义现代化强国的基础性、根本性的作用，人才兴则国兴，教育强则国强。必须深刻认识到我们在教育事业、科研创新能力以及人才培养的质量等方面与发达国家存在的较大差距。

第五，从财富创造与分配来看，贫富差距持续扩大的趋势并没有根本扭转。改革开放以来的 40 多年，是我国经济迅速发展、人民收入水平不断提高的一个重要时期。相对于世界经济平均增长速度，我国明显占优。但是，不可否认，较大的生产总值基数背后是人均排名世界 100 位以后的事实存在。据 2019 年我国经济社会发展统计公报显示，全国居民人均可支配收入为 30733 元，比上年增长 8.9%。全国居民人均可支配收入中位数 26523 元，增长 9.0%。按常住地分，城镇居民人均可支配收入 42359 元，比上年增长 7.9%。城镇居民人均可支配收入中位数 39244 元，增长 7.8%。农村居民人均可支配收入 16021 元，比上年增长 9.6%。由此可以看出，相较于世界发达国家，当前我国居民收入总体水平依然较低。除此之外，中国面临更为深刻的问题仍是贫富差距，贫富差距持续扩大的趋势并没有根本扭转。

综上可见，尽管社会主要矛盾发生了转变，但我国仍处于社会主义初级阶段，这是我们最大的国情，是我们制定方针政策的总依据。

（二）新时代的机遇挑战

1. 依然处于重要战略机遇期

在社会主义初级阶段，我们所面临的重要战略机遇期也就是在 2002 年前后作出的判断即我们有 20 年左右的战略机遇期，但是通过后续的发展产生了变化，即 2008 年发生世界范围的经济危机，中国的发展速度和经济速度进行结构性调整而发生了变化，所以我们不得不思考还有没有机遇，我们是否还处于战略机遇期？我们原来的判断是否还成立？十八大以来的发展趋势表明，虽然我们自身的经济社会发展发生速度下降和面临结构调整等一些新的变化，但中国依然处于重要战略机遇期。

第一，当前和今后一个时期的国际环境总体上有利于中国发展。因为，时代主题依然是和平与发展，并没有改变。一方面，随着全球化的深入推进，人类社会不同国家、不同地区、不同民族、不同经济体之间的联系、交往的程度越来越深，谁也离不开谁，形成了你中有我、我中有你的局面；另一方面，就是地球上所有的国家、所有的地区、所有的民族、所有的经济体都面临着共同的问题、共同的挑战，例如气候变化、恐怖主义，这是全世界共同面对的问题，因此联系越来越多，共同面临的问题越来越多。所以这两个方面将整个世界、整个人类、整个地球凝聚成了一个命运共同体，这就是当今世界发展的基本态势。所以我们始终强调合作共赢，打造人类命运共同体的发展理念，这是与一些西方国家发展理念完全不同的，例如美国倡导你输我赢、联合博弈、非敌即友的观念，而我们中国所倡导的人类命运共同体、合作共赢、共商共建共享的理念，更符合世界发展的态势。也就是说，中国处于重要战略机遇期，无论是经济全球化、多极化，还是信息化、网络化、科技革命，在这些趋势中总会产生新的矛盾，也总能产生新的机遇，也就是说既有风险，也有机遇，关键是我们如何利用矛盾，如何创造机遇，如何抓住机遇。

第二，世界新技术、新产业革命为利用好重要战略机遇期提供了良好的外部环境。在互联网的推动下，信息化和工业化的交织日益紧密，使经济发展进入新的阶段，可以说，全球经济正处于新工业革命的开端。回顾人类工业的发展史，18 世纪中期以来，人类历史上先后发生了三次工业革命。第一次工业革命被称为“工业 1.0”，即蒸汽化时代，它以蒸汽机的使用为标志，实现了生产过程机械化；第二次工业革命被称为“工业 2.0”，即电气化时代，它的主要标志是电力的广泛运用；第三次工业革命被称为“工业 3.0”，即信息化时代，它实现了生产过程的自动化。而目前全球经济正处于“第四次工业革命”的开端，即“工业 4.0”，它主要是指利用基于信息物理融合系统的智能化来促进产业变革的时代。换言之，全球正走向新一代智能制造。20 世纪 90 年代，我国提出了科教兴国的发展战略。进入新世纪以来，党中央高度重视科技创新发展。2006 年，《国家中长期科学和技术发展规划纲要（2006—2020）》的出台，对新世纪国家高新科技的发展战略作出详细布局。《关于深化体制机制改革加快实施创新驱动发展战略的若干意见》《深化科技体制改革实施方案》等文件的出台，是以习近平同志为核心的党中央高度重视国家科技创新的结果。可以看到，党的十八大以来，以习近平同志为核心的党中央高举创新驱动大旗，在科技创新、体制创新、文化创新和理论创新等方面作出一系列战略决策和部署，形成了大众创业、万众创新的良好局面，对我国科学技术事业的发展有着重大推动作用。2017 年 10 月，习近平总书记在党的十九大报告中又进一步提出了加快发展先进制造业、促进产业结构升级并迈向全球价值链中高端、培育若干世界级先进制造业集群等新的要求。综上可见，中国新一轮的科技革命，新一轮的科技创新正在进行，而且孕育着新的突破。中国已有的科技已经占据了一席之地，这便为中国未来的科技和经济发展带来了重要机遇。

第三，中国特色社会主义制度发展日益成熟，在经济、政治、文化、社会、生态等领域形成集聚优势。经过 70 多年的发展，社会主义在中国已经形成了一套相互联系、互相作用的制度体系。回顾历史不难发现，党的十一届三中全会开启了中国特色社会主义的初步探索；从十二大到十四大，中国特色社会主义的内涵逐渐孕育；从十五大到十七大，中国特色社会主义内涵逐渐定型；再到十八大以来习近平总书记多次提出的在实践中进一步创新和完善中国特色社会主义制度的要求。总而言之，中国特色社会主义制度的发展经历了一个顶层设计和“摸着石头过河”相结合的探索过程。那么，中国特色社会主义制度的内容主要指什么呢？它主要包括人民代表大会制度的根本政治制度，中国共产党领导的多党合作和政治协商制度、民族区域自治制度以及基层群众自治制度等基本政治制度，公有制为主体、多种所有制经济共同发展的基本经济制度，以及建立在这些制度基础上的经济、政治、文化、社会等各项具体制度。中国特色社会主义制度不断完善的过程，也是社会主义在中国的实践不断丰富、不断开拓的过程。党的十八大以来，以习近平同志为核心的党中央坚持和发展中国特色社会主义，进入到寻求建立一整套更加成熟、更加定型的制度的新阶段。习近平总书记强调，“摆在我们面前的一项重大历史任务，就是推动中国特色社会主义制度更加成熟更加定型，为党和国家事业发展、为人民幸福安康、为社会和谐稳定、为国家长治久安提供一整套更完备、更稳定、更管用的制度体系。”① 反过来，制度又带有根本性、全局性的作用，对于推动中国特色社会主义实践的发展具有重要推动作用。从宏观意义上说，中国特色社会主义制度结构已经基本确立，正在推动国家治理体系和治理能力现代化目标的实现。从中国特色社会主义制度的运行来看，制度落实力度加大，呈现全面发力、多点突破、纵深推进的崭新局面；从中国特色社会主义制度的法治支撑来看，随着科学立法、严格执法、公正司法、全民守法等系统工程的统筹推进，全面依法治国向纵深发展，党运用法律和制度手段领导和治理国家的能力显著增强。可以说，十八大以来以习近平同志为核心的党中央推出一系列重大举措，出台一系列重大方针政策，推进一系列重大工作，解决了许多长期想解决而没有解决的难题，办成了许多过去想办而没有办成的大事，根本原因，在于形成了一套完整、定型、科学的中国特色社会主义制度体系，这是坚持和发展中国特色社会主义的核心所在。2013 年 11 月，习近平总书记在党的十八届三中全会指出，要紧紧围绕“把制度建设摆在突出位置”的思路，系统部署发展中国特色社会主义制度的新征程。他提出：把“市场经济”“民主政治”“先进文

① 《习近平谈治国理政》，外文出版社 2014 年版，第 104—105 页。

化”“和谐社会”“生态文明”“全面从严”分别作为经济制度建设、政治制度建设、文化制度建设、社会制度建设、生态环境制度建设、党的制度建设的核心内容。综上可见，中国特色社会主义制度是以政治制度为核心、以经济制度为物质基础促进社会经济发展、以社会体制为基本条件、以文化体制为功能要素的完整的科学体系。可以说，中国特色社会主义制度体系各部分之间形成了促进社会发展的共向性合力，为中国未来的发展提供了良好的机遇。

第四，国家软实力随着经济实力的增强而不断增强，国际话语权得到显著提升。在此涉及一个话语权的问题，话语权的本质是什么呢？例如中国虽然改革开放 40 多年，发展成就是显而易见的，但是有一个问题是我们能不能很好地把我们的发展实践解释清楚。在纷繁复杂的国际局势中如何彰显中国声音，如何体现中国的话语权？而现在我们所说的话语权提升，依靠的是我们在理论上、在学术上能够把我们的发展实践解释清楚。掌握话语权意味着议题的设定、议题的阐释、议题的评价都掌握在自己手里。话语权的本质是谁来解释这个世界，解释这个世界的什么问题。所以随着中国的国力强大、软实力的提升、我们解释自身的能力、解释世界的能力也会越来越提升，相应的我们的话语权也会越来越提升。很显然，如果掌握了话语权，就会有更多的解释权利、更多的评价权利、更多的议题设定的权利。毫无疑问，我们的话语权提升了，自然而然我们就能面临新的机遇。

从以上四个方面，我们可以判断我们依然处于重要战略机遇期，中国社会的发展依然有很多机遇是可以利用、可以创造、可以把握的，关键是我们如何利用、如何创造、如何把握。

2. 主要风险挑战

新时代我国面临的风险挑战还是极为艰巨的，概括起来主要包括：不平衡不充分发展的问题仍旧突出、发展质量和效益不尽人意、创新能力有待提升、实体经济发展水平问题、扶贫脱贫攻坚难题、民生领域的短板问题、城乡区域发展差距悬殊、群众在教育、医疗、卫生、养老、住房等方面的问题、社会文明程度和水平有待加强的问题、全面依法治国任务艰巨问题、党的建设面临新情况新问题、国家治理体系和治理能力如何提高的问题、意识形态领域斗争严峻的问题、国家安全有待加强问题、改革部署问题、生态环境保护问题等。这些风险挑战涉及社会和国家发展的方方面面，概括言之主要是内部和外部两个方面的挑战。

第一，从内部挑战来看，主要面临着两大难题："中等收入陷阱"和"塔西佗陷阱"。所谓"中等收入陷阱"是指某一国家或经济体的人均GDP达到世界中等水平阶段，由于未能敏锐地把握形势、顺利实现国家经济发展战略和发展模式的转变，就会导致过度城市化现象突出、生态环境恶劣、贫富差距严重、积存已久的各种社会矛盾竞相迸发，甚至引起社会动荡，经济发展停滞不前。2012年我国人均GDP已达到6100美元，2017年已接近8800美元，已经步入中等收入偏上的行列，再加上近年来我国经济发展建设虽然取得重大成就，但工业化与城市化发展失衡问题突出，城乡收入差距依然明显，以及新闻报道的各种社会矛盾和社会问题层出不穷，许多民众和专家学者由此担忧我国会不会陷入所谓的"中等收入陷阱"，甚至有的人还断言中国已经掉进了"中等收入陷阱"。所谓"塔西佗陷阱"，2014年3月18日，习近平总书记在兰考县委常委扩大会议上的讲话中给出了详细阐释。他说："古罗马历史学家塔西佗提出了一个理论，说当公权力失去公信力时，无论发表什么言论、无论做什么事，社会都会给以负面评价。这就是'塔西佗陷阱'。我们当然没有走到这一步，但存在的问题也不谓不严重，必须下大气力加以解决。如果真的到了那一天，就会危及党的执政基础和执政地位。"① 十八大以来，社会上发生的多起突发性公共事件如"魏泽西事件""雷洋'嫖娼'案""高铁特大事故"以及"某某地城管粗暴执法"等，社会舆论一致都指向政府的执政能力以及公信力，加之近些年网络、微博的兴起，使政府时刻经受舆论的拷问以及大众的质疑。这不禁让人担忧我国会不会真的陷入所谓的"塔西佗陷阱"。从外部风险挑战来看，主要是"修昔底德陷阱"。古希腊著名历史学家修昔底德认为，当一个新崛起的大国与原有的大

① 习近平：《做焦裕禄式的县委书记》，中央文献出版社2015年版，第35页。

国各方面实力势均力敌、旗鼓相当时，新崛起的大国必然要挑战原来的统治霸主，而既有霸主必然会为了捍卫自己的地位而回应这种威胁，最终两方会由对抗走向冲突，并以战争告终。近年来，随着美国推进“亚太再平衡”战略和“印太战略”，同时，中国也推进“一带一路”倡议、“构建人类命运共同体”等，2018 年，中美两国又陷入了新一轮的贸易争端，有人担忧中国会不会走向霸权扩张的道路，中美两国会不会陷入所谓的不可阻挡的“修昔底德陷阱”。对于这个问题，习近平总书记在多个场合强调，中国的文化基因中一向主张和平、共赢，强国只能追求霸权的主张不适用于中国，中美两国都应该努力避免陷入“修昔底德陷阱”，共同走向合作共赢、繁荣富强之路。

二、新时代中国特色社会主义创新发展的新布局

十八大以来，新一届中央领导集体提出了中国特色社会主义“五位一体”总体布局和“四个全面”战略布局。两个布局是既区别又联系的统一体，共同致力于推进中国特色社会主义事业的伟大实践。

（一）“五位一体”总体布局

1.“五位一体”总体布局形成过程

“五位一体”布局的形成并不是一蹴而就的，经历了从“三位一体”到“四位一体”再到“五位一体”的过程。党的十一届三中全会以后，邓小平就提出了物质文明、精神文明的两大文明建设，即“两个文明一起抓”。在此基础上，1986 年党的十二届六中全会，中国共产党根据国家的发展现状，提出以经济建设为中心，坚定不移地进行经济体制改革、政治体制改革，坚定不移地加强精神文明建设的总体布局，并确立了经济、政治、精神文明为一体的“三位一体”发展战略。在党的十六大报告上，中国共产党正式确立了建设社会主义和谐社会的目标，深刻分析了“中国特色社会主义的本质属性是社会和谐”。于是，中国社会主义现代化建设的“三位一体”战略被深

化拓展为包括经济文明、政治文明、精神文明建设以及和谐社会建设在内的“四位一体”战略新布局。2012 年 11 月，党的十八大正式提出要“大力推进生态文明建设”，并把生态文明建设纳入中国特色社会主义事业总体布局并放在突出地位，自此，中国社会主义现代化建设的“四位一体”有了新的内容，完善为“五位一体”。

这里所说的“五位一体”，指的是囊括经济建设、政治建设、文化建设、社会建设、生态文明建设在内的五个方面的有机统一。也就是在原来“四位一体”的基础上，增加了社会主义生态文明建设。习近平总书记在参加党的十八大上海代表团讨论时指出，党的十八大主题，是在全面把握当前世情、国情、党情，全面把握我国发展新要求和人民新期待的基础上提出来的，是同中国特色社会主义事业‘五位一体’总体布局紧密相连的。在中央政治局第一次集体学习时，他深入谈道，强调总布局，是因为中国特色社会主义是全面发展的社会主义。我们要按照这个总布局，促进现代化建设各方面相协调，促进生产关系与生产力、上层建筑与经济基础相协调。从时间轴上认识，这是总书记关于“五位一体”总体布局的首次阐发，展现了新一届中央领导集体对加快发展中国特色社会主义整体布局和建设重点的崭新思路。走向生态文明新时代、建设美丽中国是实现中华民族伟大复兴的中国梦的重要内容。改革开放 40 多年来，我们在发展经济的同时，却造成了生态环境的严重破坏，生态危机相当严峻。强调生态文明建设，标志着我们的理论关注点、发展战略和事业布局回到了人的活动的最基础方面——自然。人类发展的历史证明，生态环境是我们生活、活动的自然基础，对经济、政治、文化以及社会生活的方方面面都具有广泛和深刻的影响。生态环境出现问题，不仅制约着我们的发展，而且威胁到我们的生存，人类社会的文明与进步不能以人的生存与生活环境的破坏为代价。正是基于这样的现实背景，中国特色社会主义事业总体布局从“四位一体”进一步拓展为“五位一体”，这在一定程度上标志着我们党对中国特色社会主义事业科学内涵的认识达到了一个前所未有的新高度。

2.“五位一体”总体布局的内容

（1）推动经济体系现代化。坚持创新、协调、绿色、开放、共享的新发展理念；坚持推进供给侧结构性改革，以质量第一、效益优先为指导，实现经济发展的质量变革、效率变革、动力变革，使全要素生产率不断提高；大力发展实体经济；激发各类市场主体活力；积极推动城乡区域协调发展；着力发展开放型经济；加快完善社会主义市场经济体制。

（2）发展社会主义民主政治。坚持中国特色社会主义政治发展道路；健全人民当家作主制度体系；巩固和发展爱国统一战线；全面贯彻“一国两制”方针，推进祖国和平统一进程。

（3）推动社会主义文化繁荣兴盛。巩固马克思主义在意识形态领域的指导地位，牢牢掌握意识形态工作领导权；培育和践行社会主义核心价值观；坚定文化自信，以更大的力度、更实的措施加快建设社会主义文化强国。

（4）坚持在发展中保障和改善民生。保障和改善民生，做好精准扶贫工作，着力实现幼有所育、学有所教、劳有所得、病有所医、老有所养、住有所居、弱有所扶，不断求取社会最大公约数；加强和创新社会治理；坚持总体国家安全观。

（5）建设美丽中国。坚持人与自然和谐共生，在人与自然相处时应秉持尊重自然的态度、遵循顺应自然的原则、承担保护自然的责任；形成人与自然和谐发展新格局，把节约资源放在首位，坚持保护优先、自然恢复为主，着力推进绿色发展、循环发展、低碳发展；加强生态文明体制改革。

3.新时代统筹推进“五位一体”总体布局

党的十九大宣告了中国特色社会主义进入了新时代，在新的时代条件下，党中央对中国特色社会主义现代化建设做了新的部署，并明确以“五位一体”总体布局推进中国特色社会主义事业，从经济、政治、文化、社会、生态文明五个方面，制定了新时代统筹推进“五位一体”总体布局的战略目标，更好地推动人的全面发展、社会全面进步。

统筹推进新时代“五位一体”总体布局，首先要在理念上升华认识。

党的十九大庄严宣告中国特色社会主义进入了新时代，我国发展呈现新的阶段性特征，社会主要矛盾发生了历史性变化，为了满足人民对美好生活的多方面需求，首先应在理念上统筹推进总体布局。在经济上必须贯彻新发展理念，推动经济发展向更高质量、更有效率、更加公平、更可持续的态势演进；在政治上就必须充分保障人民当家作主的权利，激发人民创造活力和能力，推进社会主义民主政治的发展；在文化上就必须开创社会主义文化大发展、大繁荣局面，使全民族文化创新创造的源泉不断涌流；在民生上就必须提高保障和改善民生水平，使人民满足感、安全感更加充实、更加真实、更加持续；在生态上就必须加快生态文明制度改革，建设美丽中国，形成人与自然和谐发展的新景象。

统筹推进新时代“五位一体”总体布局，其次要在实践中逐步落实。新时代坚持和发展中国特色社会主义基本方略提出了“十四个坚持”，其中五个坚持是对“五位一体”的深刻阐述，必须全方位高效率落实。在经济建设上，以新发展理念为统领，深入推进供给侧结构性改革，推动经济实现高质高效发展，社会生产力不断发展。在政治建设上，坚持人民立场，充分发挥中国特色社会主义的制度优势、道路优势、理论优势，将人民当家作主贯彻到政治生活和社会生活的方方面面。在文化建设上，弘扬社会主义核心价值观，弘扬中国特色社会主义文化。在社会建设上，坚持在发展中保障和改善民生，用发展解决民生问题、促进社会公平正义。在生态文明建设上，坚持人与自然和谐共生，在节约资源和保护环境的根本要求下，不断优化生态格局以及生产生活方式，回归蓝天白云、绿水青山的生态景象。

新时代“五位一体”总体布局的五个方面是相互联系、相互作用的统一体，其中，经济建设是根本前提，经济发展好了，其他四个方面才有了物质保障；政治建设是关键保障，政治稳定了，才能促进“五位一体”总体布局的稳步发展；文化建设是灵魂，是支撑“五位一体”总体布局的精神因子；社会建设是重要条件，社会和谐稳定，其他工作才能高效稳步开展；生态文明建设是基础，生态环境是一切活动的基础。五个方面共同致力于全面提升我国物质文明、政治文明、精神文明、社会文明、生态文明，最终目标是建设富强民主文明和谐美丽的社会主义现代化强国。党的十九大基于中国特色社会主义迈入新时代的新方位，对“五位一体”总体布局进行新的部署，依照十九大精神的引领，一定能不断开辟中国特色社会主义事业新局面，奋力谱写社会主义现代化新征程的壮丽篇章。

（二）“四个全面”战略布局

“四个全面”战略布局，即全面建成小康社会、全面深化改革、全面依法治国、全面从严治党的战略布局。“四个全面”战略布局是党的十八大以来，以习近平同志为核心的党中央在系统总结改革开放经验，切实研究当前我国经济社会发展中的深层次问题的基础上，为应对经济发展新常态所做的理论创新和制度创新。

1.“四个全面”战略布局形成发展过程

（1）“全面建成小康社会”的形成过程。1978 年党的十一届三中全会提出工作中心转移到经济建设上之后，1979 年邓小平与当时日本首相大平正芳会面时首次提出“小康社会”的概念。此后，邓小平逐步确立基本实现现代化的“三步走”战略构想，在实现温饱、建设小康的前提下，继而基本实现现代化，绘制了实现现代化的宏伟蓝图。在 20 世纪末，通过改革开放，我国基本建成小康社会，完成“三步走”战略的前两步，但是这种小康存在着不全面、低水平、不平衡的问题，为此党的十六大确立了“全面建设惠及十几亿人口的更高水平的小康社会”的目标。2005 年 10 月，胡锦涛在考察南京、镇江、常州等地途中，提出希望江苏努力实现率先全面建成小康社会、率先基本实现现代化的目标。胡锦涛在这一时期多次强调，东南沿海地区要率先“全面建成小康社会”。十七大报告也提出了“确保到 2020 年实现全面建成小康社会”的奋斗目标。

党的十八大对全面建成小康社会提出了新的要求。经济持续健康发展，国内生产总值和城乡居民人均收入到 2020 年时比 2010 年翻一番，基本完成工业化，区域协调发展机制基本建成；人民民主不断扩大，民主制度更加完善，民主形式更加丰富，依法治国基本方略全面落实，法治政府基本建成；

文化软实力显著增强，社会主义核心价值体系深入人心，公民文明素质和社会文明程度明显提升；人民生活水平全面提高，基本公共服务均等化总体实现，收入分配差距缩小，社会保障全民覆盖，社会和谐稳定；资源节约型、环境友好型社会建设夺取关键胜利，主体功能区布局基本完成，资源循环利用体系初步建立。在党的十八大之后，我们党先后就改革政府机构和转变政府职能、全面深化改革、全面推进依法治国、拟定“十三五”规划、全面从严治党等议题作出决策，有力地推动了全面建成小康社会的进程。除此之外，党的十八大把全面建成小康社会的奋斗目标，同社会主义现代化建设的“两个一百年”奋斗目标和实施步骤更为紧密地衔接在一起，增添了决胜全面建成小康社会的内在定力。十八届五中全会在分析当前经济社会发展的趋势性变化和阶段性特征的基础上，以“发展不平衡、不协调、不可持续问题仍然突出”为基本的“问题意识”，以全面建成小康社会为目标，提出了今后五年中国经济社会发展的基本原则、发展要求和发展理念，形成全面建成小康社会的决战纲领，形成全面建成小康社会的决胜攻略。在省部级领导干部迎接党的十九大专题研讨班开班式上，习近平总书记进一步强调在全面建成小康社会的决胜阶段，要紧扣时代主题和历次党代会有关全面建成小康社会各项要求，统筹推进各项建设，使全面建成小康社会得到人民认可、经得起历史检验。

(2)“全面深化改革”的形成过程。新时代最鲜明的主题是改革，要实现中国现代化，必须全面深化改革。全面深化改革的提出和形成，也经历了一个发展过程。我们党在十八大以前曾反复强调“全面改革”和“深化改革”。在 1987 年召开的党的十三大明确提出“必须坚持全面改革”。党的十三大之后，每次代表大会都对“全面改革”和“深化改革”进行强调，但很少有“全面深化改革”的表述。党的十八大召开前夕，为征求各民主党派中央、全国工商联领导人和无党派人士就十八大报告征求意见稿的意见和建议，胡锦涛同志在中南海召开党外人士座谈会。胡锦涛在会上强调：“希望同志们加深对国内外发展大势的认识，加深对中国特色社会主义的认识，加深对全面建成小康社会和全面深化改革开放目标的认识，加深对中国特色社会主义事业总体布局的认识，为全面建成小康社会作出新的更大的贡献。”① 2012 年党的十八大召开，大会确立了全面建成小康社会和全面深化改革开放的目标，至此，“一个全面”拓展为“两个全面”。2013 年，党的十八届三中全会召开，全会通过《关于全面深化改革若干重大问题的决定》，“全面深化改革开放”被简化为“全面深化改革”。十八大以来，全面深化改革的布局逐渐形成。习近平总书记强调，在经济建设、政治建设、文化建设、社会建设、生态文明建设、国防和军队建设以及党的建设上均应进行全面深化改革，这一框架即“四梁八柱”的战略布局。“四梁八柱”的精髓是制度建设，它是落实全面深化改革要求的具体安排。经济发展指标不再是全面深化改革的追求，全面深化改革要实现的是各领域的“制度成长”，紧紧围绕国家制度建设的核心议题，不断推动中国特色社会主义制度的完善和发展。党的十九大进一步强调要坚持全面深化改革。习近平总书记谈到，回顾党的历史可以发现，只有社会主义才能救中国，只有改革开放才能发展中国，不改革只有死路一条，社会主义不能够得到发展，马克思主义不能在新的时代依然闪烁着光辉。因此在坚持和完善中国特色社会主义制度的基础上，要勇于改革，破除一切老旧落后的理念和不合时宜的体制机制，勇于突破利益固化的藩篱，充分借鉴吸收人类文明养料，不断推进国家治理体系和治理能力现代化，构建系统完备、科学规范、运行有效的制度体系，使社会主义制度大放异彩。除此之外，党的十九大报告进一步阐释了全面深化改革的战略布局，特别是强调了要“构建系统完备、科学规范、运行有效的制度体系”。

(3)“全面依法治国”的形成过程。我们党在十一届三中全会后高度重视法制建设、制度建设。1997 年党的十五大明确提出了依法治国，是党领导人民治理国家的基本方略，是发展社会主义市场经济的客观需要，是社会文明进步的重要标志，是国家长治久安的重要保障。此后，依法治国是我们

---

① 《中共中央召开党外人士座谈会征求对中共十八大报告的意见，胡锦涛主持并发表重要讲话》，《人民日报》2012 年 11 月 6 日。

党历次会议的重要议题，依法治国与党的领导、人民当家作主一道，被列为中国特色社会主义政治发展道路的特色。2012 年，“全面依法治国”在党的十八大上第一次被明确提出。随后，党的十八届四中全会审议通过《关于全面推进依法治国若干重大问题的决定》。《决定》中指出全面建成小康社会，实现中华民族伟大复兴的中国梦以及全面深化改革都必须全面推进依法治国，使各项目标能够协调平稳推进。于是，之前的“两个全面”进一步拓展丰富为包括全面依法治国在内的“三个全面”。十九大进一步强调，全面依法治国是中国特色社会主义的本质要求和重要保障，在依法治国的全过程和各方面必须坚持党的领导，必须始终不渝地走中国特色社会主义法治道路。

（4）“全面从严治党”的形成过程。中国特色社会主义最本质的特征是党的领导。十一届三中全会以后，邓小平同志多次强调党要管党、从严治党。1987 年党的十三大特别指出要“从严治党，严肃执行党的纪律”。1992 年党的十四大报告提出要“坚持党要管党和从严治党，加强和改进党的建设”。1994 年党的十四届四中全会进一步确立“党的建设新的伟大工程”。1997 年党的十五大强调“各级党委要坚持‘党要管党’的原则，把从严治党的方针贯彻到党的建设的各项工作中去，坚决改变党内存在的纪律松弛和软弱涣散的现象”，在这里“全面从严治党”已经呼之欲出。迈入新世纪，我们党先后作出“全面推进党的建设”和“全面推进党的建设新的伟大工程”的战略决策。

十八大以来，面对世情、国情和党情的巨大变化，党的建设面临着新的挑战和考验，习近平同志在党的群众路线教育实践活动总结大会上首次使用了“全面推进从严治党”的提法，并就新形势下坚持全面从严治党提出了八项要求：落实从严治党责任；坚持思想建党和制度治党紧密结合；严肃党内政治生活；坚持从严管理干部；持续深入改进作风；严明党的纪律；发挥人民监督作用；深入把握从严治党规律。这八条要求，极大地增强了从严治党的系统性、预见性、创造性、实效性。全面从严治党由此成为全党的共识，成为党的重大战略部署。2014 年 12 月 14 日，习近平考察江苏途中指出：“要全面贯彻党的十八大和十八届三中、四中全会精神，落实中央经济工作会议精神，主动把握和积极适应经济发展新常态，协调推进全面建成小康社会、全面深化改革、全面推进依法治国、全面从严治党，推动改革开放和社会主义现代化建设迈上新台阶。”① “四个全面”战略布局首次得到完整表述。至此，“全面从严治党”的战略布局已经形成。2017 年 10 月 18 日，习近平在党的十九大报告中指出，中国共产党在新时代一定要有新气象和新作为，对全面从严治党提出了新的要求。一是要把党的政治建设摆在首位；二是要用新时代中国特色社会主义思想武装全党；三是要建设高素质专业化干部队伍；四是要加强基层组织建设；五是要持之以恒正风肃纪；六是要夺取反腐败斗争压倒性胜利；七是要健全党和国家监督体系；八是要全面增强执政本领。

2.“四个全面”战略布局的科学内涵及辩证关系

全面建成小康社会作为一个着眼长远、事关全局的重大战略目标，其内涵是使经济发展更高质量、民主发展更加健全、科教事业更加进步、文化创造更加繁荣、社会关系更加和谐、人民生活更加幸福。具体而言，一是经济增长保持中高速态势；二是创新驱动实施取得重大进展；三是发展的协调性特征日趋显著；四是人民生活幸福感普遍提升；五是国民素质提升和社会文明建设成果凸显；六是生态环境质量明显好转；七是各方面制度更加完善更加稳定。

全面深化改革的独特内涵在党的十八届三中全会通过的《中共中央关于全面深化改革若干重大问题的决定》得到完整阐释。该《决定》不仅明确了全面深化改革的总目标是完善和发展中国特色社会主义制度，推进国家治理体系和治理能力现代化，还以总目标为中心，具体设计了深化经济体制、政治体制、文化体制、社会体制、生态文明体制和党的建设制度等方面改革的任务和要求，强调深化经济体制改革要使市场在资源配置中起决定性作用和更好地发挥政府作用，深化政治体制改革要贯彻落实党的领导、人民当家作主、依法治国的有机统一，深化文化体制改革要弘扬社会主义核心价值体

① 《习近平谈治国理政》第二卷，外文出版社 2017 年版，第 22 页。

系、建设社会主义文化强国，深化社会体制改革要夯实民生工程、实现社会公平正义，深化生态文明体制改革要推进美丽中国建设，深化党的建设制度改革要提高党的科学执政、民主执政、依法执政水平。总之，我们要坚持创新指引，敢于实现理论、实践、制度以及其他各方面的创新，使制度更加完善，使发展更有效益，使治理更加成熟，使人民更加幸福。

全面依法治国的独特内涵主要包括以下几个方面：一是目标体系全面。全面依法治国既有总目标，即建设中国特色社会主义法治体系，建设社会主义法治国家，在总目标的统领下又有若干子目标，即法律法规体系完备化、法治实施体系高效化、法治监督体系严密化、法治保障体系有力化，健全党内法规体系。总目标和子目标共同组成全面的目标体系。二是工作布局全面。全面依法治国必须有全方位多领域的布局统筹推进，即坚持依法治国、依法执政、依法行政并举，构建社会主义法治国家、法治政府、法治社会。三是推进过程全面，力求在立法、执法、司法、守法过程中都能做到完备、科学、严格、公正。坚持以科学立法为前提，以严格执法为关键，以稳固全民守法为基础。四是法治领域改革内容全面。党的十八届四中全会在深入分析改革形势、国内外发展趋势的基础上，安排设计法治领域改革共 190 项重要举措，力求法治改革全面深刻。

全面从严治党作为一项系统工程，是我们党在新时代全面推进党的建设的战略布局和关键线索。具体而言，一是治党内容全面，涉及党的政治建设、思想建设、组织建设、作风建设、反腐倡廉建设和制度建设等各个领域。二是治党主体全面。全面从严治党不仅将目标指向高级领导干部，更指向 9000 多万名普通党员。党员干部既是治党的主体，又是治党的客体，只有党员及各级领导干部都能够达到治党标准，党的力量才能不断壮大，全面从严治党才能取得突破性进展。三是治党过程全面。全面从严治党不仅仅体现在内容上，更加体现在时间跨度上，治党没有休止符，更没有尽头，党的建设要随着时代的发展，国情的变化，党自身问题的演变不断跟进，全面从严治党永远在路上。四是全面的严格要求。严格的要求应体现在治党的方方面面，切实做到党纪法规的严肃、违法乱纪的严惩、党内政治生活的严格、政治规矩的严明、组织体系的严密。

“四个全面”战略布局既是目标方向，又是措施内容，既统筹全局，又抓主要矛盾，其内涵十分丰富。正确理解“四个全面”，要求我们把“四个全面”战略布局作为紧密联系、有机组合的整体。其中，全面建成小康社会是我们党团结带领全国人民为之奋斗的战略目标，为实现这一宏伟目标，我们党在深刻分析世情国情党情基础上，具体部署了全面深化改革、全面依法治国、全面从严治党的战略举措。在党的十八届四中全会上，习近平总书记指出，“四个全面”战略布局有着紧密的逻辑关联。全面建成小康社会、全面深化改革，必须得到全面依法治国的支持。全面深化改革、全面依法治国犹如鸟翼车轮，协调推进全面建成小康社会的伟大胜利。而全面从严治党是党在实践全面建成小康社会、全面深化改革、全面依法治国过程中的政治保障和领导核心，只有坚持党的领导，才能保证正确的前进方向，最广泛地凝聚力量，鲜明地表现了伟大事业与伟大工程相统一的特征。

3.“四个全面”战略布局的重要意义

第一，“四个全面”是以习近平同志为核心的党中央，在深刻把握中国特色社会主义事业全局、认真分析当前党和国家工作开展所遇困境的条件下，在治国理政上所做的科学设计和创新安排，完全契合当代中国发展的现实需要。“四个全面”，立足于坚持和发展中国特色社会主义事业全局，协调改革发展稳定关系，明确了世情国情党情错综复杂、不断变换情况下党和国家各项工作的前进方向、重要抓手和关键线索，充分发挥中国特色社会主义的道路优势、理论优势、制度优势、文化优势，是治国理政的“总纲”。正如习近平总书记所说，我们在协调推进“四个全面”时，既要统筹谋划，又要抓住重点，牵住“牛鼻子”，主次分明，避免眉毛胡子一把抓。“四个全面”既是目标方向，又是措施内容，既统筹全局，又抓主要矛盾，统一于新时代中国特色社会主义的伟大实践。

第二，“四个全面”是马克思主义普遍真理和中国具体实际的又一次结合，是我们党治国理政方略的新飞跃，是马克思主义中国化的最新成果。“四个全面”中的每个“全面”都意义重大，都是一套切合实际、富有特色的系统思想，都体现着马克思主义世界观的科学性和实践性。就方法论而言，“四个全面”完全坚持系统论的思维方法，强调以联系的观点和发展的观点看问题，注重两点论与重点论相结合的工作方法。比如，在社会主义市场经济体制改革决策上，强调要同时发挥市场和政府的作用，决不能厚此薄彼，这无不体现着马克思主义辩证法与中国实际相结合的光芒。

第三，“四个全面”具有普遍的价值光辉，是对人类历史发展规律的把握和顺应。尽管当今国际政治形势、经济形势发生了深刻变化，但和平与发展仍是时代的主题，越来越多的国家认识到，唯有发展才能提高人民生活，才能推动社会前进；改革不是中国一家的议题，而是推动人类文明发展的动力，是不断解放和发展生产力的不二法门，是当今时代的基本趋势和深刻走向；法治作为治国理政的基本方式，是人类文明的灿烂结晶，在实现国家治理体系和治理能力现代化上起着重要保障作用；“四个全面”的提出，立足中国又放眼世界，彰显了中国与世界的生动沟通，是实现中华民族伟大复兴的关键决策。因此，“四个全面”是考虑中国未来发展的长远布局，是对世界发展态势的深刻把握；“四个全面”形成于中国，但其实践成果和价值指向必然要惠及世界各族人民，对未来人类发展作出巨大贡献。

三、新时代中国特色社会主义创新发展的新任务

（一）从中国梦到“四个伟大”

1. 中国梦

（1）中国梦提出的背景

2012 年 11 月 29 日，习近平总书记在参观《复兴之路》展览时深情指出：“现在，大家都在讨论中国梦，我以为，实现中华民族伟大复兴，就是中华民族近代以来最伟大的梦想。”① 这是习近平总书记首次提出中国梦，此后，他又在国内外多个重要场合讲述了中国梦，引发了全社会的共同关注和

① 《习近平谈治国理政》，外文出版社 2014 年版，第 36 页。

认可，产生了巨大的号召力和感染力。十八大以来，干部民众憧憬中国梦，社会舆论热议中国梦，海外华人心系中国梦，国际社会传播中国梦，中国梦着眼于人民的幸福，正成为中国奔赴美好未来的价值指引，成为鼓舞中华民族勠力同心、团结奋进、开辟未来的精神旗帜。

（2）中国梦的科学内涵

有关中国梦的内涵，学术界有多种解读，有“本意说”“人民主体说”“两层内涵说”“三层内涵说”“多维度说”等。科学理解中国梦，需要遵循它的本质内涵，即按照习近平总书记讲的本意来解读。习近平总书记所言的“中国梦”，就是“实现中华民族的伟大复兴”，这是中国梦的本质内涵。具体而言，包括三个方面：国家富强、民族振兴、人民幸福。国家富强，意指国家的财富充裕，力量充沛，综合国力进一步增强，中国特色社会主义事业不断完善和发展。经济更加发达，政治更加完善，文化更加繁荣，社会更加和谐，生态更加美好。民族振兴，就是通过自身的不断发展与强大，彻底改变近代以来积贫积弱、任人欺凌的历史，进而使中华民族再次处于世界领先的地位，有能力造福世界人民，对人类的发展作出巨大贡献。人民幸福，即是生活在祖国大地的人民都能享受到中国特色社会主义的实践成果，权利得到更加充分的保障，才华得到更加充分的展现，愿望得到切实的满足，每一个家庭都生活得温馨康乐。中国梦的三个方面的内涵也是相互联系、互为支撑的。其中国家富强、民族振兴是人民幸福的基础和保障，中国近代以来的屈辱历史已经证明，民族沦陷、国家软弱，人民处在战火硝烟中，连最基本的生存都得不到保证，更谈不上人民幸福。人民幸福是国家富强、民族振兴的题中之意和必然要求，民为邦本、本固邦宁，国家的富强、民族的振兴都要以人民的权利得到保障、利益得到实现、幸福得到满足为条件，人民幸福是国家富强、民族振兴的根本出发点和落脚点。

（3）中国梦的价值意义

对于中国而言，中国梦深刻回答了“树立什么样的理想、怎样实现理想”“实现什么样的目标、怎样实现目标”这一关乎党和国家未来发展的根本性问题。具体而言，首先，中国梦是当代马克思主义科学理论，是中国特色社会主义实践的最新成果，对于中国特色社会主义现代化建设具有重要的指导意义。从短期上看，它将引领全面建成小康社会的历史进程，确保2020年全面建成小康社会的既定目标的实现；从长期上看，中国梦系统回答了中国未来发展以及中国特色社会主义发展的一系列问题，包括举什么旗、走什么路，以什么样的精神状态、朝向什么样的目标的问题。其次，中国梦为我们在更高的起点上坚持和发展中国特色社会主义提供了新理念、新方位、新举措、新动力。中国梦是中国特色社会主义在新的历史境遇下的创新发展，为坚持和发展中国特色社会主义提供了新视野，为丰富中国特色社会主义理论体系开辟了新境界，拓展了马克思主义中国化时代化大众化的新空间，为在中国特色社会主义总布局下协调推进各项改革和建设注入了新能量。再次，中国梦极大地更新了我们党的执政理念，使党的执政方针、执政目标升华到了一个新的境界，使党和人民在理想的层面上达成一致，融会贯通，密切了党和人民群众的关系。同时，中国梦开辟了党的理论创新的话语空间，更新了党的话语体系，创造了新的内容素材，提供了新的意义承载。

对于世界而言，中国梦有利于促进世界发展和人类文明。一方面，中国梦不是霸权梦，既不搞对外扩张，肆意掠夺，也不搞冷战对峙，也不依靠所谓的“西方扶持”，而是凭借自身力量解决自身问题，在发展好自己的同时，力求惠及世界各国，给世界各国发展带来更多“红利”。中国梦不是独善其身的“小梦”，而是一个和谐、包容、共享的“大梦”。中国梦不是独角戏，而是大合唱。从这个意义上讲，中国梦的前景如何，关系着世界的发展预期。中国与世界各国是患难与共、同舟共济的关系，中国人民与世界人民“同呼吸、共命运”，共同生活在一片蓝天之下，理应携手并进，共同呵护地球家园。另一方面，中国梦的实践成效对世界发展具有引领和示范作用。回顾历史可以看出，中华民族由积贫积弱到昂首前行经历了许多坎坷和磨难，中国梦浓缩了历代中国人的理想和志向，同时也为其他发展中国家寻求民族自强、民族复兴提供了道路借鉴。换言之，这个梦不仅属于中国，也属于所有和中国有着相同历史境遇的发展中国家。中华民族几千年来上下求索，利用自身特有优势，创造了发展中国家复兴的新范式。从这个意义上讲，中国梦的实现进程，必然为世界各国，特别是发展中国家的发展提供重要参照，中国梦的实现也将为国际社会互利共赢、和平发展提供一种全新范式。

2.“四个伟大”

习近平总书记在“7.26”重要讲话中首次将“四个伟大”作为有机统一体提出，“四个伟大”即伟大斗争、伟大工程、伟大事业和伟大梦想。在党的十九大报告中，“四个伟大”又得到了更加系统和深刻的阐释。

(1)“四个伟大”的内涵

第一，伟大斗争。伟大斗争的完整表述是“必须进行具有许多新的历史特点的伟大斗争”。这个表述第一次出现是在党的十八大报告中。伟大斗争的提出绝不是一句空话，是有其深刻的意蕴和必要性的。一方面，基于对世情及风险的科学研判。当今，国际形势变幻莫测，经济全球化存在诸多新变数，国际格局面临新调整。作为一个具有国际影响力的大国，中国越发展，要承受的压力和面临的外部风险就越严峻。中国在与世界各国合作融合的过程中避免不了冲突，为此我们必然要时刻做好斗争的准备，时刻保持忧患意识。另一方面，基于对国情及风险挑战的清醒认知。总体而言，中国已经发展起来了，党和国家各项事业取得了突破性成就，党和国家的面貌发生历史性转变。但与此同时，“发展起来以后”的问题也是层出不穷的，为了防止诸多风险和矛盾的扩大化，也要时刻做好斗争的准备。正如习近平总书记在党的十九大报告中指出的，社会是各种矛盾的集合体，也是在矛盾运动中不断发展的。有矛盾相应地就会有斗争。基于此，我们党不应回避矛盾，惧怕斗争，应团结带领人民群众从容并有效应对阻碍社会前进的风险、挑战、矛盾，在新的时代境遇下进行具有许多新的历史特点的伟大斗争，避免任何贪图享受、安于现状、消极懈怠、回避矛盾的思想和行为。全党要更加自觉地坚持党的领导和我国社会主义制度，同损害党和国家以及人民利益的思想、言论和行径做斗争，同固化利益做斗争，同腐败现象做斗争，同分裂祖国、破坏民族团结的行为做斗争，同阻碍我国政治、经济、文化、社会等领域发展的顽疾做斗争。全党要充分认识这场伟大斗争的长期性、复杂性、艰巨性，发扬斗争精神，提高斗争本领，不断夺取伟大斗争的新胜利。

第二，伟大工程。伟大工程的完整表述是“推进党的建设新的伟大工程”。其概念在“四个伟大”布局中出现的时间最早，可以追溯到20世纪30年代。1939年10月，毛泽东同志在他的著作《〈共产党人〉发刊词》一文中，总结了中国革命取得胜利的三大法宝，分别是武装斗争、统一战线、党的建设。他认为，在这三个法宝中，党的建设是起关键性作用的，并把党的建设称为一个伟大的工程。改革开放以后，中国面临着在经济文化落后的大国建设社会主义现代化事业的难题，以邓小平同志为核心的党中央深刻认识到没有党的坚强领导，改革开放就不能顺利进行，社会主义现代化建设的奋斗目标就不能顺利实现，因此实事求是地创立了正确的政治路线，并依照政治路线开启了党的建设新的伟大工程。党的十四届四中全会依照世情国情党情的深刻变化，提出在今后的发展中，要继续坚持和加强党的领导，改善党的建设，并把党的建设作为一个宏大的工程来实施，正式提出了“党的建设新的伟大工程”的命题和概念。从党的十四届四中全会起，党的建设新的伟大工程的概念一直延续使用。新时代，党面临的执政环境更加复杂，政治生态更加脆弱，党内腐败现象更加严峻，党的自我革命能力有所减弱。十八大以来，虽然党的建设各方面取得了突破性成就，但一些致命性顽疾仍未得到根除，因而党的十九大报告对“党的建设新的伟大工程”进行了新的部署，强调在新的时代条件下，要以政治建设为统领，以理想信念为牵引，以自我革命为手段，不断提高党的建设的质量和成效，推动党的建设新的伟大工程。

第三，伟大事业。伟大事业即是指中国特色社会主义伟大事业。回顾党的历史，可以看出，中国之所以创造出了前无古人的发展成就，就是因为走出了中国特色社会主义道路。然而，中国特色社会主义不是凭空出现的，而是中国共产党人接续奋斗，在实践中摸索、创造、积累的成果。新中国成立后，以毛泽东同志为核心的党的第一代中央领导集体便带领全党全国人民探索社会主义革命和社会主义建设道路，为新的历史时期开创中国特色社会主义积累了宝贵经验、奠定了理论准备、积蓄了物质保障。中国特色社会主义的起始点是党的十一届三中全会，伴随着改革开放与社会主义现代化建设的进程，邓小平同志在党的十二大开幕词的讲话中创造性地提出了“走自己的道路，建设有中国特色的社会主义”的命题和概念。自那以后，党的历次全国代表大会的主题中都着重强调和渲染了这一主题。换言之，中国特色社会主义是改革开放以来党的全部理论和实践的主题。十八大以来，中国特色社会主义事业取得了突破性进展。党的十九大庄严宣告中国特色社会主义事业进入了新时代，这意味着中国特色社会主义进入了一个新的历史阶段。十九大报告对中国特色社会主义事业进行了新的阐释，报告中不仅对中国特色社会主义的历史地位和功绩给予了高度的肯定，同时对伟大事业的内容进行了概括总结：中国特色社会主义道路是实现社会主义现代化、创造人民美好生活的必由之路，中国特色社会主义理论体系是指导党和人民实现中华民族伟大复兴的正确理论，中国特色社会主义制度是当代中国发展进步的根本制度保障，中国特色社会主义文化是激励全党全国各族人民奋勇前进的精神力量，全党要鼓足干劲，坚定自信，谱写伟大事业新的篇章。

第四，伟大梦想。伟大梦想即是指实现中华民族伟大复兴的中国梦。2012 年 11 月 29 日，党的十八大落幕不久，习近平总书记在带领中央政治局常委到国家博物馆参观“复兴之路”展览时便提出了实现中华民族伟大复兴的中国梦的命题。这个命题一经提出，就在党内外、国内外、社会各界产生了巨大反响，得到了全国人民的共同关注和情感认同，成为鞭策各族人民攻坚克难、开辟未来的响亮口号。然而，实现中华民族伟大复兴这个梦想不是十八大以后才有的，中国共产党成立之日起，面对着当时内忧外患、战乱频仍的中国，心中就怀揣着这个梦想，并带领全国人民进行了可歌可泣的尝试和斗争。十八大以来，中国的国力和综合实力有了巨大提升，中国比历史上任何时期都有信心和决心实现伟大复兴的梦想，党的十九大报告中用了较大篇幅论述伟大梦想，并提出实现伟大梦想要进行伟大斗争，建设伟大工程，推进伟大事业，凝心聚力实现伟大复兴中国梦。

(2)“四个伟大”之间的关系

伟大斗争、伟大工程、伟大事业、伟大梦想是一个什么样的关系呢?

它们首先是一个完整的体系，是相互影响、相互作用的共同体。“四个伟大”的关系不是随意排列的，有着严密的逻辑关系。伟大斗争意指为夺取中国特色社会主义胜利党和国家应保持何种精神状态，它是统揽“四个伟大”的前提；伟大工程意指为夺取中国特色社会主义胜利应具备什么样的政治保障，它是统筹“四个伟大”布局的保障，是起决定性作用的因素；伟大事业意指夺取中国特色社会主义的伟大胜利应举什么旗、走什么路、如何举、如何走的问题，它是指引“四个伟大”的方向；伟大梦想意指为夺取中国特色社会主义新的伟大胜利党和国家以及人民应肩负什么样的历史使命，实现什么样的奋斗目标，它是总揽“四个伟大”的目标。新时代，伟大梦想感召着中华儿女砥砺奋进。实现伟大梦想，推进伟大事业，必然要在党的坚强领导下，敢于斗争，开拓创新！

（二）发展战略

中国特色社会主义发展战略是党基于改革开放以来，特别是十八大以来的历史成就以及风险挑战对中国未来发展的总构想，也是党和人民勠力同心、开拓创新的宏伟目标。中国共产党的历程及成就正是由一系列符合时代潮流的新战略、新部署彰显并推进的。

1. 从新中国成立初的“两步走”到十九大的“两步走”

回顾新中国的历史，我们可以看到，为了实现中国特色社会主义现代化，中国共产党根据中国的国情多次制定了社会主义现代化的目标和规划。从中长期目标来看，从“两步走”“大跃进”到“四个现代化”，再从“三步走”“新三步”到“两步走”，足以可见，中国特色社会主义现代化的战略构想与实践并非一蹴而就的，而是经历了一个曲折的发展历程。新中国成立初期，现代化的起步是建立在一穷二白的基础之上的，起步较为艰难且基础十分薄弱。以毛泽东为核心的党中央创造性地提出了超英赶美“两步走”的现代化战略，即先花费 15 年的时间改变我国一穷二白的现状，在我国建立现代化的工业基础和农业基础之后赶超英国，完成第一个既定目标后再制定 8 个至 10 个五年计划力求在经济上赶超美国，总体而言即是用近百年时间分两步建设社会主义强国。客观地讲，当时这个现代化战略目标是较为符合客观实际的。但后来由于“大跃进”的影响，党将赶超英美的时间一再提前，严重脱离了国情，使国民经济遭受严重损失。之后，在 1961 年到 1965 年党对国民经济实施了“调整、巩固、充实、提高”的方针，与此同时，党中央接连制定了一整套工作条例草案，使中国的现代化发展重回正轨。“一五”计划实施期间，中国共产党在反思总结现代化建设的经验与不足的同时，开始认识到现代化不完全等同于工业化，仅仅实现工业化是不够的，于是开始酝酿“四个现代化”的战略构想。1964 年第三届全国人大第一次会议上提出了“两步走”的战略，即：“从第三个五年计划开始，我国的国民经济发展，可以按两步来考虑：第一步，建立一个独立的比较完整的工业体系和国民经济体系；第二步，全面实现农业、工业、国防和科学技术的现代化，使我国经济走在世界的前列。”“两步走”战略的提出充实了现代化的内涵，为未来中国现代化发展提供了正确方向，但后期由于“文化大革命”的错误发动，中国社会发展逐渐偏离了正确的航向，严重阻碍了现代化进程。1978 年党召开了十一届三中全会，进行了拨乱反正，以邓小平同志为核心的党中央开始实事求是地审视并谋划中国的现代化之路。1987 年 4 月邓小平提出了“三步走”战略思想，得到了全党的关注和认可。党的十三大正式将“三步走”思想确定为未来中国现代化的发展战略，即从党的十一届三中全会开始，我国现代化建设的战略部署大体可分为三个步骤来完成，即第一步，实现国民生产总值比 1980 年翻一番，解决人民的温饱问题。这个任务已基本实现。第二步，到 20 世纪末，使国民生产总值再增长一倍，人民生活达到小康水平。第三步，到 21 世纪中叶，人均国民生产总值达到中等发达国家水平，人民生活比较富裕，基本实现现代化。改革开放 20 多年来，邓小平的“三步走”战略有力地指导着中国的社会主义现代化建设道路，并取得了举世瞩目的成就。1997 年，江泽民在党的十五大报告中将邓小平的“三步走”中的第三步进一步细化，逐步形成了“新三步”战略，即在 2010 年实现国民生产总值相较 2000 年翻一番的目标，人民的小康生活更加宽裕；再经过十年的努力，到建党一百年时，使国民经济更加发展，各项制度更加完善；21世纪中叶建成富强民主文明的社会主义现代化国家。胡锦涛在党的十八大报告中正式提出了全面建成小康社会的奋斗目标。在党的十九大报告中，习近平总书记指出目前处于全面建成小康社会的决胜阶段，并对新时代中国特色社会主义现代化作出了全新部署，即在2020年后分两个阶段建设现代化强国的战略安排：第一个阶段，从2020年到2035年，在全面建成小康社会的基础上，再奋斗15年，基本实现社会主义现代化。第二个阶段，从2035年到本世纪中叶，在基本实现现代化的基础上，再奋斗15年，把我国建成富强民主文明和谐美丽的社会主义现代化强国。这便把邓小平"三步走"战略构想中的第三步战略目标提前了15年。

为实现这些中长期目标，党中央又制定了短期目标和规划，即国民经济发展五年计划或国民经济和社会发展五年规划，新中国成立70多年以来，一共制定了13个"五年计划"或"五年规划"。为了"五年规划（计划）"的顺利实施，每年还制定了国民经济和社会发展年度规划。2015年10月召开的十八届五中全会通过了《中共中央关于制定国民经济和社会发展第十三个五年规划的建议》，并计划在已确定的全面建成小康社会目标的基础上，努力实现以下新的目标要求：经济保持中高速增长，人民群众生活的水平和质量得到大幅提升，国民素质和社会文明程度显著提高，生态环境总体改善，各方面制度更加成熟定型，国家治理体系和治理能力现代化取得重大进展。

2. 实现社会主义现代化强国"两步走"战略的具体安排

（1）从2020年到2035年基本实现社会主义现代化的目标要求

改革开放40多年来，特别是十八大以来的5年，党和国家的面貌发生了翻天覆地的变化，经济增长速度均衡，发展质量不断优化，工业化城镇化协调推进，人民生活不断改善，党和国家各项事业全面进步，建设社会主义现代化强国的目标又近了一步。党的十九大将原本提出的"三步走"战略的第三步即基本实现现代化的时间节点提前了15年，即在2035年实现。为此，党中央细化了这一阶段的主要目标要求：

在经济建设方面，力求使我国的经济实力、经济活力、创新能力、科技实力得到显著提升，具备跻身创新型国家前列的实力。经济增速将继续保持中高速增长，引领产业转型升级并迈向价值链中高端水平，发展模式实现由单一追求数量和规模的扩张向质量和效益提升的跃升和转变。社会主义市场经济体制将更加完善，逐步打造全面开放的新格局，推动形成现代化经济体系。基础设施体系更加完备，城市品质和功能明显提升和完善。

在政治建设方面，人民民主更加充分地彰显，人民权利得到更为充分的保障，人民群众的积极性、主动性、创造性得到进一步发挥。以法治国家、法治政府、法治社会为核心的法治体系基本建成，国家治理体系和治理能力现代化基本实现。人民代表大会和人民政协制度更加完善，民主选举、民主管理、民主协商、民主决策、民主监督等在实践中得到充分展现。党的领导、人民当家作主、依法治国达到空前统一。政府执政能力和公信力得到群众高度认可，基本建成人民满意的社会认可的服务型政府。依法治国得到全面落实。

在文化建设方面，国民在文化自信、文化创造力、文化自觉和文化凝聚力等方面不断提高。中华优秀传统文化的传播力和影响力显著提高，国家文化软实力逐步增强，中国梦和社会主义核心价值观渗透到祖国大地每个角落和每个国民的内心深处，爱国主义、集体主义、社会主义思想在社会上广泛传播并弘扬，以社会公德、职业道德、家庭美德、个人品德为核心的社会风尚基本养成，社会文明程度达到历史新高，中外文化交流交织更加广泛和密切，中华文化的世界影响力显著提高。

在民生和社会建设方面，人民生活水平和质量显著提升，幸福感强烈，中等收入群体比例有所提高的同时城乡区域发展差距显著缩小，全体人民共同富裕不再是不切实际的空想。在就业方面，实现更高质量和更充分的就业。在养老服务方面更加完善，我国将规避“中等收入陷阱”平稳进入高收入国家行列。现代社会治理模式更加完备和规范，整个社会井然有序又不失活力。社会稳定和谐，社会矛盾不再尖锐，政府治理和社会调节、居民自治实现良性互动，国民的安全感更加强烈且更可持续。

在生态文明建设方面，山水湖泊、大气土壤等环境状况得到明显改善，生态环境得到切实改善，美丽中国不再是一句标语或是口号，而是已经达成的目标。标榜绿色环保的生产方式和生活方式已经形成并完善，对于能源、水还有其他稀缺资源的利用率达到世界先进水平。自然生态系统的持续性和稳定性明显改善。生态文明制度更加健全。我国在全球气候变化等问题上发挥更大作用，在促进绿色低碳发展中走在国际前列。

（2）从 2035 年到本世纪中叶建成社会主义现代化强国的目标要求

这一阶段，在基本实现现代化的基础上，我国将锲而不舍，继续奋进，全面提升我国社会主义物质文明、政治文明、精神文明、社会文明、生态文明，力求在本世纪中叶建成富强民主文明和谐美丽的社会主义现代化强国。

这一阶段的目标要求是：一是我国将达到高度的物质文明状态，即富强的状态，具备惊人的创造财富的能力，具备名列世界前茅的创新能力以及核心竞争力，具有顶级的经济总量和市场规模，真正建成富强的社会主义现代化强国。二是我国将达到高度的政治文明，进一步形成严肃活泼、自由统一的政治格局，达成依法治国和以德治国的高度统一，建成民主的社会主义现代化强国。三是我国将达到高度的精神文明，文明型社会将真正实现，国民素质显著提高，全社会能将社会主义核心价值观内化于心，外化于行。中华文化将成为推动中国发展的重要的精神动力，最终建成文明的社会主义现代化强国。四是我国将达成高度的社会文明，即社会真正实现和谐的状态，城乡居民享有更加幸福康乐的生活，整个社会有序运行，公平正义处处可得到彰显，最终建成和谐的社会主义现代化强国。五是我国将拥有高度的生态文明，即“美丽中国”的状态，天蓝、草绿、水清、鱼跃的生态环境不再是空想，而是普遍常态，人与自然和谐共生局面基本创立，最终建成美丽的社会主义现代化强国。

到那时，中华民族作为经历沧桑巨变，千难万险仍奋勇向前，坚强地屹立在世界东方的文明古国，将焕发出亘古未有的活力，以更加斗志昂扬的姿态自立于世界民族之林，并以天下为己任，为推动世界和平与发展作出更大贡献！

第三章　全面建成小康社会：新时代中国特色社会主义创新发展的奋斗目标

党的十九大报告指出，全面建成小康社会是中国共产党向全国各族人民作出的庄严承诺，体现着我们党建设中国特色社会主义事业坚韧不拔、勇往直前的坚定信念，体现着我们党对建设社会主义现代化事业的执着追求。

一、全面建成小康社会的新内涵

“小康”作为一个描述我国经济社会发展目标的概念，从20世纪80年代就提出来了。其间，从“小康”到“全面建设小康社会”，再到“全面建成小康社会”，小康概念不断演化，内涵不断丰富。党的十八大从经济发展、人民民主、文化软实力、人民生活水平、生态环境质量等几方面充实和完善了全面建成小康社会的新内涵。

（一）“小康”目标的提出、演进和确立

“小康”是一个极富中华民族传统文化特色的概念，最早见于西周的《诗经》，《大雅民劳》中有“民亦劳止，汔可小康”之句，反映了百姓内心对安定富足的生活状态的向往和渴望。1979年12月6日，邓小平同志在会见大平正芳时说，我们所说的四个现代化的概念，与你们所说的现代化的概念不同，而是“小康之家”。即把“中国式的四个现代化”称之为“小康之

家”“小康的状态”。

1982 年 9 月，党的十二大报告提出了我国经济建设总的奋斗目标是力争使全国工农业的年总产值翻两番，即由 1980 年的 7100 亿元增加到 2000 年的 28000 亿元左右。如果能够实现这个预期目标，我国的国民收入总量将能够位于世界前列，我国的主要工农业产品的产量也将能够位于世界前列，我国国民经济的整体发展及现代化建设的过程也将取得重大进展，城乡人民的个人收入水平将大大提高，人民的物质文化生活水平也就可以达到小康水平。1985 年的科技工作会议上，邓小平提出了“接近发达国家的水平”目标下的“两步走”发展战略。党的十三大前，邓小平在原有“两步走”战略的基础上提出了“分三步走基本实现现代化”的设想。1987 年 10 月，党的十三大把发展战略调整为“达到中等发达国家水平”目标下的“三步走”发展战略，邓小平把“三步走”战略的第一步，称为“解决温饱问题”，第二步称为“小康水平”。

1992 年 10 月，党的十四大进一步肯定了以“人民生活达到小康水平”为第二步目标的“三步走”发展战略，在党的正确领导下，在全国各族人民的共同努力下，到 2000 年，我国国内生产总值达到 89404 亿元，人均国民生产总值比 1980 年翻两番的目标顺利实现，超额完成了任务。至此，邓小平同志提出的达到“小康”的战略目标，经过全国人民的努力奋斗已经胜利实现了。

1997 年党的十五大把“三步走”战略的第三步战略目标细化，形成了“新三步走”发展战略，即：第一步，新世纪第一个 10 年，实现国民生产总值比 2000 年翻一番；第二步，再经过 10 年的努力，到建党 100 年时，完善国民经济更加发展的各项制度；第三步，到世纪中叶新中国成立 100 年时，基本实现富强民主文明的现代化社会主义国家。这是党中央首次提出“两个一百年”的奋斗目标，并且提出中国特色社会主义建设“经济、政治、文化协调发展”的“三位一体”格局，小康概念内涵不断丰富。

（二）从“小康”到全面建设小康社会

2000 年我国宣布如期实现“总体小康”，但是这种小康还只是一个标准较低、较侧重物质层面的消费、发展还不够平衡、不够全面的小康。党的十六大正式提出了“全面建设小康社会”的目标就是建设一个更高水平的、更全面的、发展比较均衡的小康社会。

所谓更高水平，就是大体用 20 年的时间，国内生产总值比 2000 年翻两番，达到 4.3 万亿美元，人均超过 3000 美元；所谓更全面，就是经济、政治、文化全面进步，社会主义物质文明、政治文明和精神文明协调发展；社会主义民主更加完善，全体人民的思想道德素质、科学文化素质和身体健康素质明显提高，形成比较完善的符合现代化建设需要的国民教育体系、科技创新体系、文化创新体系、医疗卫生体系和全民健身体系。所谓发展比较均衡，就是逐步扭转工农差别、行业差别、地区差别、城乡差别扩大的趋势，人与自然更加和谐，树立可持续发展理念，实施可持续发展战略，努力改善和保护生态环境，不断提高资源的利用效率，整个社会走上生产发展、生活富足、生态良好的文明发展道路。

2007 年 10 月，党的十七大仍坚持和使用“全面建设小康社会”奋斗目标的提法，努力实现经济又好又快发展；强调进一步扩大社会主义民主，向党的十六大确立的全面建设小康社会的目标砥砺奋进，确保到 2020 年实现全面建成小康社会的奋斗目标；十七大报告在谈到全面建设小康社会目标时，明确提出了“实现人均国内生产总值到 2020 年比 2000 年翻两番”，把原来强调的翻两番目标从“总量”变成了“人均”。由“总量翻两番”到“人均翻两番”，更鲜明地体现了我们党以人为本和共建共享的执政理念。

（三）全面建成小康社会的提出和内涵

2012 年 11 月，党的十八大对党的十七大提出的“全面建设小康社会”目标进行充实和完善，正式提出和确立了“全面建成小康社会”的奋斗目标。从“经济持续健康发展”“人民民主不断扩大”“文化软实力显著增强”

“人民生活水平全面提高”和“资源节约型、环境友好型社会建设取得重大进展”等五个方面，全方位地提出了全面建成小康社会的目标要求，并且提出了“实现国内生产总值和城乡居民人均收入比2010年翻一番”的“两个翻番”，使小康社会目标更明确、标准也更高。至此，小康社会的理论内涵经历了从“总体”到“全面”、从“三位一体”到“五位一体”、从“建设”到“建成”的发展。

党的十八大进一步充实完善了全面建成小康社会的内涵以及目标要求，主要包括以下五方面：

1. 经济持续健康发展。第一，在转变经济发展方式上取得重大突破；第二，增强经济发展的平衡性、协调性、可持续性，力争实现两个“倍增”，即国内生产总值比2010年翻一番，城乡居民人均收入比2010年翻一番；第三，增强创新发展的驱动力，努力大幅度提升科技进步对经济增长的贡献率，力争进入创新型国家行列；第四，努力构建新的现代化的产业发展体系，促进工业化、信息化、城镇化、农业现代化同步发展；第五，继续实施区域协调总体发展战略，逐步完善区域协调发展机制；第六，继续加大对外开放力度，进一步提高对外开放水平，努力培育开放型经济发展的新优势，不断增强我国经济的国际竞争力。

2. 人民民主不断扩大。坚持走中国特色社会主义政治发展道路，坚持党的领导、人民当家作主、依法治国三者的有机统一，坚持积极稳妥的方针循序渐进地逐步推进我国政治体制的改革；使人民民主的发展更加广泛、更加充分、更加健全，不断完善民主制度，丰富民主形式；在国家治理和社会管理过程中，更加注重发挥法治的重要作用，维护国家法制的权威、统一、尊严，实现依法治国基本方略全面落实，力争基本建成法治政府，使司法的公信力在人民之中不断提高，切实做到尊重和保障人权。

3. 文化软实力显著增强。切实加强文化建设，充分发挥文化推动发展、引领风尚、教育人民、服务社会的作用，努力丰富各类文化产品，加强各级各类公共文化服务体系建设，努力建设文化强国，逐步使文化产业成为国民经济的支柱产业。当今世界，作为国家软实力重要组成部分的文化产业发展水平及文化体系建设水平越来越成为影响国际竞争力的重要因素，要不断增强中华文化的国际影响力，努力使中华文化加速走出国门，大步走向世界，为社会主义文化强国建设奠定更加坚实的基础。

4. 人民生活水平全面提高。第一，人民生活水平全面提升、普遍提高的一个重要标志就是基本公共服务的均等化，应加速公共服务体系的基本建设。第二，努力提高全民受教育程度，倡导终生学习理念，努力实现教育现代化，加快提升培育创新人才的水平和能力，借助人力资源强国的优势，争取早日进入人才强国的行列，这是实现人的全面发展的重要基础。第三，努力提高就业率，使就业更加充分，这是涉及千家万户的民生之本，也是民生得到保障的具体体现。第四，大幅度减少扶贫对象，打赢扶贫攻坚战，真正使改革发展的成果惠及全体人民；努力使社会保障能够覆盖全体人民，使基本医疗卫生服务普及到每个人，基本建成住房保障体系，这是实现老有所养、住有所居、病有所医的重要体现；人民幸福安康的必要前提就是社会的长治久安。

5. 资源节约型、环境友好型社会建设取得重大进展。采取多种方式加大对自然资源和环境生态系统的保护力度，牢固树立起生态文明的建设理念，努力实行绿色、低碳的生产方式，倡导绿色、低碳的生活方式，从制度层面加强生态文明建设，努力建设美丽中国。

按照党的十八大全面建成小康社会的内涵及目标要求，我们要实现有质量、有效益、可持续的发展。经济持续健康发展，不再是对经济规模和发展速度的单纯追求，而是要在不断转变经济发展方式、不断优化经济结构中实现“实实在在、没有水分”的发展，切实提高我国经济发展的活力，不断增强我国经济发展的竞争力；最大限度地调动全社会科学发展的积极性、主动性和创造性；推动社会主义文化建设繁荣发展，努力建设各类文化活动平台，使广大人民群众的精神生活、文化生活更加丰富多彩，更好地保障广大人民群众的基本文化权益，努力全面提升全体人民的思想道德素质和科学文化素质；努力解决好人民群众最关心的问题以及最直接最现实的利益问题，努力做到发展依靠人民，发展为了人民，发展成果由人民共享，努力让人民过上更加美好的生活；要实现人与自然的和谐发展，把生态文明建设融入经济建设、政治建设、文化建设、社会建设的全过程和各方面，为人民创造良好的生产生活环境，实现中华民族永续发展。

（四）全面建成小康社会的判断与评价

没有全面小康，就没有普遍认同和真正意义上的小康。全面建成小康社会是一个内涵广泛、标准很高的概念。2015年10月，习近平总书记在十八届五中全会第二次全体会议上进一步从“发展水平”和“发展的平衡性、协调性、可持续性”方面揭示了2020年全面建成小康社会目标的基本内涵，明确提出了“全面小康”目标“三个全面”的特征和基本要求。

第一，“全面小康，领域覆盖要全面，是五位一体全面进步”。要在坚持以经济建设为中心的基础上，全面推进经济建设、政治建设、文化建设、社会建设、生态文明建设。

第二，“全面小康，人口覆盖要全面，是惠及全体人民的小康”。我们的目标是建成一个“找到全社会意愿和要求的最大公约数”的全面小康，是增强国家的物质力量和精神力量，努力提升全国各族人民的物质生活水平和精神生活水平的全面小康，是在每一个司法案件中人民群众都能够感受到公平正义的全面小康，是“望得见山、看得见水、记得住乡愁”的全面小康，也是能够使人民群众有更多获得感、幸福感的全面小康。全面小康的内容既包括宏观层面的，也包括具体层面的；既包括保证人民拥有平等参与的权利、拥有平等发展的权利，也包括促进全民健康，维护社会公平正义，使广大人民群众劳有所得、学有所教、住有所居、病有所医、老有所养等，使全面小康的建设成果惠及全体中国人民。

第三，“全面小康，区域覆盖要全面，是城乡区域共同的小康”。全面小康是覆盖所有民族、覆盖所有城乡、覆盖所有地域、不让一个地方掉队的全面小康。“小康不小康，关键看老乡”。毫无疑问，全面建成小康社会，农村的工作任务是最繁重的，最艰巨的工作任务在贫困地区，“不能丢了农村这一头”，“一个民族都不能少”，“决不能让一个苏区老区掉队”。全面建成小康社会的一项重要任务就是努力缩小城乡之间的发展差距。当然，缩小城乡之间的发展差距，不是仅仅缩小经济发展增长速度的差距和国内生产总值总量的差距，而且也要缩小居民个人收入水平的差距、基本公共服务设施均等化水平的差距、基础设施建设水平的差距、人民物质和精神生活水平等方面的差距。

2008 年 6 月，国家统计局统计科学研究所提出了《全面建设小康社会统计监测方案》，设计了一套全面建设小康社会统计监测指标体系，涵盖经济发展、社会和谐、生活质量、民主法制、文化教育、资源环境等 6 个方面的 23 项指标。预计 2020 年标准值：(1) 人均 GDP≥31400 元；(2) R&D 经费支出占 GDP 比重≥2.5%；(3) 第三产业增加值占 GDP 比重≥50%；(4) 城镇人口比重≥60%；(5) 调查失业率（城镇）≤6%；(6) 基尼系数≤0.4；(7) 城乡居民收入比≤2.80；(8) 地区经济发展差异系数≤60%；(9) 基本社会保险覆盖率≥90%；(10) 高中阶段毕业生性别差异系数 =100%；(11) 居民人均可支配收入≥15000 元；(12) 恩格尔系数≤40%；(13) 人均住房使用面积≥27 平方米；(14) 5 岁以下儿童死亡率≤12‰；(15) 平均预期寿命≥75 岁；(16) 公民自身民主权利满意度≥90%；(17) 社会安全指数≥100%；(18) 文化产业增加值占 GDP 比重≥5%；(19) 居民文教娱乐服务支出占家庭消费支出比重≥16%；(20) 平均受教育年限≥10.5 年；(21) 单位 GDP 能耗≤0.84 吨标准煤 / 万元；(22) 常用耕地面积指数≥94%；(23) 环境质量指数 =100%。并且，以后几年连续发布了《全面建设小康社会进程统计监测报告》，影响比较广泛。全面建设小康社会实现程度的测量需要使用一种综合指数，按照通行的标准，实现程度 60% 为总体小康，100% 为全面小康。据测算，目前我国全面建设小康社会进程已达 83.55%。

2013 年，国家统计局制定了《全面建成小康社会统计监测指标体系》，包括经济发展、民主法制、文化建设、人民生活和资源环境 5 个子系统，共包括 39 个评价指标，同时，对我国东中西部区域设定了不同的标准值。一是在指标选取上，能量化的都尽可能量化；二是在结构体系上，分为五个部分，对应十八大提出的全面建成小康社会五个方面的新要求；三是在权重确定上，按照“不再简单以GDP论英雄”的要求，降低了经济指标的权重，提升了资源环境指标的权重；四是在目标值的确定上，既考虑了全国的统一可比，又充分考虑各地经济基础不同、资源禀赋不同、功能定位不同，提出了统一的和有差异的目标值。关于全面建成小康社会的核心经济指标，也是在实践中不断与时俱进的。如，党的十六大提出“国内生产总值到2020年力争比2000年翻两番”，党的十七大提出“实现人均国内生产总值到2020年比2000年翻两番”，党的十八大提出“实现国内生产总值和城乡居民人均收入比2010年翻一番”。

在全面建成小康社会的五个方面的内涵中，有些是可以通过量化描述的，如经济、社会发展方面的一些目标；有些则是难以通过量化描述的，如政治、文化方面的一些目标。定性分析可以通过质量指标体现，定量分析则需要通过数量指标体现。数量指标是客观性的指标，如居民个人收入分配差距缩小、人民生活总体水平提高、基本公共服务设施均等化总体实现、社会保障全民覆盖等。而质量指标是主观性的指标，如人民群众对社会稳定的满意程度、人民群众对政府效率的满意程度、人民群众对生活环境的满意程度等。实现全面建成小康社会目标，其难度不仅仅在于完成定量指标，更重要的是在于完成定性指标。要全面、正确认识全面小康“五位一体”的目标任务，既要重视量化性的指标，又不能单纯迷信、滥用量化性指标；既要重视定量化指标，也要重视定性化指标，将全面建成小康社会的各项措施真正落到实处。因此，全面建成小康社会科学的衡量标准应该是定量考核目标与定性考核目标相结合。

我国幅员辽阔，各地发展差距较大，生产力发展水平多层次，不可能是“同一水平小康”，完全没有差距是不可能的。全面建成小康社会是针对全国讲的，不是每个地区、每个民族、每个人都达到同一个水平，不能把相关指标简单套用到各省区市，那样不科学，也不现实。如期全面建成小康社会，既坚持一定标准，又防止好高骛远；既考虑到2020年这个时间节点，又立足于打基础、谋长远、见成效。

总而言之，2020年实现全面建成小康社会的奋斗目标，就是成为综合国力显著增强、人民富裕程度普遍提高、具有良好生态环境的国家；成为具有更高文明程度、人民群众具有更高的文明素质、人民有更高层次的精神追求的国家；成为社会更加充满活力又安定和谐团结的国家；成为对外开放程度更大、在国际舞台上更加包容、更具有亲和力、能够为人类文明发展作出更大贡献的国家。

二、全面建成小康社会的战略地位

全面建成小康社会是我们党向人民作出的庄严承诺，具有重要的战略意义。如期实现这一战略目标，不仅实现了中国历史上亘古未有的伟大跨越，也为实现中华民族伟大复兴的中国梦奠定了重要的基础，同时，也是中国对人类社会作出的巨大贡献。

（一）全面建成小康社会是中国历史上亘古未有的伟大跨越

小康社会是中华民族自古以来追求的理想社会状态，是千百年来整个中华民族和千千万万华夏儿女共同追逐的梦想，是全社会的“最大公约数”。改革开放之初，邓小平同志首先用“小康”来诠释中国式现代化，明确提出到20世纪末“在中国建立一个小康社会”的奋斗目标。从那时起的40年间，我国社会实现了由贫困到温饱、由温饱到小康的历史性跨越。从“解决人民温饱”到“人民生活总体上达到小康水平”，从“总体小康”到“全面小康”，从“全面建设小康社会”到“全面建成小康社会”，我们党始终紧紧抓住这个目标，坚持不懈，接力奋斗，推动小康社会建设取得了显著成绩。短短三十几年时间里，我国经济实力和综合国力显著增强，成为世界第二大经济体，人民生活水平大幅提升，实现了从温饱不足到总体小康再到全面小康，由全面建设小康社会到全面建成小康社会的跨越式发展，创造了人类发展史上的奇迹。

全面建成小康社会目标的提出和演化历程，充分体现了我们党全心全意为人民服务宗旨的内在要求，体现了中国特色社会主义建设事业发展的必然要求，集中反映了广大人民群众的切身利益和根本诉求，是解决我国当前经济社会发展过程中出现的矛盾和问题、进一步深化改革的现实需要，符合全国人民的热切期待。全面建成小康社会，实现好、维护好、发展好最广大人民群众的根本利益，在更高水平上实现物质文明、政治文明、精神文明、社会文明、生态文明的全面协调可持续发展，能够更好地满足我国人民群众不断增长的对美好生活的需要，缓解地区之间、行业之间发展不平衡不充分的矛盾。对于一个拥有 13 亿多人口、经济社会发展不平衡的发展中大国，全面建成小康社会是一项宏大的充满挑战的系统工程。只有坚持发展是硬道理，坚持科学发展，推动经济持续健康发展，才能筑牢国家富强繁荣、人民幸福安康、社会长治久安的物质基础。全面建成小康社会有利于赢得亿万人民群众对党的支持和拥护，增强党的向心力、凝聚力，从而巩固党的执政地位；全面建成小康社会能够彰显社会主义制度的优势，彰显中国特色社会主义道路的正确性，增强中国特色社会主义的道路自信、理论自信、制度自信和文化自信。

经过几代中国人的艰苦奋斗和共同努力，党的十八届五中全会首次明确提出“全面建成小康社会决胜阶段”，在中国共产党的领导下，我们距离全面建成小康社会的目标越来越近。“小康”一直是我国人民不断进取与追求的奋斗目标，决胜阶段关系到全面建成小康社会能否顺利实现，关系到千百年来人民共同追逐的小康梦能否顺利实现。全面建成小康社会决胜阶段是我国跨越一些国家经历的“中等收入陷阱”，逐步迈进高收入国家行列，实现“国家繁荣富强、民族发展振兴、人民安康幸福”的冲刺阶段，是中国特色社会主义建设事业更加发展成熟、各方面制度更加健全定型的重要阶段，是中国特色社会主义道路在实践中不断探索并不断走向深化的关键阶段，全面建成小康社会将实现中国历史上亘古未有的伟大跨越。

（二）全面建成小康社会是实现中华民族伟大复兴中国梦的重要基础

全面建成小康社会是实现中华民族伟大复兴中国梦的关键一步。习近平总书记强调：实现伟大复兴的中国梦，第一步是全面建成小康社会。全面建成小康社会，是“两个一百年”奋斗目标的第一个目标。只有如期实现了这个目标，建成高质量的小康社会，才能为实现第二个百年奋斗目标奠定更为坚实的基础，进而实现中华民族伟大复兴的中国梦。全面建成小康社会和实现民族伟大复兴是两个紧密联系、相互交融的目标任务。没有全面小康的实现，民族复兴就无从谈起。今天我们为全面建成小康社会而奋斗，就是在为实现中华民族伟大复兴而奋斗，是实现中国梦的至关重要的一步，具有里程碑意义。

实现中华民族伟大复兴是一个长期的历史过程，是全党和全国各族人民的共同愿望，既是一项光荣的事业，又是一项艰巨的事业，需要我们一代又一代的中华儿女共同为此努力拼搏，需要我们奋发进取、不懈奋斗。全面建成小康社会是实现中国梦的阶段性目标，是中华民族伟大复兴不可或缺的承上启下的关键阶段，将预示中华民族伟大复兴的光明前景。能否按期完成全面建成小康社会的历史任务，直接关系到社会主义现代化事业的兴衰成败，直接关系到能否如期实现中华民族伟大复兴的中国梦。全面建成小康社会是实现社会主义现代化的必经阶段和基础工程。只有全面建成小康社会的目标如期实现，才能为现代化建设事业下一步向更高水平发展提供坚实可靠的物质基础。决胜阶段是全面建成小康社会的最后一步，直接关系到我国现代化建设的宏伟目标的实现进程。只有全面建成小康社会，我国社会主义现代化建设的第二个百年奋斗目标才能顺利起步。我们既要坚定理想信念，充满必胜信心，又要保持清醒头脑，富有创新精神，不断深化对中国社会发展规律的认识，科学谋划新时代的发展目标和举措，不断把伟大事业推向前进。

全面建成小康社会在“四个全面”战略布局中居于引领地位，是统领其他“三个全面”的总目标。习近平总书记指出：“四个全面”战略布局，既有战略目标，也有战略举措。全面建成小康社会是战略目标，全面深化改革、全面依法治国、全面从严治党是战略举措，为实现这一战略目标提供重要保障。这是一个具有内在逻辑关系的有机整体。其中，全面建成小康社会居于引领地位，我们所有奋斗都聚焦于这个目标。“四个全面”战略布局是新的历史条件下治国理政的总方略，也是实现中华民族伟大复兴中国梦的重要保障。全面建成小康社会是“四个全面”战略布局的逻辑起点。习近平总书记指出：全面深化改革和全面依法治国对于全面建成小康社会，犹如鸟之两翼、车之双轮，为其提供不断前进的动力源泉和科学治理的法治保障，共同推动这一事业滚滚向前。而全面从严治党则为全面建成小康社会提供根本保证。他强调：推进“十三五”时期经济社会发展，一定要紧紧扭住全面建成小康社会这个战略目标不动摇，紧紧扭住全面深化改革、全面依法治国、全面从严治党三个战略举措不放松，努力做到“四个全面”相辅相成、相得益彰。

决胜全面建成小康社会是一项复杂的长期工程，不仅仅包括物质层面、经济层面上实现小康，也包括政治层面、文化层面、社会层面、生态层面实现小康；既包括个人层面达到小康水平、家庭层面实现小康，还包括全部城市、全部乡村以及各个行业实现小康。决胜全面建成小康社会能够促进整个社会民生问题的改善，提升整个社会的文明和谐与协调发展的程度，不断提升人民的幸福感与获得感，是实现中华民族伟大复兴中国梦的重要基础。

（三）全面建成小康社会是中国对人类社会的巨大贡献

2020 年全面建成小康社会目标实现之时，中国经济总量将达到近 17 万亿美元，人民生活水平将明显提高。这一伟大跨越，无论在中华民族发展史上，还是在世界发展史和社会主义发展史上，都意义非凡。中国入世 17 年间，对世界经济增长的平均贡献率接近 30%，成为拉动世界经济复苏和增长的重要引擎。中国入世后不但为世界经济增长注入动力，而且为所有成员带来好处。目前，中国是 120 多个国家和地区的主要贸易伙伴，中国的出口为各国企业和民众提供了物美价廉的商品。自 2009 年以来，中国一直是最不发达国家的第一大出口市场，吸收了最不发达国家五分之一的出口。2018 年，中国经济增速回升至 6.6%，继续位居世界前列。据世界银行估测，2018 年世界经济增速为 3.1% 左右，按此增速计算，2018 年中国经济占世界经济的比重提高到了16.04%左右，对世界经济增长的贡献率为27.5%左右。

近几年，中国“世界市场”的地位日益突出，中国最终消费对世界消费增长的年均贡献率也是世界第一。2013—2016年，按照不变美元价格计算，中国最终消费对世界消费增长的年均贡献率为23.4%，同期美国、欧元区和日本的年均贡献率分别为23%、7.9%和2.1%；中国最终消费的年均增速为7.5%，同期美国、欧元区和日本的年均增速分别为2.2%、1%和0.6%，世界消费市场的年均增速为2.4%。中国已连续多年保持世界第一大出境旅游客源国地位。据有关部门统计，2018年中国公民出境旅游1.5亿人次，比上年增长14.7%，国际旅游支出达2773亿美元，增长5.2%。近年来，中国进口需求迅速扩大，为国际贸易繁荣作出越来越大的贡献，有效地促进了世界经济再平衡。根据世界银行统计，2011—2016年，中国进口货物和服务总额占全球进口市场的份额由8.4%提高到了9.7%，提高1.3个百分点，而同期美国、欧元区和日本三大发达经济体的进口份额下降了0.4个百分点。据世界贸易组织统计，2017年1—10月份，中国进口（按美元计）增速分别比美国、德国、日本和全球高10.4、8.1、7.6和6.5个百分点，2018年前三季度中国进口增长对全球进口增长贡献率超过22%，进口占全球份额提高到10.8%。

中国提出的“一带一路”倡议得到了众多国家的积极响应。目前，100多个国家和国际组织以不同形式参与“一带一路”建设，80多个国家及国际组织同中国签署了合作协议。2017年，中国企业对“一带一路”沿线的59个国家进行了非金融类直接投资143.6亿美元，在“一带一路”沿线的61个国家新签对外承包工程合同额1443.2亿美元，同比增长14.5%，完成营业额855.3亿美元，同比增长12.6%。

中国实现全面建成小康社会，对整个世界的经济增长、对人类社会的文明发展、对全球治理模式改革都有巨大贡献，其中一个非常重要的方面就是促进人类减贫，促进人的全面发展。党的十八大之后，中国脱贫攻坚取得决定性进展。经过6年多努力，贫困人口由2012年的9899万人减少到2018年的1660万人，贫困发生率从10.2%降至1.7%。改革开放40多年来，中国有7亿多人摆脱贫困，谱写了人类减贫历史上的奇迹。在联合国制定千年发展目标后，中国是发展中国家中第一个提前实现贫困人口减半的国家。2014年又下降到4.2%，中国对全球减贫的贡献率超过70%，中国成为世界上减贫人口最多的国家。

全面建成小康社会，是在坚持党的基本理论和路线纲领的基础上，围绕进一步推进科学发展的奋斗目标，在什么是中国特色社会主义、怎样建设中国特色社会主义，尤其是我国要实现什么样的发展、怎样发展的基本理论、理念问题上的新的深化，是党中央关于全面建成小康社会系列思想的新发展、新境界的具体体现。全面建成小康社会体现着我们党在不断加深对中国特色社会主义建设规律的认识，不断增强建设中国特色社会主义的自觉性。全面建成小康社会创新了发展中国家的发展模式，为世界社会主义发展模式提供新的案例，是中国对人类社会的巨大贡献。

三、全面建成小康社会的路径新探索

党的十九大指出，2020年我国进入全面建成小康社会的决胜期。正如习近平总书记指出的那样，我们要紧扣我国社会主要矛盾变化，统筹推进经济建设、政治建设、文化建设、社会建设、生态文明建设，着力解决好发展不平衡不充分问题；坚定实施人才强国战略、科教兴国战略、创新驱动发展战略、区域协调发展战略、乡村振兴战略、可持续发展战略、军民融合发展战略。全面建成小康社会，无论从事什么行业，一个民族都不能少；共同富裕的路上，无论城市还是乡村，一个地区都不能掉队。我们将举全党全国之力，坚决完成脱贫攻坚任务，确保兑现我们的承诺。

（一）紧扣我国社会主要矛盾变化，着力解决好发展不平衡不充分问题

十九大明确指出：经过长期努力，中国特色社会主义进入了新时代，这是我国发展新的历史方位。决胜全面建成小康社会，必须紧扣我国社会主要矛盾变化，统筹推进经济建设、政治建设、文化建设、社会建设、生态文明

建设，着力解决好发展的不平衡不充分问题，大力提升发展质量和效益，更好地满足人民在经济不断发展过程中日益增长的对美好生活的需要，更好地推动人的物质、精神的全面发展，更好地促进经济社会的全面进步。

1. 准确把握我国社会主要矛盾的变化

党的十八大曾作出“三个没有变”的重要判断，党的十九大则在全面分析过去5年工作和历史性变革的基础上提出“两个没有变”，国内主要矛盾发生了关系全局的历史性变化，由原来的“人民日益增长的物质文化需要同落后的社会生产之间的矛盾”转化为“人民日益增长的美好生活需要和不平衡不充分的发展之间的矛盾”。这一变化标志着解决矛盾的方向、重点、途径、机制等都有了新的内涵和要求。深刻认识我国社会主要矛盾变化的内涵，准确把握我国社会主要矛盾变化的重大意义，是决胜全面建成小康社会的战略基石。

改革开放以来，我国大力发展社会生产力，依靠自己的力量解决了十几亿人的温饱问题，总体上实现了小康，在即将全面建成小康社会的攻坚期，人民对美好生活的需要日益提升，高质量高品位的个体性需求的差异日益显著，不仅在物质文化生活方面提出了更高要求，而且在民主政治、法治建设、公平正义、社会安全、环境生态等方面也不断提出更高的要求；不仅各方面需求的数量日益明显增加，而且需求的内容和质量也显著增长。同时，从整体上看，经过40年改革开放的奋斗，总体的社会生产力水平提升明显，更加突出的是发展的不平衡不充分问题。当前，我国经济社会发展的不平衡和不充分问题已经成为制约满足人民日益增长的美好生活需要的主要影响因素，上升为我国社会的主要矛盾。不平衡不充分的发展问题主要体现在以下几方面：

第一，社会生产力的发展还不够充分，尚无法满足人民群众日益增长的物质层面的需求；中国的劳动生产率逐步提高，已经由绝对落后转变为相对落后，但仍不能满足13亿多人民群众对于不同产品、不同结构和不同质量的需求。

第二，经济社会的发展仍然不平衡，不能满足人民日益增长的对于经济和社会公平发展的需求。经济上，个人收入差距比较大，地区之间、行业之间、城乡之间等的收入差距都比较大；社会生活方面，关系民生领域的医疗、教育、就业、社会保障等方面，城乡之间、东西部之间存在明显不平衡；基础设施、资源条件、公共产品等由于历史和现实的各种因素造成的差距，也是导致地区之间经济社会发展不平衡的重要因素。

第三，物质文明与精神文明不平衡，不能满足人民日益增长的精神文化层面的需求。虽然我国的经济总量已位居世界第二，但精神文化产品的数量和质量相比经济总量的差距非常之大，无论是书籍、影视作品、音乐等艺术作品，还是博物馆、科技馆、文化馆等文化设施，都还不能很好地满足人民群众不同层次、不同方面的需求。

第四，人与自然发展仍然不平衡，不能满足人民日益增长的对美好生态环境的需求。由于我国的经济发展长期处在产业价值链的低端，不合理的国际分工使得我国的资源环境受到了较为严重的破坏；人民群众的生态环境保护意识还远远不够强，人民对新鲜的空气、清洁的水质、良好的环境质量的需要很难全部得到满足。绿水青山就是金山银山理念已深入人心，但人民群众对美好环境和生态产品的需要日益增长，与生态环境总体不佳的矛盾仍很突出。

第五，经济建设与总体安全仍然不平衡，不能满足人民日益增长的安全需求。经济社会的不断发展，带来了安全方面的新问题，国土安全和军事安全不断向政治安全转变，同时，信息安全、食品安全、金融安全、网络安全等不平衡不充分的问题层出不穷，再转变为经济安全和社会安全，无疑都会成为人民群众关注的焦点。

此外，民主、法治等方面也存在难以满足人民日益增长需要的不平衡和不充分。

2. 着力解决好发展不平衡不充分问题

我国社会主义建设事业进入了新时代，社会的主要矛盾发生了转化，这是一个全局性、历史性的变化，对决胜全面建成小康社会提出了更高更迫切的明确要求。全面建成小康社会，更重要、更难做到的是“全面”。“小康”指的是发展水平的高低，而“全面”指的是发展是否具有协调性、平衡性以及可持续性。十八届五中全会提出：全面小康，领域的覆盖要全面，是“五位一体”全面进步的小康；全面小康，人口的覆盖要全面，是全体人民都能够得实惠的小康；全面小康，区域的覆盖要全面，是城乡区域共同繁荣发展的小康。党的十九大报告进一步提出：我们要在继续推动发展的基础上，着力解决好发展不平衡不充分问题，大力提升发展质量和效益，要使全面建成小康社会得到广大人民群众的认可、经得起历史发展的检验。

第一，坚持以人民为中心。人民是历史的创造者，也是发展的主体。努力按照全心全意为人民服务的党的宗旨的要求，把人民对美好生活的向往始终作为我们党的奋斗目标和国家发展的核心目标，一方面促进人的全面发展，解决个人发展的不平衡不充分问题；另一方面促进社会全面进步，解决社会发展的不平衡不充分问题。首先，坚持人民主体地位，任何一项伟大事业要取得成功，都必须从人民中找到根基，从人民中积聚力量，由人民共同完成，要充分发挥人民主体意识，形成改革合力；其次，坚持问题导向，切实从最直接的问题入手，从人民最关心的问题入手，从最现实的问题入手，抓重点、补短板、强弱项；最后，坚持人民共享，创新制度安排，强化制度保障，从根源上消除造成社会非公平正义的人为因素，使改革发展成果能够更好更多更公平地惠及全体中国人民，不断提升人民幸福感与获得感。

第二，坚持新发展理念。发展是解决我国一切问题的基础和关键，发展必须是科学发展，必须坚定不移贯彻创新、协调、绿色、开放、共享的新发展理念。新发展理念指明了我国经济社会发展的发展理念、发展方针和发展着力点，揭示了我国实现更高质量、更有效率、更加公平、更可持续发展的科学路径，为我国新时代经济社会发展提供了根本遵循。坚持创新发展，着力提高发展质量和效益，加快建设创新型国家。坚持协调发展，着力形成平衡发展结构，提高发展的整体性和平衡性，在协调发展中拓宽发展空间、增强发展后劲。坚持绿色发展，着力改善生态环境，推动形成人口、资源、环境与自然生态和谐发展的现代化建设新格局。坚持开放发展，着力实现互利共赢。坚持共享发展，使全体人民在共建共享发展中有更多获得感，增强发展动力，增进人民团结，朝着共同富裕方向稳步前进。

第三，坚持供给侧结构性改革的工作主线。包括推动地区结构、城乡结构、行业结构、企业结构的不断优化；党的十九大全面科学地对深化供给侧结构性改革进行了部署。其重点包括：一是鼓励产业革新；二是强化基础设施建设保障，加强铁路、公路、航空、水利、水运、管道、信息、电网、物流等基础设施的网络建设；三是优化资源配置，坚持去库存、去产能、去杠杆、降成本、补短板，存量上优化资源配置，增量上扩大优质供给，保持动态供需平衡；四是加强主体建设，鼓励多方面的社会主体积极主动参加创业创新，激发激励并注意宣传和保护企业家精神，同时建设技能型、知识型、创新型劳动者队伍；五是完善分配，以供给侧结构性改革为契机，大力发展实体经济，坚持按劳分配原则，完善各项分配领域的体制机制，按劳分配与按生产要素分配相结合，促进收入更合理、更有序。

（二）坚定实施“七大战略”

决胜全面建成小康社会，全面开启社会主义现代化国家建设的新征程，需要科学的战略支撑。党的十九大报告强调，必须坚定实施人才强国战略、科教兴国战略、创新驱动发展战略、区域协调发展战略、乡村振兴战略、可持续发展战略、军民融合发展战略。这“七大发展战略”相互贯通、相互促进，具有紧密的内在逻辑联系，准确抓住了全面建成小康社会的着力点，是确保如期实现全面建成小康社会目标的重要战略举措。

1. 坚定实施科教兴国战略

《国家教育事业发展“十三五”规划》明确提出了“一个不低于、两个只增不减”的目标要求：保证国内生产总值中国家财政性教育经费支出所占的比例一般不低于4%。然而，从总体上看，我国生产力的总体发展水平还相对比较低下，国民整体的科学文化素质还需要进一步提升，坚定实施科教兴国战略，对全面建成小康社会具有决定性意义。

坚定实施科教兴国战略，实施教育强国和科技强国。要把教育事业放在优先位置，坚持社会主义办学方向，落实立德树人根本任务。推动以提高质量为重点的高等教育改革发展，调整完善学科专业结构，对接国家和地方发展战略需求，加强世界一流大学一流学科建设；要以培养担当民族复兴重任的时代新人为目标，创新人才培养模式，推动教学科研资源开放共享和成果转化，更好地为国家经济建设和社会发展服务；要面向国际科技前沿，加强综合性交叉学科研究，实现更多原创性突破；要推进教育公平发展，推动城乡义务教育软硬件一体化发展，加大对农村义务教育的支持力度；要加强乡村教师队伍建设和控辍保学工作，建立以学生发展为本的新型教学关系，培养德智体美全面发展的建设者和接班人，为新时代的中国特色社会主义事业发展贡献力量。

2. 坚定实施人才强国战略

科技创新竞争、经济实力竞争、国防军事竞争以及综合国力等各方面的竞争，归根到底都是人才的竞争，人才资源是我国经济社会发展的第一要素和宝贵资源，是实现中华民族伟大复兴、赢得国际竞争主动的最重要的战略资源。人才强国战略是全面建成小康社会的基础支撑。

人才工作是我们党和国家历来都高度重视的一项工作。新中国成立后，特别是改革开放 40 年来，我们党提出了一系列加强人才队伍建设的政策措施，加强人才的培育及管理工作，在各个领域都培养和造就了大批的杰出人才。进入 21 世纪，世界范围内的人才竞争更为激烈，党中央、国务院顺应时代发展需要，及时作出了一系列重大决策，抓紧实施人才强国战略，人才强国战略已经成为我国经济社会发展中不可或缺的一项基本战略。2003 年召开的党的十六届三中全会，通过了《中共中央关于完善社会主义市场经济体制若干问题的决定》，第一次完整地提出了我国要实行人才强国战略。2003 年 12 月召开了专门的人才工作会议，进一步强调实施人才强国战略，并将这一战略作为党和国家一项迫在眉睫的重大任务，抓紧抓实抓好抓出成效，努力开创人尽其才、人才辈出的人才工作良好局面。党的十七大则继续强调，要进一步在各行各业营造鼓励创新的良好环境，充分发挥我国的人力资源优势，努力培养造就一批世界一流的科技领军人才，使创新型智慧竞相迸发、创新型人才大量涌现。

坚定实施人才强国战略，就是要坚持党管人才原则，加大专门人才的培养管理力度，加速建立关于人才培养、选拔、交流和使用的一整套机制，以“高精尖缺”为导向，特别要在高水平人才的培养上下功夫。作为一项制度，要将人才的培养成果作为科学项目研究、各级各类基地建设考核的重要指标。认真落实国家出台的各项人才工作相关的优惠政策，努力吸引优秀人才、用好优秀人才和留住优秀人才。加大各个行业领域的收入分配制度改革，实行按岗位定报酬、按业绩定薪酬的原则，坚持做到多劳多得，关键岗位的收入一定要高，这样才能真正体现出对人才的激励。

《国家中长期人才发展规划纲要（2010—2020）》提出我国2020年人才发展的总体目标是：培养和造就结构优化、素质优良、布局合理、规模宏大的人才队伍，培育国家人才竞争比较优势，努力进入世界人才强国行列，为在本世纪中叶将我国建成社会主义现代化强国奠定坚实的人才基础。国家十三五规划纲要明确提出要进一步实施人才优先发展战略，加快推进人才发展的体制机制创新和人才发展政策创新，努力打造具有较强国际竞争力的人才制度优势，不断提高人才质量，注重人才结构的优化，加快人才强国建设。《关于深化人才发展体制机制改革的意见》强调，打造多方面的吸引力，努力汇聚天下英才而用之，牢固树立科学的人才培育、选拔、使用观念，各行各业都要深入实施人才优先的发展战略，在遵循社会主义市场经济发展规律的前提下，遵循人才培育成长的内在规律，努力破除各种束缚人才成长的陈旧思想观念以及束缚人才发展的体制机制障碍，充分解放思想，增强人才培育活力，拓展人才成长空间，净化人才使用环境，构建科学规范、开放包容、运行高效的人才培育管理体系，打造人才制度优势，增强国际竞争力。十九大明确强调要坚持党管人才原则，汇聚天下之英才而用之，努力加快建设人才强国。培养造就一大批在国际上具有领先水平的科技领军人才、战略科技人才、青年科技人才和高水平创新团队。要实行更加积极、更加开放、更加有效的人才政策，慧眼识人才、诚意爱人才、大胆用人才、雅量容人才、良方聚人才，把党内和党外、国内和国外各方面优秀人才集聚到党和人民的伟大奋斗中来，鼓励引导人才向边远贫困地区、边疆民族地区、革命老区和基层一线流动，努力形成人人渴望成才、人人努力成才、人人皆可成才、人人尽展其才的良好局面，让各类人才的创造活力竞相迸发、聪明才智充分涌流。

3. 坚定实施创新驱动发展战略

创新是一个民族进步的灵魂，是一个国家兴旺发达的不竭动力。要如期实现全面建成小康社会，必须实施创新驱动发展战略。创新作为引领我国经济社会发展的第一驱动力，对我国加快转变经济发展方式、提高我国经济增长的效益及质量、降低我国各领域的资源能源消耗、改善我国经济社会发展的生态环境、建设人民群众满意的美丽中国、形成具有国际竞争优势而言，都具有举足轻重的长远意义。党的十八大指出，科技创新必须摆在国家发展全局的核心位置，强调要实施创新驱动发展战略、坚持走中国特色自主创新道路。党的十九大把实施创新驱动发展战略作为一项重大而长期的任务再次提出，强调落实创新驱动发展战略。一方面，要加强科技领军人才、战略科技人才、青年科技人才和高水平创新团队自主创新能力的培养，造就一支具有国际影响力的人才队伍；深化基础研究，加强应用基础研究，实现前瞻性基础研究，拓展国家重大科技项目的战略布局和研究领域；引领激励原创性研究成果的重大突破，强化前沿引领技术、颠覆性技术、关键共性技术及现代工程技术等技术创新；另一方面，大力提高创新成果应用转化的速度和水平，避免科学研究成果束之高阁，造成人财物力的极大浪费。要强化知识产权的积极创造、严格保护、合理运用，倡导创新文化；深化科技管理体制改革，建立以企业问题为主体、以市场需求为导向、官产学研密切融合的技术研发创新体系，加大对中小企业创业创新的支持力度，积极促进科技成果的实时转化。

4. 坚定实施乡村振兴战略

“三农”工作始终是我们党长期以来各项工作的重中之重，充分体现出了党中央对“三农”工作始终如一的高度重视。党的十九大报告用专门章节明确部署了乡村振兴战略，党章最新修正案也将乡村振兴战略作为新时代七大战略之一写入了党章总则。虽然中国特色社会主义进入了新时代，但在今后相当长的一段历史时期内，我国农业的基础地位不会改变，广大农民大多数还会生活在农村地区的基本国情不会改变。中国要强盛，农业就必须要强；中国要美丽，农村就必须要美丽；中国要富裕，农民就必须富裕。当前，我国经济社会发展中最大的不平衡，就是城乡之间发展的不平衡；我国经济社会发展中最大的不充分，就是广大农村地区发展的不充分。因此，我们必须坚持党管农村工作的原则，把农业农村农民的发展事业摆在全局突出位置，凝聚全社会力量支持推动农业农村农民优先发展，为全面建成小康社会提供有力的基础性支撑。

乡村振兴战略的目标就是着力解决城乡发展不平衡问题，体现出我们党长期以来对“三农”问题的高度重视，将其作为全党工作的重中之重来抓紧抓好，加快推进农业现代化、农村现代化建设，力争同步提升城乡居民的生活水平和生活质量，确保经济社会的发展成果更多更好更公平地惠及全体城乡居民，建立健全城乡融合发展体制机制，完善城乡融合发展的政策体系。要实现这一乡村振兴战略目标，就要实现农业农村农民的跨越式发展。农村发展首先要认真贯彻落实乡风文明、治理有效、产业兴旺、生活富裕、生态宜居的总要求，尝试以不同方式探索形成富有地区特色的合作经营型、承包经营型、高度集体型和统一服务型等多种农村基本经营制度的实现形式，努力实现农业现代化发展的新飞跃，打造社会主义新农村发展的新局面；深化农村土地制度改革，保持土地承包关系长久稳定不变，完善承包地的“三权”分置制度，严格实行第二轮土地承包到期后再延长30年的政策；正确处理好城镇化、工业化和农业现代化进程中的矛盾冲突问题以及多元利益分配不均衡问题，循序渐进地协调推进农村土地流转的进程；对农村现行的集体产权制度进行深化改革，切实保障农民个人的财产权益，发展壮大农村集体经济。确保国家粮食安全是农业发展的首要问题，为了适应新时代发展的要求，就需要在总动力——小农改造机制以及分动力——制度创新机制、技术进步机制的合力推动下，加快构建现代农业发展需要的生产体系、经营体系、产业体系，加大对县域经济的投入，大力促进其快速发展。健全城乡融合发展体制，完善城乡融合发展机制，清除各种障碍，克服各类制约因素。大力推进农业发展中的供给侧结构性改革，农业政策导向从重视增产转向重视提质。深化改革粮食收储制度，使粮食收储价格更好地反映市场供求状况，广泛进行休耕轮作，扩大轮作休耕试点范围。解决农民问题的关键就是要建立稳定增加农民个人收入的长效机制，要教育广大农民坚定树立脱贫致富的志向、因地制宜地选取发展的总办法、创新农村事务管理体制、坚持精准施策、发挥地区优势构建大扶贫格局、突出重点发展区域，让广大农村地区的困难群众尽快摆脱贫困状态，不断缩小农业与工业、农村发展与城镇发展、农民与城镇居民之间的发展差距。

5. 坚定实施区域协调发展战略

区域之间差异较大、发展相对不平衡是我国最大的基本国情，因此，区域协调发展战略是我国经济社会发展战略的一个十分重要的组成部分。1999年以来，我国逐步形成了东部沿海地区率先发展、西部大开发、东北等老工业基地振兴、中部稳定崛起的区域发展总体战略。党的十八大以来，以习近平同志为核心的党中央统筹国内外发展大势、着眼世界发展全局，开创性地提出了建设“一带一路”倡议，提出了长江经济带发展战略、京津冀协同发展战略，努力形成东西南北全国一盘棋的纵横联动发展的战略新格局。党的十九大深刻阐释了我国社会主要矛盾的变化，立足于解决我国经济社会发展不平衡不充分问题，提出了实施区域协调发展战略。

首先，实施区域协调发展战略要明确各个地区发展的现有优势及未来发展思路，西部大开发要因地制宜不断推出新举措，推进形成新的发展格局；东北等老工业基地要加速深化改革，放下包袱，解放思想，扬长避短，加快振兴；中部地区要发挥优势，以自主创新为引擎推动崛起；率先引领东部地区利用资源优势和区位优势实现优化发展，建立并促进区域协调发展机制不断完善，更加有效地发挥作用。其次，要打通城市之间现有的行政区划发展界限，打破城市之间现有的资源禀赋的发展壁垒，为城市之间加强交流合作与协同发展创造有利条件，为区域生产力合理布局与生态建设、环境保护的融合发展搭建有益平台，改变大中小城市和小城镇发展各自为战的现状，努力构建小城镇与周边大中小城市协调发展的新格局，大力推动城市群的协调发展和经济带的联动发展。再次，要特别关注一些特殊地区如革命老区、贫困地区、民族地区、边疆地区等的发展，作为重点扶持地区给予特殊政策支持。

要实现基本公共服务均等化，基础设施比较完备均衡，畅通便利，与人民生活水平及基本需求大体相当。京津冀协同发展要以疏解北京非首都功能为重点，职业结构的设定要保持合理比例，雄安新区的发展规划要高起点编制、高质量实施。长江经济带发展要以绿色发展为引领，注重生态建设。围绕“一带一路”建设，丰富发展对外投资方式，以创新投资带动产业和贸易大幅度发展。继续大力支持东部地区率先发展、高质量发展，加快步伐振兴东北等老工业基地，努力推动中部地区崛起，深入推进西部大开发。科学规划粤港澳大湾区建设。引导特色小镇健康发展，推进大中小城市网络化建设速度。提高城市群整体发展质量，通过制定系列相关政策增强城市对农业转移人口的吸引力和承载力，加快户籍制度改革，推进落实。

6. 坚定实施可持续发展战略

20 世纪 80 年代，人类社会的发展轨迹由于可持续发展观的提出而发生了一个彻底的改变，可持续发展观是一个全新意义的发展观，是在时代变迁的过程中，顺应整个人类经济社会发展的需要而产生的。1987 年，世界环境与发展委员会（时任挪威首相的布伦特兰夫人担任委员会主席）在《我们共同的未来》报告中提出“可持续发展”概念，这是“可持续发展”概念在世界上第一次被提出来。但可持续发展的理念可以追溯到 20 世纪 60 年代的《寂静的春天》、罗马俱乐部和“太空飞船理论”等。第 15 届联合国环境署理事会 1989 年 5 月通过了《关于可持续发展的声明》。可持续发展的核心主张即经济发展的同时，注重保护资源、生态和环境，二者协调一致，使子孙后代在后续发展过程中依然能够享用到宝贵的资源，依然能够享受到良好的环境。1992 年 6 月，在巴西召开了联合国环境与发展大会，大会提出了要求全球各国遵循的可持续发展战略——《21 世纪议程》，并获得通过。大会要求各国根据本国的具体情况，制定符合各自实际的可持续发展战略、可持续发展实施计划和可持续发展应对策略。1994 年 7 月 4 日国务院批准通过了《中国 21 世纪人口、环境与发展白皮书》，这是我国的第一个国家级可持续发展战略。任何国家的可持续发展战略都是一个长期发展的战略目标，需要人类一代接一代持之以恒的努力。当前人类社会正处在从传统增长模式向可持续发展战略模式转变的时期，我们最近几代人的努力尤其重要，是决定发展模式能否成功转型的关键。因此，我们必须从我做起，从现在做起，一丝不苟地沿着可持续发展战略指明的道路前进。

十九大指出，要倡导绿色生产和绿色消费，加快建立相关的导向性政策和法律法规制度，建立低碳、资源节约型社会和环境友好型社会，健全绿色发展、循环发展的经济体系。构建以节能环保为市场导向的绿色技术创新体系，发展绿色金融，壮大清洁生产产业、清洁能源产业、节能环保产业。推进能源生产和消费革命，构建安全高效、循环低碳的能源体系。推进资源全面节约和循环利用，实施降低能耗、物耗，倡导国家节水行动，循环链接生活系统和生产系统。倡导绿色、循环、低碳、节能、适度、简约的生活方式，坚决反对不合理消费、盲目消费、超前消费、面子消费、高消费和各种奢侈浪费现象，开展创建绿色社区、绿色学校、绿色家庭，倡导绿色出行等活动。

7. 坚定实施军民融合发展战略

重视经济建设和国防建设的协调发展是我们党长期以来的光荣传统，我们党历来注重在国家总体发展战略中同时兼顾经济社会发展和国家总体安全。党的十八大以来，为了更加全面深刻地应对世情、国情、军情的变化，习近平总书记把军民融合发展确定为兴国之举、强军之策，作出了一系列重要的论述以及一系列重大决策。十八届三中全会将军民融合发展确立为国家战略，党中央成立了中央军民融合发展委员会，在国家全面深化改革的总体布局中纳入了军民融合发展改革，凸显了这一战略的重要性，并特别强调了党对军民融合发展的集中统一领导。十九大把军民融合发展战略纳入了全面建成小康社会的七个战略组成部分。

军民融合发展即把国防经济放到国民经济的整体中来定位，实现军民资源共享、共建共用，快速转换，平战结合，寓军于民。《国家中长期科学和技术发展规划纲要（2006—2020年）》提出建设军民结合、寓军于民的国防科技创新体系。以科技强军为发展目标，以国防需求为发展导向，建立健全军事、民用科技创新资源共享、互动互助合作的协调机制，制定一系列相关政策，打破现有的思维定式，大胆创新工作思路，在人才流动、信息共享、资本融合、技术创新等领域充分实现要素的军民融合，促进政产学研用密切合作、协同创新，军用民用技术应用双向转化，扩大军用技术溢出效应，分层次和分类推进企业军民融合，保障国防和部队建设更高效益、更高质量、更加可持续地发展。在一些民用技术水平明显高于军用技术水平的领域，可以实行民用转军用，例如，目前在电子信息行业的一些民用技术已经非常先进，可以直接用于军事方面；而在一些领域里，军用技术水平明显高于民用技术水平的，如在航天等领域，可以以军转民为主进行军民融合。

要实现军民融合进行科技创新，需要进一步健全发展相关的配套机制。制定科研计划时就在高层通过顶层设计实现军民相互协调、促进军民合作共享。对军用民用两套标准进行统筹规范，修订军用标准体系，改变长期以来实行的军用和民用两套标准各行其是的现象，促进军用民用标准相互融合，逐步扩大军品标准和民品标准的通用性。应以质量、安全、保密等管理制度标准为主作为军品研制企业的市场准入条件。应完善军事装备技术相关的需求信息管理体制和发布机制，促进供需紧密对接。坚持定期发布国防技术研究需求，使社会在及时了解国防技术发展方向的基础上提前做好有针对性的科研准备。根据市场分布情况、国防需求指标、技术成熟程度适度引入竞争机制，通过多种定价模式，以节约成本、提高效率。

总之，“七大战略”相辅相成，相互渗透，又各有侧重，联合起来从总体上破解全面建成小康社会过程中出现的各类问题。发展不平衡不充分的社会主要矛盾的解决需要统筹“七大战略”，使其协调配合、共同发挥作用，共同服务于全面建成小康社会的建设。

（三）坚决打好防范化解重大风险、精准脱贫、污染防治的攻坚战

一般来说，当奋斗目标越是接近实现的时候，前进的阻力往往也越大，面临的风险和压力往往也越大，就越要防范应对各种意想不到的困难。如果应对不好，或者发生系统性风险、犯颠覆性错误，就会延误甚至中断全面建成小康社会进程。党的十九大明确指出，全面建成小康社会决胜期，要突出抓重点、补短板、强弱项，特别是要坚决打好防范化解重大风险、精准脱贫、污染防治的攻坚战，这是全面建成小康社会的难点重点，是决胜全面建成小康社会的主攻方向。

打好防范化解重大风险攻坚战，其中，防控金融风险是重点，要以服务于供给侧结构性改革为主线，形成金融体系内部、金融和房地产、金融和实体经济的良性循环，加强薄弱环节监管的制度建设，做好重点领域的风险防范和处置工作，坚决打击违法违纪违规的金融活动。高度重视信息安全、金融、社会稳定、地方债务等领域存在的风险隐患，积极采取有力措施，增强底线思维和忧患意识，有效遏制增量风险，有序化解存量风险，坚决守住不发生系统性风险的底线。

打好精准脱贫攻坚战，要严格保证现行标准下的脱贫质量，既不降低标准，也不吊高胃口，瞄准特定地区的贫困群众进行精准帮扶，下大力气帮助深度贫困地区脱贫；扶贫重在扶志，要从内部激发贫困人口积极主动脱贫的内生动力，加强考核监督。坚持精准扶贫、精准脱贫，继续集中力量加大投入，攻坚克难，勇于啃硬骨头，确保到2020年现有的农村贫困人口全部实现脱贫，消除区域性整体贫困现象，补上全面建成小康社会这块最大的短板。

打好污染防治攻坚战，目标主要是使一些主要的污染物排放的总量大幅减少，改善生态环境的总体质量，重点防治大气污染，打赢蓝天保卫战，调整现有的能源结构和产业结构，淘汰落后的产能，加大节约能源的落实、监督、考核力度，调整运输结构。树立绿色发展的理念，坚守绿水青山就是金山银山的原则，强化节能减排，持续实施好大气、水、土壤污染防治行动计划，着力解决突出环境问题，加强重要生态系统保护和修复，改革生态

环境监管机制，推动形成人口、资源与自然环境和谐发展的现代化建设新局面。

1. 坚决打好防范化解重大风险攻坚战

第一，增强风险防控意识。风险意识淡薄，是最大的风险。我国全面建成小康社会的决胜期，也是我国经济社会发展面临的各类风险加速积累的时期，甚至是各类矛盾集中显露的时期，因此，我们必须增强防控风险的意识，筑牢安全防线。习近平总书记 2015 年 10 月指出，我们面临的重大风险既包括国际经济、政治、军事等风险，也包括国内的经济、政治、意识形态、社会风险以及来自自然界的风险。如果有重大风险发生，我们又扛不住，全面建成小康社会的进程就可能被迫中断，国家安全就会面临重大威胁。“图之于未萌，虑之于未有”，我们要力争不出现重大风险，或者即使出现了重大风险，我们也能够有能力扛得住风险、顶得住压力，让风险得以化解，平稳过去。新形势下，如果各方面复杂的利益关系处理不好、各种矛盾协调不好，就会导致矛盾激化，问题严重时就会影响经济社会的发展进程。防控风险、维护国家安全是全社会共同的责任，需要各方共同参与，共筑安全防线。习近平总书记指出，面对可能发生的各种风险，我们的各级党委和政府都要自觉增强责任感和使命感，努力把自己职责范围内的工作做好，把可能出现的风险提前防控好，不要养成一种习惯，把防控风险的责任全盘推给上层主管领导，也不能把防范风险的责任都分解给下级，当然，更不能在工作中疏忽大意、不负责任，人为地制造风险。

第二，提高风险防控能力。机遇往往伴随着风险，风险预示着危险。习近平总书记指出，我们看待国际国内形势要客观、要一分为二，既要看到成绩，更要看到短板和不足，既要看到机遇，又要看到困难和挑战，要全面客观地分析各方面形势的发展变化给我们带来的现实的风险和潜在的风险，从最坏处着眼，向最好的方向努力，做最充分的准备，争取最好的结果。党和政府要提高防范化解重大风险的能力，社会组织乃至公民个人也要提高防范化解重大风险的能力，这是经济社会持续健康发展的基础条件。习近平总书记指出，防范化解重大风险要及时调查研判可能存在的各种风险源头，提高风险防控工作科学化、精细化的能力，对各种可能出现的风险以及风险形成的原因都要做到心中有数，增强从源头化解风险的能力，不能使小风险演化成大风险，不能使个别风险演化为综合风险，不能使局部风险演化为区域性风险，不能使经济风险演化为社会政治风险，不能使国际风险演化为国内风险。

动态监测、实时预警。要加强动态监测，提高发现风险的能力。早识别、早预警、早发现、早处置，就能明显降低风险造成的负面冲击。习近平总书记指出，准确判断风险隐患是保障金融安全的前提。对存在的金融风险点，我们一定要胸中有数，增强风险防范意识，未雨绸缪，有效防范，不忽视一个风险，不放过一个隐患。要建立风险预警机制，系统防范和化解风险，制定实施方案，加强风险防范的顶层设计、系统规划、稳步推进，明确每个阶段风险管理的重点。

对症下药、综合施策。不断完善建立防范化解重大风险的机制。任何风险的产生都有其原因，不同领域的风险也具有不同的特点和发生发展规律，要找准症结所在，有的放矢，对症下药。对于风险苗头，出手要快、下手要狠，确保把风险消灭在萌芽状态；对于形成风险隐患的，要瞄准要害、果断处置。需要注意的是，多方面的风险往往不是孤立出现的，很可能是相互交织、彼此交错，然后形成一个风险综合体。因此，要将防范和应对风险作为一个系统性工程来看待，系统进行谋划，按照事前、事中、事后的整体进程分阶段进行设计，首先要注重加强事前的风险预判和防范，防微杜渐，其次要加强事中的风险应对和处置，最后要加强事后的风险管理能力建设，提升风险的免疫力。

第三，防范化解重点领域风险。风险隐患有主有次、有轻有重、有缓有急，必须要下力气解决好重点问题，着力防范化解重点领域风险，坚决守住不发生系统性金融风险这一底线。金融是国家重要的核心竞争力，金融安全是国家安全的重要组成部分。随着我国经济发展进入新常态，经济增速下降、新旧产业转型，我国金融风险逐步显现，过热的房地产行业及相关不良贷款、地方政府债务违约风险、资本外逃、人民币贬值压力、互联网金融违约事件频发等问题，对整个金融系统的流动性造成极大压力，其中任一风险的爆发都可能危及整个金融系统的稳定性。习近平总书记指出，我国的金融形势总体看是良好的，金融风险是可控的。但是，在国际国内当前经济下行压力等因素的影响下，我国的金融发展也不可避免地面临着风险和挑战。金融危机的外溢性在经济全球化深入发展的今天表现十分突出，很有可能破坏我国的金融安全。因此，要把防控金融风险放到更加重要的位置，下决心合理处置、消除一批风险点，注重防控产生资产泡沫，提高和改进金融风险的监管能力，努力做到确保不发生系统性金融风险。习近平总书记指出，维护金融安全至关重要，要坚持底线思维，下大力气深化金融管理体制、监管体制改革，提升金融安全能力水平，不断提高金融业的行业竞争能力、抗风险能力、可持续发展能力。重点防控金融风险，还要以服务于供给侧结构性改革为主线，做好重点领域风险防范和处置，坚决打击金融活动中的违法违纪违规现象，加强薄弱环节监管制度建设，牢牢守住不发生系统性金融风险的底线。

防范化解重大风险攻坚战，事关经济社会大局稳定，是“三大攻坚战”的首要之战，是一场输不起的战役。必须以总体国家安全观为指导，对地方金融风险、政府债务风险、社会领域风险、房地产市场风险等突出问题和风险保持高度警觉，有效防范化解各种风险。

2. 坚决打好精准脱贫攻坚战

第一，要提高对脱贫攻坚战的艰巨性的认识，加速经济发展。改革开放 40 年来，我国已经成功地解决了十几亿人的温饱问题，这也是一项人权事业的巨大进步。现在的贫困主要表现为由地域性差异引起的相对性贫困，是现阶段经济社会发展不平衡、不充分的体现。当然，我国同时也存在少部分人口的绝对贫困问题。截至 2017 年底，我国农村仍有 3046 万贫困人口，这些贫困人口属于绝对贫困，可能连基本的温饱都成问题，是一个最难摆脱贫困的群体。因此，我国的反贫困任务，既要树立长期消除相对贫困现象的理想目标，又要抓紧完成目前摆脱绝对贫困的短期任务。中共中央、国务院 2015 年底颁布了《中共中央国务院关于打赢脱贫攻坚战的决定》（简称《决定》），十二届全国人大四次会议通过了《中华人民共和国国民经济和社会发展第十三个五年规划纲要》（简称《纲要》），这些都是国家指导脱贫攻坚工作的重要纲领性文献。广大人民群众对生活水平的期待是不断提升的，各方面的需求是多样化、多层次的，而我们现有的国力财力还都是比较有限的。因此，打赢脱贫攻坚战具有挑战性和艰巨性，尤其是那些深度贫困的地区，更是脱贫攻坚战中最困难的部分，脱贫攻坚战不可能一蹴而就。要想打赢脱贫攻坚战，就必须立足于我国的基本国情，我国正处于社会主义初级阶段，并将长期处于社会主义初级阶段，相对于西方那些资源丰富、人口数量有限的发达国家，我国人口多，资源短缺，发展不平衡、不充分，城乡、区域、行业差异较大，人均国民生产总值还比较低。因此，解决相对贫困和绝对贫困问题，都只能依靠经济的长足发展。打赢脱贫攻坚战最重要的前提就是不断解放和发展生产力，使发展成果能够惠及千家万户的老百姓，特别是那些绝对贫困的人群，努力解决经济社会发展的不平衡、不充分问题。

第二，要强化政府精准主导，注重公平正义。从历史唯物主义视角看，解决贫困问题的最根本途径还是要靠发展，要大力解放和发展生产力，同时，以丰富的经济发展成果来大幅度提高国家的经济实力，从而解决绝对贫困问题；同时，还要继续巩固公有制，完善各项管理制度，促进经济持续快速健康发展，努力维护社会公平，尽力解决相对贫困问题。社会主义初级阶段的基本经济制度要求以公有制经济为主体，国家控制公有制的经济命脉，实行有效的宏观调控。党的十九大报告强调指出，履行好政府对收入分配再分配的调节职能，努力缩小个人收入分配差距。在脱贫攻坚战这场战役中，只能强化而不能削弱宏观调控。扶贫的主体是政府，政府在脱贫攻坚过程中还要发挥主导作用。因此，要完善政府扶贫管理体制机制，注重民生建设，注重调查研究，坚持具体问题具体分析的原则，工作重心下移，做到精准扶贫。要不断巩固和发展公有制经济的主体地位，发挥人民群体智慧，艰苦奋斗，努力摆脱贫困。突出强调公平正义，通过多种手段调节过高收入，提高过低收入，努力缩小贫富差距，消除贫困，努力实现从解决绝对贫困问题到消除相对贫困现象、从解决物质贫困问题到消除精神贫困的目标。

第三，扶志扶智，激发脱贫内生动力。习近平总书记强调精准扶贫如“绣花”，要精细、稳扎稳打，要贯穿于脱贫攻坚战的全过程。加强贫困地区公共设施建设，提高贫困地区基础设施的服务水平；建立健全脱贫工作的政策保障，认真落实脱贫工作责任制。建立扶贫启智的广泛参与机制，克服扶贫以完成任务为目标的短期行为，注重生态扶贫建设。扶贫要重在扶志，在政府精准主导下从贫困地区实际出发，尊重市场规律，实施扶贫市场化运作机制，提高贫困地区人民自身的“造血”功能，扶贫要落实到村、落实到户、落实到人，缺什么补什么，注重个案分析，不是平均主义撒“胡椒面”。创新扶贫开发形式，以扶贫促开发，鼓励社会力量广泛参与，以开发促发展，提高扶贫效率。扶上马，送一程，激发贫困地区贫困人群内生动力，鼓励立足自身树立信心，主动作为求发展，努力奋斗改变现状而不是等靠要，使贫困地区的人民群众积极进取，自觉奋斗，勤劳致富。

第四，以规范制度创新脱贫攻坚治理。制度建设是脱贫攻坚强有力的保证。要使脱贫攻坚工作能够真正取得实效，就要从制度着手，抓住贫困地区人民最直接的利益问题、最关心的利益问题、最现实的利益问题，特别是在民生领域的教育公平、就业平等、收入分配、医疗健康、养老保险、住房保障等方面，都要建立完备的制度体系，使反贫困有章可循、有法可依，实现扶贫工作落实规范化、制度化。要按照“六个精准”和“五个一批”工作要求，一项一项梳理，一户一户核对，一人一人落实，确保脱贫攻坚取得实效。要继续加强干部驻村帮扶工作，强化领导干部包联机制，加强脱贫攻坚督查考核，确保脱贫攻坚工作有力有效推进。脱贫攻坚不能故步自封，思想保守，要注重创新社会治理。反贫困是一项涉及面广的系统综合工程，需要协调实施、统筹兼顾。目前社会上还存在着比较明显的城乡差别、存在着行业垄断的现象、个人收入的贫富差距较大，社会上不公平的现象还时有发生，这都是导致贫困问题出现的原因。因此，打赢脱贫攻坚战还需要从源头上、从制度规范本身下功夫，努力通过加强制度建设保证人人都能够享有公平的生活条件、公正的工作环境，同时，要注重从精神层面倡导构建和谐社会的心理基础。脱贫攻坚战既要立足当前实际，又要着眼长远发展，把脱贫攻坚与创新开发相结合，把打赢脱贫攻坚战与创新社会治理相结合，把脱贫攻坚与生态保护相结合，使贫困地区的经济建设和发展符合可持续发展战略的要求。脱贫攻坚的近期目标主要解决基础较弱、条件较差、贫困程度严重的绝对贫困群众的问题，随着我国经济总体实力的不断增强，脱贫攻坚的远期目标就要逐步消除相对贫困的问题。

党的十九大描绘了到2020年农村贫困人口全部脱贫、实现全面建成小康社会的宏伟蓝图。脱贫攻坚战时间紧、任务重。习近平总书记在《摆脱贫困》一书中指出，摆脱贫困要紧紧扭住经济建设这个中心不放松，只有发展才是硬道理；要立足长远，干在实处。打赢脱贫攻坚战一定要把摆脱物质贫困与摆脱精神贫困统一起来、摆脱绝对贫困与摆脱相对贫困统一起来，大胆创新，认真实践，为实现中华民族伟大复兴的中国梦奠定良好的基础。

3. 坚决打好污染防治攻坚战

第一，实施大气、水、土壤污染防治三个行动计划，从根本上遏制环境恶化的趋势。在防治大气污染方面，要坚持全民共治、源头防治、持续治理的方针，坚决打赢蓝天保卫战。全面推进以电代煤、以气代煤。广泛推进有条件的地区对秸秆进行综合利用。深入开展重点行业的污染专项整治活动，对于所有的工业污染源都要实施排放达标计划。多种渠道鼓励使用清洁能源汽车，减少机动车尾气污染。切实提高预测与处置重污染天气的科学性与精准性。严格饮用水源的污染防治和保护，切实保障饮水用水安全。加强近岸海域的综合治理，严格入河入湖入海排污管理。持续监控地下水源水质，跟踪污染状况调查并及时开展综合防治。对于重点流域和海域进行重点治理，对山水林田湖草进行系统综合治理，严格落实湖长制、河长制；强化土壤污染状况的监督、管控、防治与修复，有效保护耕地土壤环境。严格要求、认真解决农业科学施肥用药问题，认真解决好畜禽养殖污染问题。倡导绿色生活方式、工作方式、消费方式、出行方式，逐步推行垃圾分类管理，前期在主要城市进行推广，而后逐渐在其他地区普遍推广。推进重金属污染治理，对矿山地区实施环境恢复治理，对固体废弃物和垃圾进行科学分类处理，严禁“洋垃圾”入境。针对我国当前土壤污染的严峻形势，首先要检测识别出土壤污染的重点领域，然后根据“逐步消减存量、严格控制增量”的政策要求，科学制定相关法律法规，实行土壤污染责任追究制度，综合利用政策、法律、技术、经济等手段，打好土壤污染防治攻坚战。加大生态系统的整体保护力度，划定并严守生态保护红线，扩大湿地恢复和保护范围，深入推进各项污染防治，力争综合治理取得更大成效。

第二，实施好“十三五”规划确定的生态保护、生态修复重大工程。尽早启动、尽力吸引多元主体参与大规模国土绿化行动，引导国企、民企、外企、集体、个人、社会组织等各方面力量加大资金投入，加紧培育一批专门从事生态保护和生态修复的专业化企业。严格实施“水十条”和“土十条”。加快生态文明建设体制改革，建立生态环境监管体制，健全自然资源资产的产权制度，系统建立市场化、多元化生态补偿机制。要全面落实生态环保工作责任，全力抓好生态文明制度落实，认真做好生态环保领域立法工作，加强自然资源资产管理，领导干部离任时，要严格执行其责任地区的自然资源资产离任审计，建立健全自然资源资产管理考核评价机制。制定修订《环境保护法》《大气污染防治法》《水污染防治法》《环境影响评价法》《环境保护税法》《核安全法》等一系列法律法规，建立健全环境法治保障。

第三，推进污染治理和环境保护基础体系建设和能力建设。深化中央环保督察、环境监测省垂直管理、排污许可证管理等改革措施。环境保护要严格落实党政同责、一岗双责，强化不同行政区域之间的联控联防。统筹明晰区域、流域、部门之间综合联动治理的职责分工，探索建立各相关方面职能责任清晰的治理体系。建立具有权威效力的环境执法体制，加大打击环境违法的力度。建立并完善环境资源环保检测的系列标准体系，畅通网络监测通道，切实提升生态环境和污染防治的监测能力建设。打好污染防治攻坚战，最根本的还是要有经济结构的调整、产业结构以及能源结构的调整等，同时还要注意手段方面的组合，行政手段、法律手段、经济手段、公众参与手段等要有效组合、综合运用。

打好三大攻坚战，最重要的是有勇气面对、有决心担当、有信心战胜。只要我们下定决心、坚定信心、万众一心、迎难而上、奋力拼搏，就一定能打赢三大攻坚战，如期全面建成小康社会。

全面建成小康社会作为新时代中国特色社会主义创新发展的奋斗目标，关系到中国现代化目标的实现，关系到中华民族伟大复兴中国梦的实现。我们只有沿着中国特色社会主义道路奋勇前进，努力战胜一切困难，全面建成小康社会的目标才能顺利实现，到本世纪中叶建成社会主义现代化强国的目标才能顺利实现，中华民族伟大复兴的梦想才能顺利实现。

第四章　全面深化改革：新时代中国特色社会主义创新发展的根本动力

中共十一届三中全会以来，中国共产党带领全国人民进行了持续而深刻的改革，改革给国家经济、政治、文化、社会与生态文明建设等各方面所带来的发展与变化不亚于一场革命。30 余年后，党的十八届三中全会正式发布了《中共中央关于全面深化改革若干重大问题的决定》，这不但是对改革开放的承继，更是对这项伟大事业的创新和发展。历经多年实践，它已经成为中国特色社会主义事业不断发展前进的全新引擎。“全面深化改革取得重大突破。”“中国特色社会主义制度更加完善，国家治理体系和治理能力现代化水平明显提高，全社会发展活力和创新活力明显增强。”① 这是中共十九大对以习近平同志为核心的党中央推进全面深化改革伟大事业作出的高度评价。而在中国特色社会主义新时代，推进全面深化改革依然是中国共产党的重要使命，它将继续为全国各族人民在新的历史方位、新的主要矛盾与新的奋斗目标下进行社会主义伟大建设提供重要指导与不竭动力，全面深化改革是新时代中国特色社会主义创新发展的新动力。为此，对其进行深入研究具有重要意义。

① 习近平：《决胜全面建成小康社会　夺取新时代中国特色社会主义伟大胜利——在中国共产党第十九次全国代表大会上的报告》，《人民日报》2017 年 10 月 28 日。

一、全面深化改革的本质和特征

本质和特征是事物的两个重要方面。中共十八大以来党进行的全面深化改革实践，相比于此前，在目标、内容与主体上均表现得更加丰富与明确。特别是全面深化改革总目标的提出，为新时代中国的一切改革指明了根本发展目标。同时，全面深化改革还体现了系统性、整体性与协同性的特点和要求，这标志着党领导的改革进入了一个更为全面与成熟的发展阶段。

（一）全面深化改革的本质

深入系统把握全面深化改革，首先要厘清全面深化改革的本质。本质是指事物所固有的属性，是一事物区别于其他事物的基本特质。全面深化改革的目标、内容与主体三个维度较为明显地突出了其本质特征。

关于全面深化改革的目标。中共十八届三中全会明确指出："全面深化改革的总目标是完善和发展中国特色社会主义制度，推进国家治理体系和治理能力现代化。"① 历史雄辩地证明，坚持中国特色社会主义制度是新时代中国发展的根本前提，把完善和发展中国特色社会主义制度作为全面深化改革的主旨具有应然性和必然性。40 多年的改革开放，正是中国特色社会主义制度从建立到不断完善和发展的过程。同时，国内外形势出现的巨大变化，生产力的快速发展，人民群众的新诉求、新期盼，要求党对中国特色社会主义制度作出调整与深化，它不仅是改革总目标的根本组成部分，亦是全面深化改革的大前提。国家治理体系和治理能力现代化的构建，则是推动中国特色社会主义制度完善和发展的重要动力，二者互为补充，是一个整体。历经长时期的改革，党已经积累了大量如何在我国进行社会主义建设的重要经验，并于实践中不断取得成功。这使得党取得了构建中国特色社会主义治理体系的基本条件。同时，当下我国改革已进入攻坚期，面临的机遇与挑战前

① 《中共中央关于全面深化改革若干重大问题的决定》，《人民日报》2013 年 11 月 16 日。

所未有，这要求党在治理体系与治理能力上实现新突破与新发展。在“四个现代化”的基础上，全面深化改革总目标的提出是对我国现代化建设提出的新要求，是我国现代化前进道路上必须翻越的山峰。

关于全面深化改革的内容。十一届三中全会以来，中国共产党人始终把不断推进改革作为执政主题，并取得了举世瞩目的傲人成就。全面深化改革是改革开放30余年后的再出发，除了以历届改革为基础，它在内容上展现出许多新的特征。首先，全面深化改革内容覆盖面之广前所未有。全面深化改革在突出指导思想与总体思路的基础上，明确了经济、政治、文化、社会、生态文明与国防军队建设的发展要求，并同时阐述了如何加强改善党对全面深化改革的领导，整体而系统地描绘了国家的发展宏图。其次，全面深化改革的内容更具人民性。全面深化改革以人民为出发点和落脚点，充分反映了人民群众最关心、同人民群众联系最密切的热点问题。如医疗、就业、求学等重点国计民生问题，全面深化改革均作出了重点规划。再次，全面深化改革的内容颇具创新性。这主要体现在全面深化改革提出用新的治理方式、治理手段与治理工具更好地进行国家治理，并对国家发展中出现的前所未有的新问题、大问题提出了解决方案与策略。最后，全面深化改革的内容突出时效性。改革要求在2020年，于重要领域和关键环节上取得决定性成功，使人民大众与整个社会在比较短的时间内，便可享受改革所带来的巨大红利，充分显现了党推进改革的决心与气魄。

关于全面深化改革的主体。实行全面深化改革，必须对为谁改革、依靠谁改革这一根本问题进行解答。习近平总书记曾对这一问题作出过深刻论述，“改革开放是亿万人民自己的事业，必须坚持尊重人民首创精神，坚持在党的领导下推进。改革开放是人民的要求和党的主张的统一，人民群众是历史的创造者和改革开放事业的实践主体。所以，必须坚持人民主体地位和党的领导的统一，紧紧依靠人民推进改革开放”①。习近平总书记深刻点明了

① 中共中央文献研究室：《习近平关于全面深化改革论述摘编》，中央文献出版社2014年版，第34页。

人民群众在改革中的主体地位，这既是对人民群众是历史创造者这一马克思主义唯物史观重要原理的正确运用，又充分体现了社会主义社会人民当家作主的本质特征。回顾改革开放的历史进程，人民群众发挥了无限的智慧与能量。正如邓小平所评价的：改革开放中许许多多的东西，都是群众在实践中提出来的，绝不是一个人动脑筋就可以钻出什么东西来，我的功劳就是把这些新事物概括起来，加以提倡，这是一条很重要的经验。在任何时候，中国共产党人始终坚持从群众中来，到群众中去。人民是党攻无不克的重要法宝，党所取得的一切成绩都离不开人民。在全面深化改革的设计上，必须始终坚持从人民群众的切身利益出发；在改革方向上，必须坚持以人民为导向，集中解决广大人民群众最关心、最迫切的问题；在改革过程中，必须依靠群众力量，发挥群众智慧，并及时根据人民群众反馈，对改革作出调整；最后，改革要给人民群众带来实实在在的利益，改革的好与坏只能由群众评判。综上，全面深化改革必须坚持人民群众的主体地位。

（二）全面深化改革的特征

系统性、整体性与协同性不仅是全面深化改革的设计要求与贯彻重点，亦是其根本特征。当下的全面深化改革已不是破冰阶段的初步改革，它所针对的不再仅仅是某一领域的某些重大问题，而是着眼于全方位、全领域的改革。同时，随着社会的不断发展，经济、政治、文化、社会与生态等各方面的联系日益紧密，某方面改革的不到位，可能会对其他方面改革构成严重阻力，从而对全面深化改革造成影响。在改革开放40多年后，中国所处的发展环境，已不再允许大面积地进行"边走边改"式的试探性改革，一方面在当前的发展程度上，再进行试探性改革见效较慢，同时，政策频繁转变会降低人民群众的信任程度；再者，近40年的经验积累，使中国具备了进行整体性、系统性与协同性改革的能力与条件。十八届三中全会所提出的全面深化改革方案要求改革经过深入调查、理性设计与科学决策，用整体性的视角，系统性的策略与协同性的推进来不断深化改革。

系统性是全面深化改革的内在要求。习近平总书记曾在主持中央第二十次集体学习时强调，全面深化改革，要突出改革的系统性、整体性、协同性。要坚持系统而不是零散地、普遍联系地而不是单一孤立地观察事物，准确把握客观实际，真正掌握规律，妥善处理各种重大关系。要提高解决我国改革发展基本问题的本领。习近平总书记关于改革特征的阐释，是对马克思主义辩证法思想的灵活运用，深刻点明了在全面深化改革过程中坚持系统性改革的重要意义与方法论要求。首先，坚持系统性改革是解决当前我国发展中存在问题的基本要求。根据马克思主义辩证法思想，事物是普遍联系的，事物的相互作用形成系统，系统性是事物的基本属性。当下中国发展速度之快前所未有，同世界紧密程度前所未有，大大增加了经济、政治、文化等各方面的联系。再者改革本身就是一个复杂的系统性工程，牵一发而动全身，缺乏系统设计与推进的改革，难以收获整体收益。如在改革开放初期，经济发展是摆在我们面前的最大问题，同时，受国内形势所困，我们也没有能力与条件铺开更多方面的改革。在改革过程中，我们在经济实现快速发展的同时，在生态发展等方面暴露出了不少问题，这同改革系统性的缺失不无关系。从点到面，从局部到整体是事物发展、运动的普遍规律，我国改革正是顺应这一规律走过来的。从经济到政治、文化、社会与生态各方面的改革让我们在发展经济、稳定政治、繁荣文化、治理社会、保护生态等方面积累了大量经验，这为我们进行系统性的改革奠定了重要基础。

整体性是全面深化改革的本质特征。全面深化改革在表意上就突出了整体性改革要求，无法从整体、全局的角度上来设计、推进改革，就不能达成全面深化改革的基本要求。从历史进程上看，我国所进行的改革具有鲜明的渐进性特征。即以经济体制改革为突破口，逐渐延伸到政治、文化与社会等各领域。但与此同时，党从未放弃改革的整体性要求，它作为一项重要特征贯穿于改革开放始终。正如邓小平曾多次强调的，“改革是全面的改革”①。历经逾 40 年的探索与实践，我国在经济、政治、文化与社会等各领域累积了大量改革经验；同时，相比于改革开放初期，国家各项发展指标均实现飞

① 《邓小平文选》第二卷，人民出版社 1994 年版，第 237 页。

跃式发展，这使得我国具备了进行整体性改革的理论与物质准备。根据马克思主义哲学，“人所生活于其中的社会结构体系是一个包括经济、政治、文化以及其他领域在内的有机联系的整体；而社会基本矛盾即生产力与生产关系、经济基础与上层建筑之间矛盾运动的规律，正是体现了社会结构体系内部有机联系的客观机制”①。社会发展本身就带有整体性的特点，无论是哪一方面的改革都必须从社会的整体性出发，这是进行全面深化改革的本质要求。中国过去的改革，特别是在改革开放初期，由于经济实力弱，同时肩负着维护社会稳定的重大任务，只能选择在经济领域进行重点改革，但党对于政治、文化与社会各领域的改革也一直处在谋划与酝酿之中，待时机成熟便迅速铺开，这使得党在40多年的改革开放过程中基本上掌握了主动权，能够根据国际国内形势的转变，多不失时机地推进改革。中共十八届三中全会颁布的《中共中央关于全面深化改革若干重大问题的决定》对于改革全面性、整体性的把握，在我国改革史上是空前的。它不仅囊括经济、政治、文化、社会、生态文明与国防军队建设等方面，还对如何加强党的建设，完善党的领导作出了全面规划，它必将引领中国进入一个全面快速发展的新阶段。

协同性是全面深化改革的时代要求。在历经了长达40余年之久的改革开放后，中国在经济、政治、文化与社会各方面所取得的骄人成绩是有目共睹的。但在取得重大成就的同时，我国在发展中也同样存在着不少问题。如城乡差距过大，生态频频预警，社会不稳定因素增多，经济上行阻力不断加大等。改革开放的根本目的是实现国家更好更快发展的同时，不断提高人民群众生活质量。然而这些问题的存在，不单单给人民群众的生活带来颇多影响，同时，也对改革的进一步推进设置了巨大阻碍。这些问题的存在同此前改革缺少协同性推进具有直接关系。如上所述，由于过去改革长时间采取渐进式的道路，在“摸着石头过河”的前进过程中，往往是哪方面出了问题，再进行集中治理，改革协同性严重缺失。如中国在经济发展方面所取得的成

---

① 肖贵清：《深刻认识全面深化改革的整体性要求》，《马克思主义与现实》2014年第1期。

绩是举世瞩目的，但在发展同时所出现的贫富差距不断拉大，生态环境持续恶化，官场腐败严重加剧也同样引人深思。特别是我国正处在这样一个快速发展变化的新时代，政治经济文化的联系日益紧密，追求某一方面的快速发展，会造成发展畸形，而某一方面出现的问题则会蔓延到其他方面，甚至给整体发展造成严重影响。因此，当下无法从整体性出发持续推进改革，把协同性要求融入改革之中，必将对改革的效益造成严重影响。因此，加强改革的协同性不仅是全面深化改革的应有之义，亦是适应时代发展必须作出的选择。《中共中央关于全面深化改革若干重大问题的决定》则是党决心加强改革协同性的时代宣言。以经济领域改革为例，党在协同推进市场调节作用与加强政府调控能力方面实现了重大突破。为在进一步深化市场经济体制改革，释放市场活力的同时，弥补市场失灵，实现市场有序发展，十八届三中全会提出通过改革实现市场在资源配置中起决定性作用的同时，更好地发挥政府作用。以往，经济领域把市场与政府管理视作两个相对独立的主体，似乎社会主义国家就应当实行纯而又纯的计划经济体制，而资本主义国家政府则应当扮演好"守夜人"的角色。然而实践证明，单独实行两种经济体制的国家均会在发展中遭受重挫。是中国，作为一个社会主义国家成功创立了社会主义市场经济体制理论并展开深入实践。21 世纪初，我国已初步建立了社会主义市场经济体制。如何在市场经济体制下进一步铺开经济领域的改革，是党必须回答的重要课题。40 多年的改革开放充分证明，市场与政府在经济运行中缺一不可，以无关或对立的视角看待二者，必将损害经济发展。《决定》针对政府与市场的改革充分体现了对于协同性的重视。在提升市场地位的同时，更好地发挥政府作用，这一改革目标的制定源自于二者之间的密切互补关系。市场是配置资源最具效率的手段，然而市场调节作用并非能够覆盖全部领域，特别是在基础设施建设、缩小贫富差距等方面存在严重盲区，同时市场配置也存在着滞后性、缺乏前瞻性等缺陷，这些问题要求政府协同加以解决。由此，改革的协同性要求是改革本身的逻辑使然。特别是在快速发展的新时代、新阶段，各领域的密切程度前所未有。《决定》于党的十八大提出的经济、政治、文化、社会与生态文明"五位一体"的基础上，对如何完善军队建设与加强党的治理也提出了新的改革要求。同时，具体到改革要求中，党并没有孤立地看待改革设计的方方面面，不再片面地追求某一方面的快速发展，而是强调从整体上协同推进改革，从而避免由于不同方面改革冲突或单方面改革滞后对整体改革造成的阻碍，最终实现国家的全面发展，协同并进。

二、全面深化改革是中国共产党治国理政的重大战略抉择

时至今日，中国共产党已走过了 70 多年的国家治理进程。如果以改革开放为界限，在前 30 年里，我们既取得过辉煌成就，亦出现过重大失误。期间进行的社会主义实践与积累的经验教训，为十一届三中全会后开启的改革开放做了重要理论准备与物质奠基。在改革开放进行 40 余年后，我国在经济、政治、文化与社会等方面发生的变化是天翻地覆的。特别是中国共产党在全国人民的支持下，吸取国内外经验教训，于实践中成功创建了中国特色社会主义制度，开创了中国特色社会主义理论体系，开辟了中国特色社会主义道路，为新时代中国的一切发展指明了重要方向。与此同时，随着改革的步步深入，发展中所面对的挑战与阻力亦不断增加。在新的历史条件下，以习近平同志为核心的党中央准确把握时代脉搏，于中共十八届三中全会作出了全面深化改革的重大决定。这是中国共产党人在改革开放 40 多年后发出的改革最强音。全面深化改革必将带来新的重大突破。首先，进入新时代我国社会主要矛盾发生了重大转变。即已经从“人民日益增长的物质文化需要同落后的社会生产之间的矛盾”发展成为“人民日益增长的美好生活需要和不平衡不充分的发展之间的矛盾”①。这不但是党在新的历史起点上作出的重大判断，同时也对党的治国理政能力提出了更高的要求。新时代要求

① 习近平：《决胜全面建成小康社会　夺取新时代中国特色社会主义伟大胜利——在中国共产党第十九次全国代表大会上的报告》，《人民日报》2017 年 10 月 28 日。

我们更加注重提高改革的整体性、系统性与协同性，进而实现平衡充分发展，达成人民对美好生活需要的期许。其次，我国仍处于并将长期处于社会主义初级阶段，发展依然是我们的中心任务。中共十八届三中全会在经济、政治、文化、社会与生态文明等各方面提出的改革要求是极具突破性的，它必将为中国的整体发展提供强大推动力。再次，全面深化改革必将进一步完善和发展中国特色社会主义制度，实现社会主义国家治理体系和治理能力现代化的发展目标，这亦是全面深化改革的总目标。现实反复证明，我国只有坚持中国特色社会主义制度才能实现伟大复兴的中国梦。随着全面深化改革的逐步铺开，中国共产党国家治理能力必将得到前所未有的提高。

（一）新形势下治国理政的根本任务

更好地实现国家治理，是每一个现代国家的首要诉求，实现这一目标必须明确新形势下治国理政所面对与应完成的根本任务。中国特色社会主义是中国共产党在改革开放中所取得的最重大成果，新时代中国的任何实践都必须在中国特色社会主义的框架下进行。因此，坚持和发展中国特色社会主义是新形势下党治国理政的主旨目标。其次，发展是解决新时代中国一切问题的关键，同时在新的历史条件下，发展的全面性要求必须融入党的治国理政理念之中。最后，治国理政必须坚持人民主体地位，没有人民的支持与参与，新时代中国的一切发展都是无源之水，无本之木。为此，治国理政必须以谋求人民福祉为出发点和落脚点。

坚持和发展中国特色社会主义是治国理政的主旨目标。事实告诉我们，只有社会主义能够救中国，唯有中国特色社会主义能够发展中国、强大中国。自鸦片战争起，中华大地、中华民族历经了逾百年的创伤与欺凌，其间无数仁人志士以实现国家独立为已任，不断进取。然而他们却屡屡碰壁，苦于寻求挽救中国的真正方案。是马克思主义、科学社会主义学说，给黑暗中的中国重新带来了光明，中国共产党人奋力扛起民族独立的大旗，历经数十年的求索，成功带领中国人民实现了民族独立。此后，如何带领中国走向富强便成了党所面对的首要课题。由于缺少经验，新中国成立后党决定“以俄为师”，然而在发展中党逐渐发现苏联经验不仅同中国实际不相符合，同时本身也存在很大缺陷。1956 年前后，毛泽东率先提出了以苏为鉴，走自己的路的重要命题，并带领全党、全国人民就如何建设社会主义中国展开了深入探索，期间取得一系列重要理论成果。然而在其后的实践中，党出现了重大失误，并最终导致“文化大革命”的发生，严重贻误了我国的现代化进程。“文革”结束后，以邓小平为核心的第二代中共领导集体成功实现了拨乱反正，重新确立了解放思想、实事求是的思想路线，并作出了把工作重心转移到经济建设上来的伟大决定。其后，党在充分汲取吸收第一代领导人留下的宝贵经验、理论准备与物质基础的基础上，总结国内外经验教训，并同改革开放以来的实际建设经验相结合，成功开辟了中国特色社会主义道路。历经一代又一代中共领导集体带领全国人民坚持不懈的努力，中国特色社会主义于理论、制度、道路与文化等各方面均实现了大开拓、大前进，并于实践中指导中国在经济、政治、文化、社会与生态等各领域实现了突破性发展。事实证明，坚持和发展中国特色社会主义是实现民族复兴伟大中国梦的唯一道路。自我国走上中国特色社会主义道路以来，不但缩小了同发达国家之间在主要发展指标上的差距，甚至在某些如航天、高铁、计算机技术与通信技术等重大领域方面完成了赶超。如今中国道路、中国经验已经成为不少国家学习的重要借鉴。特别是中共十八大以来，以习近平同志为核心的党中央高举中国特色社会主义伟大旗帜，勇于开拓，锐意进取，坚定地走中国特色社会主义道路，并成功把其深度融入各项工作中来。习近平总书记曾多次强调，“坚持和发展中国特色社会主义是一篇大文章”。“我们这一代共产党人的任务，就是继续把这篇大文章写下去。”① 而这篇大文章必须依靠中国共产党领导下的国家治理来落实。同时，全面深化改革是在新时代推进国家治理现代化的核动力。通过国家治理体系和治理能力的现代化发展，中国特色

---

① 习近平：《毫不动摇坚持和发展中国特色社会主义　在实践中不断有所创造有所前进》，《人民日报》2013 年 1 月 6 日。

社会主义制度定将日趋完善，民族复兴的伟大中国梦定会实现。

实现全面发展是治国理政的中心命题。自十一届三中全会党把工作重心转移到经济建设上来起，在较长的一段时期内，发展经济，快速提高生产力一直是党治国理政的核心命题。1986年中共十二届六中全会首次提出“总体布局”的概念，会议通过的《中共中央关于社会主义精神文明建设指导方针的决议》明确指出：“我国社会主义现代化建设的总体布局是：以经济建设为中心，坚定不移地进行经济体制改革，坚定不移地进行政治体制改革，坚定不移地加强精神文明建设，并且使这几个方面互相配合，互相促进。”① 这标志着党已经开始注意到并决心在改革实践中落实全面发展问题。在此后的执政历程中，党加强了发展的整体性，不断把改革延伸到经济、政治、文化与社会多领域，并于中共十八大正式提出“五位一体”总体布局。社会主义市场经济、民主政治、先进文化、和谐社会与生态文明是党执政的五个基本主题，能否推动包括这五大基本主题在内的多领域整体发展，协同共进，将直接决定“两个一百年”奋斗目标能否如期实现。中共十八大以来，习近平总书记以马克思主义的宽广视野和战略眼光，准确把握国际国内发展的新形势和时代变化的新特点，恰如其分地提出了一系列具有鲜明特色和问题导向的治国理政新理念。如习近平总书记对伟大复兴中国梦的深刻阐述，对“四个全面”战略布局的经典释义，对“五大发展理念”的深度阐释等。以上重要国家治理方略的提出，不仅极大地丰富了中国共产党的治国理政思想，同时，还于实践中进一步推动了国家的全面发展。如今，我国比历史上任何时期都更为接近伟大复兴的中国梦，但同时发展形势也颇为严峻，发展中所面对的问题亦颇为棘手。特别是经济下行阻力持续加大，人地矛盾日益突出，环境治理困难重重等严重问题给我国进一步发展构成了强大阻力，这要求党进一步提高国家治理水平。在发展目标方面，不单单追求经济的快速增长，而是经济、政治、文化、社会与生态文明的全面

① 中共中央文献研究室：《十二大以来重要文献选编》（下），中央文献出版社2011年版，第121页。

提高。新时代为实现人民群众对美好生活需要的追求与向往，更要求我们注重提高发展的系统性、整体性与协同性，最终实现社会各方面平衡充分发展。

谋求人民福祉是治国理政的出发点和落脚点。马克思主义唯物史观认为，人民群众是历史的创造者，确定了人民群众的历史主体地位。在此基础上，马克思恩格斯提出了无产阶级政党的最高价值追求，即“无产阶级的运动是绝大多数人的、为绝大多数人谋利益的独立的运动”①。这为始终坚持以马克思主义理论建党、治党、治理国家的中国共产党奠定了基本理论基础。中国共产党始终同人民群众紧密联系在一起。在革命时期，尽管环境十分艰苦严峻，党依然把提高与维护人民利益作为基础性工作，并于实践中确定了群众路线这一党的根本工作路线。在依靠人民取得革命胜利后，党更为强调“从群众中来，到群众中去”的根本工作方法，时刻提醒党员干部，必须全心全意为人民服务，切不可脱离群众，务必把人民利益作为党治理国家的出发点与归宿。进入改革开放新时期，党在坚持走群众路线的基础上，成功把坚持人民主体地位的重要思想融入党的治国理政理念与工作中。邓小平理论、“三个代表”重要思想与科学发展观从根本上说，都是在尊重人民群众主体地位的基础上形成和发展起来的。这些理论以人民群众为出发点和归宿，充分凝聚人民智慧，把提高人民群众利益作为中心工作，有效调动了人民的积极性，充分体现了中国化马克思主义理论鲜明的人民性。②中共十八大以来，以习近平同志为核心的党中央在治国理政的过程中，更为突出人民群众的主体地位，把人民利益深刻烙印于党的各项治国理念与治理行动中。从群众路线教育实践活动，到打响脱贫攻坚战，再到人民群众共享改革发展成果理论的提出与深入实践，中国共产党人在为民、惠民与利民的道路上不断前行。习近平总书记曾多次强调人民在国家发展中的中心地位，在接受俄罗斯记者访问时，他曾强调：“我的执政理念，概括起来说就是：为人民服

① 《马克思恩格斯选集》第1卷，人民出版社2012年版，第422页。

② 肖贵清：《人民主体地位：习近平治国理政思想的核心理念》，《思想理论教育》2016年第12期。

务，担当起该担当的责任。”① 在其他公开讲话中，习近平总书记也多次强调要坚持树立以人民为中心的发展思想的重要意义。在正式开启全面深化改革的宣言书中，党明确了以“增进人民福祉为出发点和落脚点”“让发展成果更多更公平惠及全体人民”② 的改革目标。相信随着全面深化改革的持续推进，人民获得感、幸福感一定会得到大大加强。

（二）正确理解全面深化改革与治国理政的辩证关系

新时代中国的治国理政，是中国共产党人带领全国人民，坚持马克思主义理论，高举中国特色社会主义伟大旗帜发展治理国家，走向民族复兴的伟大历史进程。党领导下的治国理政同全面深化改革具有密切联系。首先，全面深化改革是治国理政的核心组成部分。改革开放以来，党领导人民建设国家的历史本质上就是一部改革史，党的全部实践都是以发展为主题，通过改革逐步驱动的。中共十八届三中全会作出了全面深化改革的重大历史命题，在今后相当长的一段时间内，深化改革依然将是中国共产党的执政主题。其次，全面深化改革将为治国理政增添强劲动力。十一届三中全会以农村改革为突破口，对长期僵化的思想与体制起到了重要的解放与推动作用。40余年后，以习近平同志为核心的党中央站在新的历史起点上，以全面深化改革为强大引擎，必将为中国的全面发展增添持续强劲动力。最后，全面深化改革同治国理政具有高度统一性。全面深化改革与治国理政均统一于中国特色社会主义伟大实践之中，以发展中国、幸福人民为共同的出发点与落脚点，以相通的方法论作为发展提高的方向指导。

全面深化改革是治国理政的核心组成部分。十一届三中全会吹响了改革的冲锋号，在此后长达40多年的改革开放进程中，改革始终在党领导的国家治理中占据核心地位。中共十八届三中全会，党作出了全面深化改革的重要决定，这不但是对此前改革的延续，更是在新的历史条件下党所作出的

---

① 《习近平接受俄罗斯电台专访》，《人民日报》2014年2月9日。

② 《中共中央关于全面深化改革若干重大问题的决定》，《人民日报》2013年11月16日。

全新战略部署。从宏观上看，全面深化改革作为治国理政的核心组成部分有其必然性。治国理政的根本目的在于幸福人民、发展国家。而治国理政不仅要求我们继承此前国家发展中所积累的正确经验，同时也要求我们总结教训，并根据发展中出现的新问题、新情况、新环境，对治理手段、治理思维与治理重点进行升级与调整。正如《中共中央关于全面深化改革若干重大问题的决定》所指出的，“当前，国内外环境都在发生极为广泛而深刻的变化，我国发展面临一系列突出矛盾和挑战，前进道路上还有不少困难和问题”①。前进道路上不断出现的困难和问题，给我们的发展带来了强大阻力，这要求我们全面深化改革，在实现国家进一步发展的同时，推进国家治理体系和治理能力现代化。从微观上看，治国理政涉及经济、政治、文化、社会、国防与外交等各方面，有效改革是推动各方面向前发展的最有力武器。由此可见，治国理政作为全面深化改革的核心组成部分有其现实意义。同时，治国理政的不断推进既是全面深化改革的结果，又是改革进一步深化的新基础。

全面深化改革为治国理政增添强劲动力。倘若以改革开放为界，后30年之所以能够实现比前30年快得多的发展，最根本的原因就是党带领人民群众实施了正确的改革。党带领下的经济、政治、文化、社会与生态各方面的改革，使长期僵化的体制得到了解放，释放出大量活力，为国家发展注入了不竭动力。中共十八届三中全会高举改革的鲜明旗帜，在新的历史条件下吹响了改革的最强音。“实践发展永无止境，解放思想永无止境，改革开放永无止境。”② 党把改革开放同实践发展与思想解放摆到同样重要的位置，足见党对改革的高度重视。而治国理政是一个不断发展的动态过程，从实地调研，到专业评估、群众听证、顶层设计、政策制定、政策实施再到政策效果的评价与反馈，构成了一个循环往复的前进过程。在整个过程中，会不断出现新的问题、面临新的挑战，为此党必须不断提高与改善治理能力和治理方式。作为一个持续性的浩大工程，治国理政需要强大的动力推动，而其动力

---

① 《关于〈中共中央全面深化改革若干重大问题的决定〉的说明》，《人民日报》2013年11月16日。

② 《中共中央关于全面深化改革若干重大问题的决定》，《人民日报》2013年11月16日。

来源正是改革。依据唯物主义辩证法思想，矛盾是无处不在的，旧的矛盾被消除后，又会有新的矛盾出现。而社会主义改革，正是在社会主义框架下，革新上层建筑同经济基础不相适应的部分。十一届三中全会至今 40 多年的光辉历程，充分证明了改革对于拓宽国家治理路径的重要意义。如今改革进入深水期，更需要全面深化改革为中国进一步的快速发展续航、增力。

（三）全面深化改革同治国理政具有高度统一性

首先，全面深化改革同治国理政均根植于中国特色社会主义的伟大实践之中，具有高度的一致性。中国特色社会主义道路是中国共产党人通过不断总结治国理政的经验教训，并通过全面深化改革才得以开创和发展起来的。在中国共产党长期执政的历史进程中，既取得过辉煌成就，亦出现过严重偏差，正反两方面的经验教训，为中国特色社会主义的形成和发展提供了经验准备与理论先导。在历经长达十年之久的“文化大革命”后，中共十一届三中全会正式拉开了改革的序幕。改革开放以来最重要的成果就是开创和发展了中国特色社会主义。在伟大的历史进程中，随着党治国理政经验的不断累积，改革的覆盖面与深入程度不断扩大，而改革又进一步推进治国理政思维、方式与方法的逐步提升，在不断往复前进的过程中，中国特色社会主义得以持续发展。改革开放波澜壮阔的历史进程用事实告诉我们，唯有改革才能发展中国。中国特色社会主义道路是在国家治理和奋进改革的过程中不断开辟和拓宽的，事实证明，实现民族复兴的伟大中国梦必须坚持在中国特色社会主义道路上走下去。中国特色社会主义理论体系是对国家治理和改革经验的总结与发展，为新时代中国的发展提供了正确指导。中国特色社会主义制度在国家治理和持续改革的过程中不断得以巩固和完善，为新时代中国的一切发展奠定了最重要基础。中国特色社会主义文化是党在充分吸收借鉴五千多年历史文化传统的基础上，领导人民在伟大革命、建设、改革中创造的革命文化和社会主义先进文化，并为新时代中国的一切事业贡献了重要精神力量。中国特色社会主义道路、理论、制度与文化的形成与发展均与党的国家治理与深化改革具有直接联系，并于二者的不断发展中持续推进。中共十八届三中全会提出的全面深化改革总方案，着眼点就在于推进中国特色社会主义制度的不断完善和发展，实现国家治理体系和治理能力现代化，而这实际上同推进党治国理政能力的提高与完善是具有一致性的。治国理政能力的全面提高，是实现中国特色社会主义现代化的必然要求。特别是改革进入攻坚期后，面对的困难与问题日益严峻，给国家治理带来巨大挑战。这要求党必须通过全面深化改革，提高升级国家治理能力，而治理与改革均必须统一于中国特色社会主义的伟大实践中。

其次，全面深化改革与治国理政的出发点与落脚点均在于发展国家、幸福人民，二者在目标上具有高度一致性。改革开放的全过程，在某种程度上可以说就是党带领人民创幸福、谋发展的历史。早在改革开放初期，邓小平就强调发展是社会主义的本质，“讲社会主义，首先就要使生产力发展，这是主要的。只有这样，才能表明社会主义的优越性”[①]。在长期领导中国进行改革开放后，邓小平对于社会主义的发展本质有了更为深刻的理解，1992年视察南方谈话中他掷地有声地提出，“社会主义的本质，是解放生产力，发展生产力，消灭剥削，消除两极分化，最终达到共同富裕。”“发展才是硬道理。”[②]20世纪80年代末90年代初，国际国内局势风云变幻，以江泽民为核心的党的第三代中央领导集体在高举中国特色社会主义伟大旗帜的同时，继续深入思考和探索国家发展这一重大课题，并具有开创性地把发展同党的建设，国家制度和国家富强紧密联系在一起。“离开发展，坚持党的先进性、发挥社会主义制度的优越性和实现民富国强都无从谈起。”新世纪新阶段，在以胡锦涛为总书记的党中央的领导下，创造性地提出科学发展观，坚持经济、政治、文化、社会与生态文明“五位一体”共同发展，把中国共产党人对于发展的理论认识又推向了一个新的高度。中共十八大以来，以习近平同志为核心的党中央提出了一系列新发展理念，如经济新常态、五大发展理念、“四个全面”战略布局等，在新的时代背景下全方位、多角度、立体

---

① 《邓小平文选》第二卷，人民出版社1994年版，第314页。

② 《邓小平文选》第三卷，人民出版社1993年版，第373、377页。

性地丰富了党的发展理念。综上所述，在长达40年的改革开放历史进程中，党在领导国家治理与推进改革的过程中以发展为目标指引，形成了丰富的发展观。从确立发展在社会主义国家中的核心位置，到提出更为科学、完善的发展观念，这些发展思想极大地丰富和发展了马克思主义发展理论，不仅为新时代中国的发展指明了道路，亦为其他发展中国家谋求发展提供了重要借鉴。

最后，全面深化改革与治国理政在方法论上具有高度的一致性。第一，全面深化改革与治国理政都坚持历史思维，强调要尊重利用历史的必然性和合理性，把国家发展置于世界历史发展大势、民族发展历程之中去思考与探索，找寻新时代中国发展的内在逻辑。习近平总书记曾多次强调“历史是最好的教科书”，“历史是最好的老师”，“历史是最好的清新剂”。国家治理与推进改革，不但要昂首向前，亦要品思过去，于经验总结中找寻国家发展之道。第二，全面深化改革与治国理政必须坚持整体推进与重点推进相统一。自中共十八大提出经济、政治、文化、社会与生态文明“五位一体”总体布局以来，党在推进治国理政的过程中始终坚持发展的整体性。在此基础上，中共十八届三中全会又正式推出全面深化改革的总方案。在方案中，除了经济等五个方面外，还对国防军队和党的建设作出了具体要求，充分体现了改革的整体性、系统性与协同性思维。然而整体推进并不意味着没有重点，习近平总书记强调：“整体推进不是平均用力、齐头并进，而是要注重抓主要矛盾和矛盾的主要方面，注重抓重要领域和关键环节，努力做到全局和局部相配套、治本和治标相结合、渐进和突破相衔接，实现整体推进和重点突破相统一。”① 特别是新时代我国社会主要矛盾发生了重大转变，这要求党在进一步提高生产力发展的同时，更加关注发展的平衡性与充分性，努力实现人民群众的多方面诉求。第三，坚持解放思想与实事求是相统一。全面深化改革和治国理政要实现新的突破，就必须不断解放思想。必须在冲破思想观念障碍的同时，勇于破除体制机制弊端，冲破不合理的条条框框。但是解放思

① 《习近平关于全面深化改革论述摘编》，中央文献出版社2014年版，第44页。

想并不是脱离实际的蛮干，习近平曾生动地将其形容为，“刻舟求剑不行，闭门造车不行，异想天开也不行”①。必须坚持解放思想与实事求是相统一，一切要从事实出发。

（四）全面深化改革推进治国理政的策略分析

全面深化改革是中国共产党人在新的历史条件下以实现国家治理能力提升国家发展为目标进行的伟大实践。以全面深化改革推动治国理政，第一，要坚定全面深化改革的总目标，这是实现治国理政能力大发展的根本路径。第二，要实现法治中国，这是推进治国理政的重要手段。历史反复证明，能否实现法治化是现代国家在现代化道路上能否持续前进并最终实现现代化的决定性因素。特别是对于新时代中国，法治建设更是具有特殊意义。第三，要加强党的建设伟大工程，这是建设社会主义现代化强国的核心所在。能否在新时代通过加强党的建设，实现对国家的全面领导，对于民族伟大复兴具有根本性意义。

首先，坚定全面深化改革总目标是推进治国理政的根本路径。中共十八届三中全会在《中共中央关于全面深化改革若干重大问题的决定》中明确了全面深化改革的总目标，共分为两大部分，一是完善和发展中国特色社会主义制度，二是推进国家治理体系和治理能力现代化，而这二者同治国理政能力的提高与完善是相通相生的。完善和发展中国特色社会主义制度是总目标的大前提，新时代中国的一切实践都必须在社会主义制度下进行。因此，必须抓好中国特色社会主义制度这一最重要根基，从而为国家发展提供重要保障。同时，没有治理体系的现代化构建和治理能力的现代化提升，包括社会主义经济制度、政治制度在内的各项重要制度亦难发挥应有的作用。实际上，全面深化改革总目标的两大部分共同构成一个整体，它们共同为提高党的治国理政能力提供制度保障、体系支持与能力辅助。而全面深化改革总目标的达成，必将把党的治国理政能力提升到一个前所未有的高度，进而

① 《习近平关于全面深化改革论述摘编》，中央文献出版社2014年版，第37页。

为中华民族伟大复兴提供强大力量指引。

其次，抓好法治建设是推进治国理政的重要手段。法治能力是评判一个国家治理能力高低的重要参考。一般来讲，法治化程度较高的国家，其治理能力亦较强。历史上大量国家在实现强盛后迅速走向衰落，其根本原因就在法治不举，未能成功走上法治道路。习近平总书记十分重视法治建设，他曾强调："法律是治国之重器，法治是国家治理体系和治理能力的重要依托。"① 点明了法治同治国之间的深刻关系。实现法治的基本特征就是法大于权，法大于人，使整个社会在法律与制度的框架内有序运转。新时代中国正处在全面走向现代化的关键发展阶段，社会发展日新月异的同时，还存在一定程度的法治建设不健全、法治执行不严格现象，若不能有效解决我国存在的法治难题，必将给现代化建设埋下重大隐患。为有效解决这一问题，中共十八届三中全会对法治建设做了重点强调，并分别从维护宪法法律权威，深化行政执法机制改革等五个方面制定了推进法治中国建设的具体目标。法治改革分别从思想、制度、运行等多方面提出了摒弃"人治"方式，最终实现"法治"中国的完备方案。

最后，加强党的建设是推进治国理政的关键环节。重视党的建设是中国共产党的光荣传统，事实早已反复证明，中国的事情关键在党，全面深化改革能否持续推进，全面建成小康社会能否如期达成，中华民族伟大复兴的中国梦能否实现，关键就在能否真正加强和完善党的领导。党的十八大以来，以习近平同志为核心的党中央就如何加强党的建设提出了一系列重大理念，并于实践中以踏石留印、抓铁有痕的力度进行了深入实践，坚决打击了党在作风、廉政与体制建设等方面存在的严重问题，党员队伍质量得到明显提升的同时，老百姓对广大党员干部的信任明显提高。在此基础上，中共十八届三中全会把加强和改善党对全面深化改革的领导作为全面深化改革的一项重大重点内容提出来，充分显示了党加强党建的决心与行动。在中华民族实现伟大复兴的前进道路上，作为领导者的中国共产党必须在思想、组

---

① 《中共中央关于全面深化改革若干重大问题的决定》，《人民日报》2013 年 11 月 16 日。

织、作风与制度建设方面实现进一步提高。

三、全面深化改革的推进与实施

中共十八届三中全会详细而系统地制定了全面深化改革的总布局与总方案。在拥有了发展蓝图后，如何实现全面深化改革又好又快推进是摆在全党全国人民面前的又一重大课题。在全面深化改革的众多改革事项中，改革的前提、目的与手段，经济体制改革，城乡一体化发展与社会改革具有重大意义。首先，要明确全面深化改革的前提、目的与手段。历经 40 年的改革开放历程，改革的最重要前提、目的与手段已经日渐明晰，那就是解放思想、解放和发展生产力、解放和增强社会活力。中共十八届三中全会是 30 年后改革开放的再出发，它同此前的改革开放是一脉相承的。同时，新的历史起点，新的社会主要矛盾，更高的发展任务，要求党更加明确改革的前提、目的与手段。其次，鉴于我国正处于并将长期处于社会主义初级阶段的这一最基本国情没有变，当下经济发展仍然是中国面对的首要课题。中共十八届三中全会提出使市场在资源配置中起决定性作用的经济体制改革命题，不仅是中国共产党决心把改革进行到底的郑重宣言，亦是对社会主义市场经济理论的又一重大突破。实现这一改革目标的同时，更好地发挥政府作用，将对中国经济发展产生重大影响。再次，城乡一体化发展是当下中国的重点工作。改革开放以来，中国的城镇化建设成绩十分卓越，其进程规模之大、速度之快不仅为国人亦为世人所惊叹。然而由于基础差等众多原因，中国的城镇化还存在不少问题，同时从纵向上看，中国的城镇化还有很长的一段路要走。最后，社会改革是全面深化改革的关键环节。改革的根本目的是通过国家发展给群众带来切实的利益。随着改革的日渐深入，国家在社会改革上投入的精力逐渐增加。中共十八届三中全会在社会事业改革领域提出了诸多重点创新目标，必将实现改革发展成果更多更公平惠及全体人民的发展目标。

（一）推动与实施全面深化改革的前提目的与手段

解放思想是全面深化改革的前提。进入新时期的40多年，历次改革上的重大突破与大幅度推进都是解放思想的直接结果。1978年，关于实践是检验真理的唯一标准问题的大讨论，不仅发出了解放思想的先声，同时吹响了改革的号角。在思想解放的大潮下，人们逐渐从“左”的教条束缚中解放出来，为十一届三中全会实现历史性大转折做了重要思想准备。其后，从家庭联产承包责任制的推行，到经济特区的开放，再到市场经济体制改革、国企改革等重点改革工程，无不以思想解放为先导。正如邓小平所说：“不打破思想僵化，不大大解放干部和群众的思想，四个现代化就没有希望。”① 如今，我国的改革开放已取得举世瞩目的傲人成就，但解放思想永无止境，解放思想仍旧是党推进深化改革、实现国家发展的首要法宝。习近平总书记在关于《中共中央关于全面深化改革若干重大问题的决定》的说明中深刻指出，在深化改革上，“要有新突破，就必须进一步解放思想。冲破思想观念的障碍、突破利益固化的藩篱，解放思想是首要的”②。特别是当前改革进入深水区、攻坚期，在取得相当大成绩的同时，改革所面对的问题，遇到的阻碍，所处环境的困难与复杂都是前所未有的。这要求人们进一步解放思想，既要做到大胆向前，勇于冲破层层阻碍，攻破思想上的阻碍，探寻新的改革措施；又要做到脚踏实地，在高瞻远瞩的同时，深入调查，反复研究，科学论证，实现改革有序稳定发展，最终为全面深化改革提供正确思想先导。

解放和发展生产力是全面深化改革的根本目的。依据马克思主义基本理论，国家根本任务是由社会主要矛盾所决定的。尽管新时代我国社会主要矛盾发生了重大转变，但我国所处的发展阶段没有改变，我国的国际地位没有改变。即我国仍处于并将长期处于社会主义初级阶段，我国依然是世界上最大的发展中国家。因此，解放和发展生产力依然是我们的中心工作。所不同的是，在新的历史起点上，我们在发展的过程中要更加注重发展的平衡性

① 《邓小平文选》第二卷，人民出版社1994年版，第143页。

② 《关于〈中共中央关于全面深化改革若干重大问题的决定〉的说明》，《人民日报》2013年11月16日。

与充分性，努力增进发展质量的同时，关注提高发展效率。全面深化改革作为推动新时代中国全面发展的重大工程，其目标所指亦不外于此。中共十八大以来，以习近平同志为核心的党中央在治国理政的过程中提出了一系列关乎解放和发展生产力的重大理论，提供了解决新时代中国最关键问题的总钥匙与方法论。首先，解放和发展生产力必须坚持正确方向，其实质就是在中国共产党的领导下发展中国特色社会主义。既要反对走封闭僵化的老路，又要杜绝走改旗易帜的邪路，在中国特色社会主义框架下通过深化改革实现各方面的发展与前进。其次，解放和发展生产力必须坚持全面改革。习近平总书记曾强调，零敲碎打调整不行，碎片化修补也不行，必须是全面的系统的改革和改进，是各领域改革和改进的联动和集成。要坚持经济、政治、文化、社会、生态文明与国防军队各领域全方位的协同式改革，以全面发展为旨归。再次，解放和发展生产力必须坚持科学指导。实践已经充分证明，科学技术是推动生产力发展的关键要素，“科学技术是第一生产力”，是中国共产党人决心推动科技发展所发出的历史最强音。特别是进入新世纪，世界各国在科研上的竞争愈演愈烈，而谁掌握了科学技术发展的最前沿，谁实质上就掌握了发展的制高点与主动权。改革开放过程中出现的经济结构调整、生态治理等难题难关也需要科技突破给予重要支持。最后，解放和发展生产力必须坚持以人为本。解放和发展生产力的出发点和落脚点在于增进人民福祉，人民生活水平能否得到改善，幸福感是否增强，不仅是策划改革的重要凭证，更是评判改革成果好坏的最重要依据。为此，必须把以人为本充分融入全面深化改革之中，让全体人民感受到改革与发展带来的切实利益。

解放和增强社会活力是全面深化改革的巨大推动力。“商鞅变法，徙木立信”。历史反复证明，任何改革都离不开社会力量的支持，只有在充分释放改革活力的前提下，改革才得以快速推进。40 多年的改革开放，我们不仅见证了国家的前进与发展，同样目睹了整个社会从僵化走向充满活力的全过程。在新的历史条件下，全面深化改革的推动与实施，不仅需要顶层设计与精密部署，亦需要社会力量的充分涌流。全面深化改革有利于进一步解放和增强社会活力，而社会活力的充分释放则是全面深化改革得以持续发展的必要条件。改革开放以来，党的每一次重大改革，都着眼于能够让更多的人参与改革并能从改革中分享更多红利。如市场经济体制的不断升级，民主政治制度逐渐完善，社会治理体系的日益健全，都使更大范围的群众参与到国家改革中来，并从国家发展中收获了切实的利益。实践证明，只有人民群众真情拥护、广泛参与，改革才能走得稳、走得快，反之则将陷入无米之炊的境地。如今，改革进入攻坚期，国家发展更加迫切需要各方社会力量的参与和支持，来共同化解前进道路上的各类问题与挑战。中共十八大以来，党决心从经济、政治、文化与社会等各方面有效解放和增强社会活力，为全面深化改革增添强大动力。如在经济领域，党提出使市场在资源配置中起决定性作用的同时，使更多经营者与消费者能够在更公平、透明的市场体系中使用各类消费要素，进而实现充分释放市场活力。在政治领域，不断完善包括人民代表大会制度、基层民主制度在内的各项重要政治制度，使全体人民更好地发挥各项权利，最大范围地参与政治，献策国家建设，维护自身权益。在文化领域，党提出把激发全民族文化创造活力作为社会主义文化事业的中心环节，增添社会主义文化的民族性与人民性，进一步繁荣社会主义文化，在丰富人民精神文化生活的同时，调动人民社会主义建设积极性。在社会领域，党提出把建立更加公平可持续的社会保障体系，反映人民群众诉求的社会主义治理体系作为社会改革的重点目标，有效保障人民群众的各项切身利益。通过以上举措，定能有效解放和增强社会活力，为全面深化改革的实现增添强劲动力。

（二）正确处理政府和市场关系是全面深化改革的核心

鉴于我国正处在并将长期处在社会主义初级阶段的这一基本国情没有变，经济发展在今后相当长的一段时间里仍将是党的核心工作。而在现阶段，正确处理好政府和市场关系是做好经济工作的重要一环。同时，这一目标的实现，需要厘清改革开放以来政府和市场关系的演变经历并从中汲取经验教训；需要明确使市场在资源配置中起决定作用的现实路径；需要解答如何在实现提高市场调配作用的同时，更好地发挥政府作用。

1. 新中国成立以来政府和市场关系的演变经历

充分了解我国政府和市场关系的演变经历，对于在新的历史条件下正确处理政府和市场关系具有重要启鉴意义。以1953年我国正式开始进行社会主义改造，并于苏联帮助下开始实施第一个五年计划为标志，以政府为主导的计划经济体制在我国开始逐渐确立，与此同时，市场遭到严重限制。然而在实践中，中国共产党人逐渐发现市场对于发展社会主义也具有重要作用，并展开了初步探索。1956年，陈云在中共八大上提出，“在社会主义的统一市场里，国家市场是它的主体，但是附有一定范围内国家领导的自由市场。这种自由市场，是在国家领导之下，作为国家市场的补充，因此它是社会主义统一市场的组成部分”①。其后，这一建议得到与会代表的肯定，并写入大会决议。在大会闭幕后，党在一定程度上放开了农村集贸市场。然而在刚刚步入社会主义的初始阶段，党对于市场的认识还十分不成熟，并常把它同计划经济严格对立起来。在其后相当长的一段时间内，党对市场的认识不断反复。到了“文化大革命”时期，在严重的“左”的思想干扰下，更是完全否认商品经济的积极作用，党对社会主义市场的探索也基本中断。直到改革开放后，党才重新开始了对政府和市场关系的探索。中共十二大报告指出，“我国在公有制基础上实行计划经济。有计划的生产和流通，是我国国民经济的主体。同时，允许对于部分产品的生产和流通不作计划，由市场来调节。”② 自此，我国进入了“计划经济为主，市场调节为辅”的经济改革阶段，市场的重要作用再一次得到充分肯定。在其后的一段时间里，市场的覆盖范围不断扩大，其极为强大的调节作用在社会主义中国得到进一步展现。以此为基础，党对社会主义经济体制的认识又有了新的突破。中共十二届三中全会提出，社会主义计划经济必须自觉依据和运用价值规律，是在公有制基础上的有计划的商品经济。商品经济的充分发展，是社会经济发展的不可逾越的阶段，是实现我国经济现代化的必要条件。这一重要论断成功突破了

① 《建国以来重要文献选编》第9册，中央文献出版社1994年版，第287页。

② 《十二大以来重要文献选编》上册，人民出版社1986年版，第22页。

把计划经济同商品经济对立起来的传统观念，其对于我国市场经济体制改革的重要意义不言而喻。在此基础上，党对政府与市场关系的认识又进一步发展。中共十三大提出，“社会主义有计划商品经济的体制，应该是计划与市场内在统一的体制。”“计划和市场的作用范围都是覆盖社会的。新的经济运行机制，总体上来说应当是‘国家调节市场，市场引导企业’的机制。”[①]这是党首次把市场的调节作用提高到同计划相当的层次上。1992年初，邓小平在视察南方谈话中，又对计划和市场的关系作出重大论断：“计划多一点还是市场多一点，不是社会主义与资本主义的本质区别。计划经济不等于社会主义，资本主义也有计划；市场经济不等于资本主义，社会主义也有市场。计划和市场都是经济手段。”[②]这一思想理论上的重大突破，掷地有声地回答了社会主义国家能否搞市场经济的难题，在我国市场经济体制的建设道路上具有划时代的伟大意义。中共十四大标志着我国进入市场经济体制的建立阶段。十四大明确提出“我国经济体制改革的目标是建立社会主义市场经济体制”[③]。在此基础上，十四届三中全会提出了建立和完善社会主义市场经济体制的具体任务与要求，指出：“社会主义市场经济体制是同社会主义基本制度结合在一起的。建立社会主义市场经济体制，就是要使市场在国家宏观调控下对自由配置起基础性作用。”[④]并提出在20世纪末初步建立社会主义市场经济体制的改革任务。此后，党的历届代表大会都把进一步完善市场经济体制，处理好政府和市场的关系作为经济体制改革的关键任务，市场体系得到不断完善的同时，政府的调节作用亦不断加强。在新的历史条件下，中共十八届三中全会把我国社会主义市场经济体制的建设又推向了一个新的更高阶段。把市场在资源配置中起决定性作用作为经济体制改革的重要目标，是理论上的又一次重大突破，同时在提高市场地位的同时，党还提出更好地发挥政府作用的改革要求，这两方面的目标达成必将进一步助推中国经

① 《十三大以来重要文献选编》上册，人民出版社1991年版，第26—27页。
② 《邓小平文选》第三卷，人民出版社1993年版，第373页。
③ 《十四大以来重要文献选编》中册，人民出版社1996年版，第18页。
④ 《十四大以来重要文献选编》中册，人民出版社1996年版，第520页。

济更好更快增长。

2. 完善现代市场体系是充分发挥市场作用的基础

中共十四大首次明确了建立社会主义市场经济体制的改革目标，并提出市场在社会主义国家宏观调控下对资源配置起基础性作用是社会主义市场经济体制的首要特征。此后20余年间，我党围绕这一核心目标不断改革闯关，并成功于20世纪末初步建立了社会主义市场经济体制。进入新世纪，党继续把搞活市场，巩固增强市场在资源配置中的基础性作用作为改革的中心任务。然而市场经济体制在不断得到完善的同时，也依旧存在不少问题。习近平总书记将其概括为“主要是市场秩序不规范，以不正当手段谋取经济利益的现象广泛存在；生产要素市场发展滞后，要素闲置和大量有效需求得不到满足并存；市场规则不统一，部门保护主义和地方保护主义大量存在；市场竞争不充分，阻碍优胜劣汰和结构调整，等等。这些问题不解决好，完善的社会主义市场经济体制是难以形成的”①。为了妥善解决这些问题，实现市场经济体制的进一步完善，中共十八届三中全会正式提出，“使市场在资源配置中起决定性作用和更好发挥政府作用”的改革目标。市场在资源配置中作用与地位的提高，既是党对国内外经济形势变化所作出的强力回应，更是党在市场经济理论认识上的重大突破。一方面，我国生产能力在经历了长期高速发展后，改革已进入深水期，经济进一步上升的阻力空前加大，如何能够进一步释放市场活力是摆在党面前的一道重要难题。由此，进一步发挥市场在资源配置中的地位与作用是党根据发展形势作出的正确抉择。另一方面，在历经20余年的有关市场经济体制改革的摸索与实践后，市场经济体制在我国得以初步确立的同时，党还积累了大量经验，成功掌握了发展社会主义市场经济的基本规律，这使得党有能力、有实力、有底气把市场经济体制改革再向前推进一大步。总之，市场在资源配置中起决定性作用的提出，不仅是党要把改革进行到底的郑重宣言，更是发展中国特色社会主义经济的

① 《关于〈中共中央关于全面深化改革若干重大问题的决定〉的说明》，《人民日报》2013年11月16日。

必然选择。这一改革目标的提出有其应然性，亦有其必然性。而为了实现这一目标，必须以具有统一开放、竞争有序的现代市场体系的建构与完善为基础。为此，党在《中共中央关于全面深化改革若干重大问题的决定》中分别从市场规则、市场价格、建设用地市场、金融市场体系与科技体制改革等五个方面提出了建设现代市场体系的改革要求与设计思路。

第一，建立公平开放透明的市场规则是建构现代市场体系的首要条件。市场规则的制定与有效执行是建立现代市场体系的基础性任务，而市场规则的制定应本着公平、开放、透明的原则。明确的市场规则建设目标的提出，是我国市场经济体制走向制度化、法治化所迈出的重要一步。市场体系中利益主体纷繁复杂，没有明确而具体的规则进行约束与维护，市场难免陷入混乱。十八届三中全会要求建立的现代市场体系除了上述三个重要特征外，还把提高效率、加强监管与诚信建设等方面作为市场规则建设的重要内容，这将为市场在资源配置中的决定性作用提供重要保障。

第二，完善主要由市场决定价格的机制是构建现代市场体系的根本体现。市场开放程度和资源调配能力是通过市场产品价格的制定方式而反映出来的。改革开放以来，由市场决定价格的产品范围不断扩大，除水、石油等同国计民生相关的重要资源性产品外已基本全部放开，这标志着社会主义市场价格机制在我国已基本确立。这些产品价格是否应该完全放开，一直是社会各界关注的重点问题。《决定》明确提出，对这类产品所涉及的领域要进行“价格改革，放开竞争性环节价格”。而“政府定价范围主要限定在重要公用事业、公益性服务、网络型自然垄断环节”[①]，进一步明确了市场决定价格的范围与资源性产品改革方向。市场决定价格覆盖面的扩大化，必将进一步实现市场活力的释放。

第三，建设城乡统一的建设用地市场是构建现代市场体系的重要突破点。土地改革一直是我国经济体制改革相对落后的领域，特别是农村集体土地改革滞后，严重阻碍农民最大程度获取改革红利。中共十八大以来，党密

① 《中共中央关于全面深化改革若干重大问题的决定》，《人民日报》2013 年 11 月 16 日。

切关注土地改革，并以土地确权行动为核心展开了大量工作，使农村集体经营性建设用地通过出让、租赁、入股等市场行为获取利益成为可能。此外，全面深化改革还从征地、土地收益分配等方面提出了新的改革要求。这必将进一步提高土地利用效率，使农民在市场经济体制中收获更多利益。

第四，完善金融市场体系是现代市场体系提高效率和保持稳定的关键一环。现代市场经济体系中，金融市场在资源配置中具有相当重要的地位。近年来，随着金融体制的不断完善，我国金融市场日渐丰富，金融业在服务实体经济方面已发挥重要作用。但同时，金融市场也存在着融资难、市场不规范、机制尚待健全等问题，这些问题的存在不仅会影响金融对国民经济发展的支持，同时会造成经济发展不稳定。特别是随着近年来，我国金融市场同国际金融市场联系的日益紧密，面临很大冲击压力。为此，全面深化改革把金融机构改革作为整个改革的重要一环，并提出通过标准完善、机制协调与加强监管等重要手段，在确保金融市场稳定发展的基础上，有效利用金融在经济发展上的巨大杠杆作用，实现经济繁荣发展。

第五，深化科技体制改革是完善现代市场体系的重点内容。科技是国家发展的强大引擎。如今在国际竞争中科技所占的比重持续加大，从一定意义上看，哪国掌握了科技的制高点，实质上就掌握了发展的主动权。改革开放后，我国对科技发展的重视程度不断加强，通过增加科技研发资金，科技体制改革，我国科学技术发展已取得相当大的成绩。但同时，我国在科技发展方面也存在着科技投入产出率不高，企业创新主体地位不突出，自主创新能力不强等问题。为此，中共十八届三中全会明确把深化科技体制改革作为完善现代市场体系的重点内容。在具体措施上，党不仅强调体制机制建设，还提出要加强对知识产权的保护，健全奖励机制，整合科技规划和资源等一系列重大举措。这必将为市场发展注入更多智慧因子。

3. 政府在社会主义市场经济中大有可为

中共十八届三中全会提出使“市场在资源配置中起决定性作用”的经济体制改革目标，并不是要置政府在经济发展中的作用于不顾，亦不是要削弱政府在经济发展方面的分量与地位，相反，党强调要进一步完善市场经济体制，必须更好地发挥政府作用。政府在社会主义市场经济中大有可为。事实证明，中国特色社会主义市场经济体制的每一次升级，都要求政府增强在经济宏观调控、弥补市场失灵等各方面的能力。政府与市场实际上均是发展经济的重要手段，二者之间是分工与合作的关系，缺一不可。在《决定》中，党指出“科学的宏观调控，有效的政府治理，是发挥社会主义市场经济体制优势的内在要求”。而实现这一目标，“必须切实转变政府职能，深化行政体制改革，创新行政管理方式，增强政府公信力和执行力，建设法治政府和服务型政府。”① 为此，必须做好以下几个方面的工作。

首先，健全宏观调控体系是更好地发挥政府作用的核心任务。在强调发挥市场在资源配置中起决定性作用的同时，我们也要注意市场本身所存在的缺陷与不足。如短期性、滞后性、不确定性、缺乏全局性② 等，以上缺陷表面上会造成资源浪费、市场混乱等问题，但更重要的是会对社会主义建设造成严重威胁与破坏。因此，发展社会主义市场经济体制，必须更好地发挥政府作用，而做到这一点，关键是要健全宏观调控体系，以弥补市场失灵。

其次，全面正确履行政府职能是更好地发挥政府作用的施政要点。全面履行政府职能关键是要在推进简政放权，加强顶层设计与市场监管，保证公共服务，深化事业单位分类改革等工作上下功夫。不断提高市场在资源配置中的地位与作用，最直接的目的就是要提高效率，而以往烦琐的政府审批程序对市场效率的提高制造了诸多障碍，为此必须把简政放权作为执政的重点工作。同时，在赋予市场更大调配资源权力的同时，政府应把工作重心转移到市场无法覆盖的重要领域上。如战略设计、规划制定、市场监管、提供公共服务等，在弥补市场失灵的同时，实现市场有序发展，国民生活持续改善，国家不断前进。

再次，优化政府组织结构是更好地发挥政府作用的重要保障。政府组织是执行改革任务的中间力量，全面深化改革的落实不仅需要一批敢干事、

① 《中共中央关于全面深化改革若干重大问题的决定》，《人民日报》2013 年 11 月 16 日。

② 周新城：《怎样理解“使市场在资源配置中起决定性作用”》，《思想理论教育导刊》2014 年第 7 期。

能干事、肯干事的执政队伍，亦需要对组织结构进行系统性的优化。深化机构改革，必须优化机构设置，使得各项政府治权协调运行。同时，加强绩效管理也是优化政府组织结构的一项重要措施，其目标是构建责任落实制度，确保权责一致，从而更好地实现政府效率办公。

（三）推进城乡一体化发展是全面深化改革的重点工作

改革开放以来，我国城乡建设成绩显著，发展速度之快前所未有，发展规模之大举世瞩目。然而，在成绩斐然的同时也存在着不少问题，其中最突出的矛盾要属城乡发展不平衡、不协调。这一矛盾的由来可以追溯到新中国成立初期。新中国成立后，在完成经济恢复工作任务后，我国开始在苏联的帮助下实行第一个五年计划，计划经济体制随之逐步形成。在计划经济体制下，统购统销制度使得城乡资源逐渐分离。1958 年，我国建立了“农业人口”和“非农业人口”的城乡户籍管理制度，城乡二元结构得以正式形成。这一制度在其后的计划经济时代里不断得到巩固。同时，在整个计划经济时期，工业特别是重工业一直都是国家的发展重点。尽管党也同时强调发展农业的重要意义，但在实践中，农业发展速度、农民生活质量与农村建设却始终同城市发展存在较大差距。进入改革开放新时期，以家庭联产承包责任制的确立为转折点，农村改革拉开序幕，农业生产力实现较快发展。其后，改革逐步从农村过渡到城市，进入全面改革期。在实际工作中，党日渐发现当前的城乡结构不利于国家的整体发展，并提出城市支持农村、工业支持农业的重要思想，为新时期城乡一体发展作了重要思想启迪。此后，城乡改革持续推进，中共十六大正式提出了“统筹城乡经济社会发展”的重要论断。十七大又在此基础上提出“建立以工促农、以城带乡的长效机制，形成城乡经济社会发展一体化新格局”的历史性命题。历经逾 20 年的城乡发展经验积累，中国共产党人逐渐摸索出了建立新型工农、城乡关系的正确方向，中共十八大将其概括为建立“以工促农、以城带乡、工农互惠、城乡一体”的新型工农、城乡关系。当下，我国改革已进入关键阶段，能否成功驱动城乡一体化这一发展最大引擎，有效提高内需，深层次释放改革活力，将对中国现代化进程造成决定性影响。中共十八届三中全会把健全城乡发展一体化体制机制作为改革的重点部分提出来，并提供了一系列符合中国国情的城乡一体化发展策略，必将进一步推动我国城乡快速发展。

1. 城乡一体化的难点在农村

计划经济时代尽管党对农业发展的重要性一直保有高度的认识，并强调发展农业的基础性意义，但在政策制定、资金投入与发展关注点上却始终偏向工业，特别是重工业的发展。由于“工农业剪刀差”的存在，在统购统销模式下，农产品的定价始终偏低，农民收入无法保证。在国家建设方面，在大多数时间里，工业城市也是国家的重点建设对象，这使得农民、农业、农村长时间处在国家发展中的弱势地位。同时，如前文所述，城乡二元结构又阻碍了两个空间场域之间的资源流动，进一步制约了乡村的发展。进入改革开放新时期，党的城乡发展战略发生了巨大转变。这不仅表现在阻隔城乡间资源流动的屏障已彻底消除，更展现于党为“三农”发展投入的巨大精力与政策支持。自 2004 年起，党连续 14 年发布以“三农”为主题的中央一号文件，凸显了党对这一问题的高度关注。然而，从总体上看，“城乡发展差距不断拉大趋势没有根本扭转”①，“三农”问题在今后相当长的一段时间里，依然将是我国发展中的一大难点问题。而在“三农”问题中，最突出的要属农业问题。同时，农业改革的关键点在于经营体系的创新与完善。改革开放初期，家庭联产承包责任制的推行，极大地提高了农民的生产积极性，农业生产力获得较大提高。然而，以家庭为生产单位进行小规模农业生产，同以大规模、高科技、大投入为特点的现代农业是存在矛盾的。特别是近年来，农业发展出现了不少新的问题。如农村劳力流失严重，导致农村空心化，土地撂荒等。这要求我们在巩固家庭联产承包责任制基础地位的同时继续深化改革，构建新型农业经营体系，释放更多活力。实现这一目标的具体途径是鼓励农村家庭经营、集体经营、合作经营、企业经营等多种经营方式共同发展，特别是要把农业合作经济摆在突出地位。这种合作经济是在计划经济时

① 《中共中央关于全面深化改革若干重大问题的决定》，《人民日报》2013 年 11 月 16 日。

代农业合作化思想基础上的全新升级，在规模上要求适度，在经营上以专业化为前进目标，在经营、参与主体上允许企业、公司、政府乃至国际资本进入，在资金上国家应给予重要支持，同时大力发展信用合作。此外，进一步完善农民财产权利也是实现农民增产、增收的又一重要手段。包括土地在内的集体经济生产要素与宅基地是农民财产的核心组成部分，然而由于受制于财产权利不明确，农民无法通过担保、转让来扩大再生产。为此，中共十八届三中全会把健全农民财产权利作为深化改革的重要任务提出来，以期使农民更好地使用财产权利。在此基础上，中共十九大开创性地提出“实施乡村振兴战略”。这标志着我国农村发展进入了新时代，进入了一个在强调发展速度的基础上，更加重视发展质量和发展效益的新阶段。新时代，中国农村发展必将实现全方位的进步与提高。

2. 城乡一体化的要点在于推进城乡要素平等交换和公共资源均衡配置

习近平总书记在总结十八届三中全会精神时指出：“如果不能给老百姓带来实实在在的利益，如果不能创造更加公平的社会环境，甚至导致更多不公平，改革就失去意义，也不可能持续。”① 点明了社会公平的重要意义与不公平的巨大危害。然而在当下我国城乡发展，特别是城乡要素交换方面，不公平的问题是存在的。如城镇劳动者的预期收益明显低于农村劳动者，农村土地经济价值远低于城镇土地经济价值等。以上问题造成的结果是大量人力、物力资源汇聚于城镇，从而进一步拉大城乡间的发展差距。为此，保证城乡要素平等交换，特别是在城乡要素交换中保护农民利益，已成为政府在工作中必须照顾到的重要课题。落实城乡要素平等交换，根本目的是保证农民收益。为此，党提出通过“保障农民工同工同酬；保障农民公平分享土地增值收益；完善农业保险制度”② 等有效措施，确保农民收益的公平与安全。此外，如何缩小城乡公共资源配置也是改革所面对的一大难题。目前，在公共资源方面，我国城乡差距是十分明显的。无论是在基础设施等硬件方面，

① 习近平：《切实把思想统一到党的十八届三中全会精神上来》，《人民日报》2014 年 1 月 1 日。

② 《中共中央关于全面深化改革若干重大问题的决定》，《人民日报》2013 年 11 月 16 日。

还是医疗、教育等软件公共资源方面，农村均远落后于城市。公共资源的不均等，导致可流动资源的单方向移动，一方面城市人力、物力资源汇聚于城市，不仅造成城市的过度拥挤，同时导致资源浪费；另一方面则是乡村各类资源的匮乏，乡村建设难以为继。这不但将进一步拉大城乡距离，更严重的是造成农村的日益凋敝，从而对全面建成小康社会，实现国家整体现代化造成极大阻碍。因此，如何化解这一难题，已成为党的执政要点之一。在当下，实现公共资源的平等配置，已不能通过过往的强硬的行政手段，把各类资源汇聚到某一特定场域。因为，这既难以保证质量与效率，又会对市场经济体制造成巨大冲击。在新的历史条件下实现这一目标，应把政策支持、健全体系放在首位，吸引更多资源投入到农村建设的同时，实现农村发展可持续化。农村建设既要坚持自力更生，亦需要社会帮扶。首先，农村公共建设需要自食其力。对于农村有能力建设的公共资源项目，政府应主动出击，加强建设。同时，政府社会各界要对于农村各类公共事业建设提供资金供应与技术支持。此外，还要注重农村建设规划，建设项目既有利于农村长期发展，又要注意同农村现实生活与生产环境相结合。其次，大力加强农村教育、医疗等重要公共资源扶持。实现教育、医疗等公共资源均衡配置是城乡改革的核心内容。这类公共资源能否在农村实现补充与完善，将对农村人口的文化与健康素质起决定性作用。为此，政府应进一步规范教师、医护人员支持农村建设的相关政策与制度，对于有意愿、有能力支援农村建设的相关人才，给予丰厚回报。最后，要推进城乡基本公共服务均等化建设，在居民基本养老保险、基本医疗保险、最低生活保障制度等同城乡居民生活息息相关的重要公共事业方面实现协同发展，使农村居民享受同城镇居民相同的基本公共服务待遇。

3. 城乡一体化的突破点在于又好又快地推进城镇化建设

据有关数据显示，截止到2016年，我国城镇化率已达到57.35%，这一数据相比于1979年的19%增长三倍有余。在不到40年的时间里，在中国这样一个人口地域大国，实现如此之快的城镇化速度，足以显示我国城镇化成就之大。尽管取得了如此巨大的成绩，中国的城镇化依然在路上，城镇化建设在今后相当长的一段时间里仍将是党的执政要务，国家的发展核心，它是中国走向现代化、走向民族复兴的必由之路。

改革开放以来，中国的城镇化发展同其他很多领域的改革与发展相类似，采取了一条渐进式的发展道路。由早期的小城镇发展为重点，到“控制大城市规模，合理发展中等城市，积极发展小城市”发展战略的提出，再到以大带小，促进大中小城市和小城镇协调发展战略的制定。在逾30年的城乡发展历程中，党在人民的支持下不断积累经验，总结教训，成功摸索出一条符合中国国情的中国特色社会主义城镇化道路。党的十八大在此前的基础上，创造性地把城镇化同工业化、信息化和农业现代化一同提出来，表明城镇化已成为我国实现全面现代化的核心工作之一。2014年国家推出了《国家新型城镇化规划（2014—2020年)》，对城镇化的各项工作做了具体部署和规划，标志着我国城镇化发展进入了一个新的历史阶段。当下，党在领导城镇化发展的过程中，不仅关注发展速度，更为强调发展质量，并提出了大量城镇化发展的新理念与新举措。中国新型城镇化道路把人民放在最关键位置。中共十八届三中全会提出，“坚持走中国特色新型城镇化道路，推进以人为核心的城镇化”，在城镇化持续快速发展的过程中，坚持把人民利益放在第一位，让人民切实感受到城镇化所带来的好处。中国新型城镇化道路坚持统筹发展。提出要统筹大中小城市和小城镇协调发展，统筹产业和城镇融合发展，统筹城镇化和新农村建设协调推进，照顾到各方面的发展，充分发挥城镇化的强大带动发展作用。中国特色社会主义城镇化道路突出城市管理的重要意义。通过不断完善设市标准，严格审批程序，实现城镇化稳步推进。不断规范城市建设投融资制度，吸引并有效管理各类社会主体投资城市建设。创新城市跨区域协调管理机制，建立城市管理经验分享学习平台。中国特色社会主义城镇化道路坚持把市民化放在首要地位。推进户籍制度改革是市民化的重点工作，改革应充分发挥户籍制度的人口疏导作用，依据大中小城市的人口规模、人口状况，合理调动人口流动，而市民化的根本目的在于使农业转移人口享受同城市居民同样的权利与福利保障体系。随着城镇化的快速推进，城乡一体化的发展目标必将得以最终实现。

（四）全面深化改革必须最大程度惠及全体人民

无论以何时、何地、何种形式进行的改革，都要以人民大众的切身利益作为出发点和归宿。在全面深化改革的各项任务与目标中，社会改革无疑是同人民大众联系最紧密的。无论是教育、就业与收入分配等改革都是人民群众最关心，同人民群众联系最密切的现实问题。能否全面推进社会改革，不仅直接关系到改革的整体性与全面性，同时也将影响到改革的稳定性。

1. 教育改革

教育是提升人民素质的最重要手段，直接决定民族未来。不同于以往把教育改革局限到某一重要问题，全面深化改革强调教育领域要进行综合性改革，大大加强了教育改革的延展性。其一，摆正育人方向。时下多元文化持续碰撞，各国在意识形态领域所进行的无硝烟的战争愈演愈烈，为此必须端正教育的正确方向，具体应做到“全面贯彻党的教育方针，坚持立德树人，加强社会主义核心价值体系教育”[①]。广大教育工作者，特别是思想政治教育工作者，必须把培养社会主义建设者、共产主义接班人的教育方向全面融入教育工作中来，坚定正确教育方向。其二，改革助学体系。教育公平要保证所有适龄儿童、青年有学可上。义务教育阶段应为贫困学生减免学费，保证所有适龄儿童能够走入学校，接受教育。大学及以上阶段，则应采取学费减免与助学贷款相结合的方式。同时，高校应多为贫困家庭学生设立“三助”岗位，使贫困大学生能够自食其力，并得到锻炼。此外，要注重奖助学金评比的公平性，让所有学生公平竞争学校设置的各类奖项。其三，均衡配置各类教育资源。除了以往在改革中重点强调的均衡教师资源、缩小地区差距外，十八届三中全会特别提出把有效运用信息化技术作为平衡教育资源的重要手段，这将为均衡教育资源提供新的改革思路。其四，推进考试招生制度改革。招生制度改革的目标是从根本上解决一考定终身的弊端。此外，不同类别大专院校招生，要逐渐建立相适应的多元综合评价录取机制。其五，创新学校管理。学校管理要实现多维度共同参与治理。其中国家要发挥重要

① 《中共中央关于全面深化改革若干重大问题的决定》，《人民日报》2013年11月16日。

督导作用，制定学科发展目标，并不定期派督察组到各高校进行检查评估。省级教育机构及高校本身是学校管理的中流砥柱，要在扩大学校办学自主权的同时，完善学校内部治理结构，实现高校自治。最后，要充分发挥社会、学生的监督作用。十九大在此基础上，提供了“优先发展教育事业”的重要举措，深刻指出：“建设教育强国是中国民族伟大复兴的基础工程，必须把教育事业放在优先位置，深化教育改革，加快教育现代化，办好人民满意的教育。”① 新时代对于教育问题的重视，对教育的投入，必将实现国民素质的极大提高，为新时代中国特色社会主义建设提供重要基础。

2. 就业体制改革

就业是人民群众最为关注的头等民生大事。特别是受近年来国际经济不景气，国内经济下行压力增大，高校毕业生连续多年维持高点等多方面因素的影响，我国就业形势颇为严峻。同时，在各类用人制度上也存在着不少缺陷。如企业用人制度方面，性别、身份歧视依然存在；政府、事业单位招考过程中，“托关系”的顽疾也没有得到彻底解决，这对社会的健康发展造成了极大危害。能否实现人尽其才不仅关系到个人能力是否能够得到充分展现，同时关乎国家发展，若不能保证有能力、有实力的人才在适当的岗位上发挥作用，势必延误国家建设。除此之外，社会上还存在着相当一部分失业人员，若不能妥善解决这部分人的再就业问题，不仅会加重社会负担，同时也会对国家稳定构成威胁。为此，就业改革应以扩大就业、规范就业、实现再就业为改革目标。在扩大就业方面，应着力于创造更多的就业岗位与鼓励创业。在市场经济体制下，岗位数量与经济发展形势密切相关，通常情况下，经济处于快速发展期，用人量就会增加，反之就业市场就会萎缩。为此，增加就业归根到底要促进经济更好更快发展。此外，鼓励创业也是增加就业岗位的有效措施。特别是对于大学生群体，他们有精力、有活力，敢于拼搏，富于创造力。但对于创业而言，他们在经验与资金上也存在着明显劣

① 习近平：《决胜全面建成小康社会　夺取新时代中国特色社会主义伟大胜利——在中国共产党第十九次全国代表大会上的报告》，《人民日报》2017 年 10 月 28 日。

势。为此，国家应在政策、资金上予以支持。与此同时，高校应增设与创业相关的选修课程与实践竞赛活动，让有志于创业的高校生在校园里便能够掌握创业的基本知识并积累一定实践经验。

规范就业是社会公平的重要体现。十八届三中全会明确提出把规范招人用人制度作为改革的一项重点内容，并努力“消除城乡、行业、身份、性别等一切影响平等就业的制度保障和就业歧视”[①]。构建与市场经济体制相适应的用人制度。在再就业工作方面，一是要帮助失业人员提高自身能力，二是要健全与失业相关的政策与制度。某一领域人力资源供过于求是导致失业的重要原因。然而在当下中国，还有部分领域亟待人员补充。改善这一现象，既需要政府加强引导，同时也需要帮扶失业人员，给予他们技术指导，通过自身能力的增强实现再就业。此外，十八届三中全会创造性地提出了完善就业失业监测统计制度的改革目标，这将为弥补市场在就业方面的失灵提供有效解决措施。同时，中共十九大又在此基础上提出了“提高就业质量和人民收入水平”的重要就业发展目标。通过就业改革，必将带给人们更多的获得感，实现社会平衡充分发展。

3. 收入分配改革

随着市场经济体制在我国的确立，我国经济在实现腾飞的同时，也出现了不少问题，贫富差距不断扩大正是其中之一。当前我国在城乡、区域、行业之间都存在着较为明显的收入差距，且这种差距还在呈现扩大的趋势。贫富差距过大不仅违背社会主义的本质特征，且持续下去，并超过可控范围，将给我国建设带来严重危害。如城乡、地域差距过大，必将引起各类资源特别是人力资源的单向度流转，这不仅危及弱势地区建设，更会贻误全面建成小康社会、实现中华民族伟大复兴任务的达成。为此，十八届三中全会把“形成合理有序的收入分配格局”作为改革的重点专项之一，试图通过这一改革，以确保在实现人民收入广泛提高的同时，缩小贫富差距任务的达成。在经典马克思主义著作中，按劳分配是共产主义第一阶段，即社会主义

① 《中共中央关于全面深化改革若干重大问题的决定》，《人民日报》2013 年 11 月 16 日。

阶段的基本特征。自新中国成立以来，党始终把按劳分配作为收入分配的重要依据，并依据社会发展不断对其进行改革与创新。在《决定》中关于收入改革的部分，党把如何对劳动报酬进行改革放在首位提出，并明确了改革目标，即“着重保护劳动所得，努力实现劳动报酬增长和劳动生产率提高同步，提高劳动报酬在初次分配中的比重”。这一改革目标，充分反映了收入分配改革兼顾公平与效率的改革思路。在《决定》中党还把建立边远地区收入提高机制，作为发展边远地区的重要方法提出来，这定将能吸引更多的人才扎根边远地区建设，逐渐缩小地区发展差距。此外，《决定》还明确提出了形成“橄榄型”分配格局的改革目标。所谓“橄榄型”分配格局是指中等收入者在国民人口中占据较大比重，而国内外普遍认为提高中等收入者在国家人口中的比重，对于经济稳定发展，消除贫富差距具有重要意义。实现这一目标最重要的是建构合理的分配秩序，通过合理的税收系统，有效提高中低产阶层收入，并调节过高收入。而合理分配秩序的建构，又必须以保护合法收入、做到收入透明为前提，为此必须进一步完善收入分配机制与政策体系。

4. 社会保障制度改革

拥有完整健全的社会保障制度，是确保人民幸福、社会稳定发展的基本要求之一。然而受我国社会保障制度建立较晚、人口基数大、社会状况较为复杂等多方面原因的影响，我国社会保障制度还存在着保障水平较低、运营不合理、城乡保障水平差异较大等缺陷，这给我国的全面快速发展埋下了一定隐患。为此，中共十八届三中全会提出把“建立更加公平可持续的社会保障制度”作为党在社会领域的重点改革目标，并提出了实现这一目标的有效路径。

一是通过统筹全国基本养老保险制度，整合城乡居民基本养老保险制度，全力扩大社会保障制度覆盖面的同时，更加关注保障制度的公平性。二是通过包括社会保障管理体制、服务体系、使用机制与监管机制的建立与完善，加强社会保障制度管理能力。三是通过健全社会保障财政投入制度、完善社会保障预算制度、基金市场化建设等有效措施，加强对社会保障资金的运用管理。最后，党还对如何通过社会保障制度改革应对人口老龄化、扶助困难群体提出了具体意见，这使得改革更具针对性的同时，最大限度地保证了全体人民的基本生活保障。除此以外，党还在医药卫生体制改革领域颁布了重要改革，为进一步增强改革全面性，实现全体人民健康生活作出了重大努力。

综上所述，全面深化改革是新时代中国特色社会主义创新发展的新动力。中共十八大以来，以习近平同志为核心的党中央把全面深化改革在治国理政中的地位提高到了前所未有的高度，通过全面深化改革，治国理政能力不断提高。特别是中共十八届三中全会颁布的《中共中央关于全面深化改革若干重大问题的决定》，为中国共产党在新时代如何坚持全面深化改革、如何推进改革开放绘制了一幅宏伟蓝图。自全面深化改革正式提出至今短短几年的时间里，我们切身感受到了国家各方面的显著变化。经济持续发展的同时质量显著提升；政治稳定的基础上，政府办事效率明显提高；文化繁荣发展的前提下，社会主义文化自信已然树立；社会和谐的基调下，人民幸福感明显增强；绿色生态的背景下，美丽中国正在实现。然而全面深化改革的任务远未完成，这场以全面性、系统性与协调性为特征，以完善和发展中国特色社会主义制度、推进国家治理体系和治理能力现代化为总目标、以为人民谋幸福、为国家谋发展的伟大历史进程依然在路上。习近平总书记在中共十九大报告中明确指出，我国已进入了新时代。新的历史起点要求我们更好地领悟与坚持运用全面深化改革的重要方案，不断化解前进道路上出现的新矛盾，朝着新时代的新奋斗目标，攻坚克难，不断进取。总之，全面深化改革是新时代中国特色社会主义创新发展的新动力，中国共产党人必将在新时代通过带领全体人民推进全面深化改革，取得更加辉煌的成绩。

第五章　全面依法治国：新时代中国特色社会主义创新发展的本质要求

全面依法治国是关系到我们党执政兴国，关系到人民幸福安康，关系到党和国家长治久安的重大战略问题，是“四个全面”战略布局的重要组成部分。党的十九大报告中，习近平总书记从国家治理能力和国家治理体系现代化的战略高度，从坚持和发展中国特色社会主义的全局出发，精辟阐述了中国特色社会主义法治建设的一系列重大理论和实践问题，提出了全面推进依法治国、建设社会主义法治体系、建设社会主义法治国家等一系列新理念、新思想、新命题、新论断，有力地推动了马克思主义法学在新的历史条件下的继续深化发展。全面依法治国是马克思主义法学中国化的最新理论成果。

一、全面依法治国是坚持中国特色社会主义理论的本质要求

全面推进依法治国，是深刻总结我国社会主义法治建设成功经验和深刻教训作出的重大抉择。深刻认识和把握全面依法治国思想，梳理其形成与发展的脉络，是科学准确地理解和把握全面依法治国战略思想的重要前提。

（一）全面依法治国是社会主义法治思想的继承与发展

全面依法治国思想是对马克思主义法学思想的继承与发展。马克思的法学思想经历了从唯心主义向唯物主义的转变。在《黑格尔法哲学批判》

中，马克思首次提出了市民社会决定国家和法，而不是相反。他认为法的关系不应从其本身来理解，也不应该从唯心主义去理解，而应该到物质生活，到市民社会中去理解。他认为，法的关系源自物质生活关系。这一论断无疑称得上是法学史上具有划时代意义的伟大发现。《共产党宣言》的发表进一步深化了马克思法学思想。马克思创造性地提出了法是统治阶级意志的集中体现。他认为在社会上占统治地位的物质力量，一定也是在社会上占统治地位的精神力量。

列宁继承了马克思的法学思想，并结合苏俄实际做出了丰富的理论贡献，他主张“要根据法制来管理国家”①。列宁把马克思的法学思想运用到俄国的法治实践中，初步建立了社会主义法律体系，把马克思的法学思想变为现实。他对法律性质作出科学的论断，即“法律就是取得胜利并掌握国家政权的阶级的意志的表现”②。苏联社会主义法治建设的探索历程证明，只有将马克思主义法学理论与本国具体的实际结合起来，才能深化对马克思主义法学理论的认识，才能推动社会主义法治理论的创新和发展，指导法治国家建设与实践。

中国共产党对全面依法治国的认识，经历了一个不断深化的过程。毛泽东的法治思想是我国社会主义法治建设的开创性成果，为我国社会主义法治建设奠定了坚实的基础。早在新民主主义革命时期，我们党就高度重视立法工作，相继出台了《中华苏维埃共和国宪法大纲》《陕甘宁边区施政纲领》等多部法律文件，对新民主主义革命的胜利起到了重要的作用。新中国成立初期，党中央高度重视法治对巩固政权的重要意义，积极地开展社会主义法治建设。1949 年新中国成立前夕，在毛泽东的亲自主持下，我国颁布了具有宪法性质的《中国人民政治协商会议共同纲领》。此后，经过 5 年的探索，于 1954 年颁布了新中国第一部宪法《中华人民共和国宪法》。这部宪法阐明了法律的阶级性。毛泽东指出：“法律和国家一样，只是保护一定统治阶级

① 《列宁全集》第 29 卷，人民出版社 1985 年版，第 180 页。

② 《列宁全集》第 16 卷，人民出版社 1990 年版，第 292 页。

的利益。”[①] 这部宪法初步奠定了社会主义法治的基础。此后，在20世纪50年代后期，中苏关系恶化，国际共产主义遇到严重挑战的背景下，党的指导思想发生了“左”的错误，使得我国的法治建设走了很大的弯路，付出了沉重代价。

党的十一届三中全会开启了中国社会主义法治建设的新征程。以邓小平同志为主要代表的中国共产党人审时度势、除旧布新，开启了中国特色社会主义法治理论和实践的探索。在《解放思想，实事求是，团结一致向前看》这部历史性文献中，邓小平继承了毛泽东法治建设思想，并在深刻总结历史经验的基础上明确提出“为保障民主，必须加强法治”[②]。他将法治思想准确概括为“有法可依、有法必依、执法必严、违法必究”十六字方针，把法治确定为党治国理政的基本方式，始终把法治放在党和国家工作大局中来考虑、来谋划、来推进，法治中国建设取得历史性成就。

以江泽民同志为核心的党的第三代中央领导集体在中国特色社会主义法治建设的探索中，进一步丰富了法治理论。十五大报告中，江泽民同志明确提出了“依法治国”概念并对其含义进行了科学阐释，论证了依法治国的重要性。他明确提出了依法治国和以德治国相结合的思想，“把法治建设与道德建设紧密结合起来，把依法治国与以德治国结合起来”[③]，并指出依法治国是社会文明和进步的重要标志。

以胡锦涛同志为总书记的党中央继续深化依法治国构想。在党的十七大报告中提出了要树立社会主义法治理念，弘扬社会主义法治精神。这是党的十七大为适应全面建设小康社会新形势、推进依法治国进程而提出的一项新的任务，对深化政治体制改革、发展社会主义民主政治，对全面实施依法治国基本方略、加快建设社会主义法治国家，对建设富强民主文明和谐的社会主义现代化国家、实现党和国家长治久安具有十分重要的意义。

党的十八大以来，以习近平同志为核心的党中央高度重视法治建设，

---

① 《毛泽东选集》第四卷，人民出版社1991年版，第1382页。

② 《邓小平文选》第二卷，人民出版社1994年版，第146页。

③ 《江泽民文选》第三卷，人民出版社2006年版，第200页。

提出了一系列治国理政的新思想与新战略。党的十八届四中全会作出了全面推进依法治国的战略部署，标志着法治中国建设取得了突破性进展。党的十九大报告高度评价了全面依法治国的重要意义，强调了该理念与“四个全面”战略布局和“两个一百年”奋斗目标之间的关系，并清晰地阐释了怎样推进全面依法治国、怎样建设社会主义法治国家等法治建设的具体问题。这些主张所蕴含的法治思想，汇集了党治国理政的政治智慧，是全面推进依法治国与建设社会主义法治中国的科学指南。准确地理解和把握全面依法治国思想，是正确认知中国特色社会主义法治建设的本质特征、发展规律、体系布局与目标价值的一把钥匙，具有重大的理论指导和实践创新意义。

全面依法治国是在实现中华民族伟大复兴的背景下，是我国在法治建设的过程中逐步形成的最新理论成果，是对马克思主义法学的继承与发展，是我国社会主义法治建设的经验总结，是中国特色社会主义法治体系的重要组成部分。全面依法治国思想体现了马克思主义法学的民族性、时代性与创新性，进一步开拓了马克思主义法治理论的新境界。新时代坚持全面依法治国，对实现社会主义现代化和中华民族伟大复兴的历史使命具有重要的理论与现实意义。

（二）全面推进依法治国是建设中国特色社会主义的重要保障

全面推进依法治国是建设中国特色社会主义的重要保障，是“四个全面”战略布局的关键一环，是关系到我们党执政兴国、关系到人民的幸福安康、关系到国家长治久安的重大战略问题，是发展与完善中国特色社会主义制度、推进国家治理体系和治理能力现代化的重要方面。全面依法治国的提出标志着依法治国按下“快进键”、进入“快车道”，标志着我国法治建设进入新的征程。

第一，全面依法治国是我们党执政兴国的根本保障。坚持党的领导，是中国特色社会主义的本质特征，同时也是中国特色社会主义民主法治建设最本质的特征。必须把党的领导贯彻落实到依法治国全过程和各方面，坚定不移走中国特色社会主义法治道路。充分发挥法治在党执政兴国中的根本保障作用。把党领导人民制定和实施宪法法律与党在宪法法律允许的范围内活动统一起来，把党的主张通过法定程序上升为国家意志。此外，坚持法律面前人人平等，任何社会组织与个人都不能有超越宪法和法律的特权，绝不允许以权压法、以言代法、逐利违法、徇私枉法。一切违反宪法法律的行为都必须予以追究。

第二，全面依法治国是我国全面深化改革的重要保障。党的十八届三中全会上作出了全面深化改革的决定，党的十八届四中全会作出了全面推进依法治国的决定，以改革和法治作为促进社会主义现代化建设的“两翼”。为了建立中央高层次的法治议事协调和决策组织，党的十九大决定成立中央全面推进依法治国领导小组，以期在更加宏观的层面强化对于全面依法治国的统筹指导，这不仅为全面依法治国提供了组织保证，还为推动社会主义法治国家建设提供了强有力的领导。要以法治建设推进全面深化改革，同时全面依法治国也要不断地进行自身的深化改革。一是，要以法治统一改革观点，通过立法来引领改革，并推进改革的进行，确保改革和立法在决策上的有效衔接和相互一致；以法治来约束改革行为，及时通过法治来保障重大改革的顺利实施，重视法治思维和方式在不同改革中的有效运用；改革成果也要运用法治手段来确认、落实和推广，将社会实践反复证明非常成熟的改革经验、启示以及有效措施尽快上升到法律层面，以有利于改革经验的制度化、精准化，还能够通过法律的国家强制力确保改革的深入实施。二是，全面依法治国的不断推进要在全面深化改革的整体布局中进行，通过改革来完善法治，以改革为手段来促使法治建设稳步推进。

第三，全面依法治国是全面建成小康社会的有力保障。我们党始终肩负着团结引导人民全面建成小康社会的历史重任。人民是党一切工作的出发点和落脚点。发展为了人民、发展依靠人民、发展成果由人民共享，是党的最终目的。全面建成小康社会，就是要使广大人民成为社会主义发展的主要获益者。因此，在这个基本前提下，保障人民权利成为法治中国最为重要的目标之一。十八大确立了夺取中国特色社会主义新胜利的基本要求，即“必须坚持人民主体地位”。十八届三中全会进一步明确了全面深化改革的着力点，强调增强社会公平正义和提升人民福祉的重要性，以期激发全体人民在劳动、智力、创新、资本、合作等方面的无限潜力，充分发掘以不断创造各类社会财富，让人民群众共享改革的丰硕果实。政治权利、经济权利、文化权利等人民基本权利的实现无疑都需要以法治作为坚强后盾。将法律作为武器来消灭社会上侵权和其他不公正的现象，培育和加强全体人民的法治意识和思想觉悟是全面依法治国的应有之义。只有这样才能在全社会营造崇尚法治、信仰法治、捍卫法治的良好氛围，为全面建成小康社会提供坚实的法治保障。

第四，全面依法治国是全面从严治党的法治保障。全面从严治党是党的十八大以来作出的重大战略部署。以习近平同志为核心的党中央强调从严治党、依规治党。习近平总书记提出要用制度管权、管事、管人，严格管控权力的使用，着重强调党内法规体系的完善，突出党规在从严治党过程中的重要地位，用法治手段打击腐败行为。强化权力使用的管控监督，将权责统一起来，以监督约束权力，以问责管控权力，以法治平衡权力。尤其强调公权力配置和运行过程中的根源治理，建立健全权力清单制度，依据法定程序公开权力行使流程。对于腐败行为形成零容忍的高压态势，严厉打击各种腐败行为，密织反腐之网，消除盲区。制度的适用要一视同仁，决不能法外开恩，严厉禁止留“暗门”、开“天窗”等违法违纪行为，坚决保持制度运用的严肃与权威。纪律和法律要分开执行，纪律的执行要较法律严格，法治理念应当成为党的建设的科学理论依据。十九大报告强调，应当及时制定《国家监察法》，依法赋予监察、委员会职责权限和调查手段，用留置取代两规措施。通过出台《国家监察法》，明确人民代表大会制度下我国监察权的特殊性质和法律位置，规定监察权运行的基本原则，合理确定监察对象的范畴、对于调查“宽打窄用”的准则，确立了监察委员会可以行使监督、调查、处置等权力，以及谈话、讯问、询问、查询、冻结、调取、查封、扣押、搜查、勘验检查、鉴定、留置等12项相关措施。

第五，只有全面依法治国才能确保国家的长治久安。国家的长治久安是人民利益的根本保障，是人民幸福生活的基本需求。“长治”和“久安”

都需要厉行法治来实现。当前我国重要的任务之一就是探究民主发展过程中如何强化法治作用，建设现代法治。根据以往世界各国的经验教训，法治与民主的关系是否能够有效协调是保障国家安全的重要因素。我国的改革实践也多次证实，法治与民主的关系能否互相促进，直接影响到人民的幸福和国家的长治久安。中国特色社会主义政治的本质就是人民当家作主，但是民主并不能独自发挥作用，无论是国家形态、国家形式，甚至是社会形态、人民权利等任何语义下的"民主"，想要发挥应有的作用都必须依靠制度和法治作为根本保障，否则就会沦为空谈。

在当今社会，民主和法治的联系越来越紧密。一旦民主离开了法治轨道，没有了法治的约束，就必然会转化为所谓的街头政治，还可能成为"多数人的暴政"。这已经成为世界各国政治发展过程中被实践多次验证了的铁律。也正是因为如此，我们党总结了现代民主尤其是我国社会主义民主实践后，得出了一条重要经验，即坚持和发展社会主义民主。必须始终坚持党的领导、人民当家作主、依法治国的有机统一。确保民主与法治相互促进，在发展人民民主的过程中健全社会主义法治，在依法治国中充分保障人民的权利，是中国特色社会主义发展的一条基本原则。全面依法治国是人类法治文明在当代中国的重大实践和理论创新，是传承复兴中华法文化优秀传统的历史新起点，是中国特色社会主义现代化建设的重要组成部分，是推进国家治理体系和治理能力现代化的重要内容，是对全面依法治国基本原则、基本任务和总目标的高度凝练和大众化表达。毫无疑问，在中国共产党的正确领导下，在依法治国理念的指引下，中国人民在全面建成小康社会的道路上已取得长足进步。中国特色社会主义民主政治制度与依法治国方略相得益彰，这为"两个一百年"奋斗目标及中华民族伟大复兴的实现提供了重要保障。

"国无常强，无常弱。奉法者强则国强，奉法者弱则国弱。"党和国家的各项工作都要在法治进程中运行，以法治来汇总社会力量、协调社会利益、平衡社会关系、调整社会行为，严格依据法治来化解各类社会矛盾和争端，保证我国在跨越式发展中既充满活力又秩序井然。

（三）全面推进依法治国是实现国家治理现代化的核心环节

国家治理体系和治理能力是一个国家制度和制度执行能力的集中体现。推进国家治理体系和治理能力现代化，就是要实现党、国家、社会各项事务治理制度化、规范化、程序化，就是要提高党科学执政、民主执政、依法执政水平。党的十八届三中全会提出：全面深化改革的总目标是完善和发展中国特色社会主义制度，推进国家治理体系和治理能力现代化。国家治理现代化包括治理主体的多元化、治理客体的立体化、治理目标的人本化、治理方式的规范化和治理手段的文明化五个特征，而法治是贯穿于国家治理现代化五个特征的重要内容。全面依法治国不但是社会主义法治建设的必然要求，也是实现国家治理现代化的核心环节。

法治是确保公民有序参与政治生活的前提。治理主体多元化是指在中国共产党的领导下，非政府社会组织、单位与个人，通过合法的途径，有序地参与国家社会生活，是我国建设服务型政府的重要内容。积极推进我国社会治理模式创新，推动人民直接参与治理，是治理主体多元化的重要手段。治理主体多元化的特征是政府简政放权与人民有序参政议政。在公民参与国家社会生活的过程中，法治为公民有序参与提供了可靠的法律保障。世界多个国家的历史经验反复证明，没有法治规范下的参与，必然是无序的参与。没有法治的决策就不是现代意义上科学的决策。国家治理现代化，关键在于一个“治”字。用什么来“治”？法治是必然选择。国家治理现代化，离不开依法治国，国家治理现代化，也是法治建设的现代化。正如习近平总书记强调的：“我们必须坚持把依法治国作为党领导人民治理国家的基本方略、把法治作为治国理政的基本方式，不断把法治中国建设推向前进。”①

法律是确保治理对象稳定发展的根本保证。治理客体立体化是指随着人类社会的不断发展，特别是经济全球化和互联网对于传统社会的冲击下，治理的对象已经全方位拓展，呈现出立体化的趋势。政治层面的治理对象由

① 习近平：《在庆祝全国人民代表大会成立 60 周年大会上的讲话》，《人民日报》2014 年 9 月 6 日。

单纯的治理国家机关，发展到治理执政党和参政党；社会层面的治理由治理社会团体，发展到行业协会和社会自治组织；市场层面的治理从商品市场、贸易市场，发展到投资市场和金融等各种市场；区域层面的治理从单一的城乡治理，发展到经济区、城市带治理；环境层面的治理，从人居环境治理发展到自然生态环境的治理；信息层面的治理，从通信治理发展到互联网治理。显然，治理层次的增加、治理范围的扩大都必须实施全面依法治国，唯有法治，才能使治理对象有序稳定发展，才能使中国特色社会主义各项事业在新的时期持续推向前进。

治理目标人本化离不开法律的保驾护航。治理目标人本化是指国家和社会的发展目标是以人为本，追求人的可持续发展、人类的自由和幸福。人是社会发展的根本目的。人民群众是社会历史发展的主体。坚持以人为本的发展理念，目的是以人的发展统领经济、政治、文化、社会、生态发展，确保发展的结果与党的性质宗旨一致，促使发展的结果与发展的目标相统一。无论是经济、政治、社会、文化还是生态环境的治理，目标均为人的发展。新时代社会主要矛盾已经发生改变，习近平总书记在十九大上指出：人民日益增长的美好生活需要，同不平衡不充分的发展之间的矛盾是我国当前社会的主要矛盾①。而新矛盾的解决，需要坚持以人为本。坚持以人为本就是从全体社会成员的根本利益出发促发展、谋发展，不断满足全体社会成员日益增长的物质文化需要，切实保障人民群众的经济、政治和文化权益，让发展的成果惠及全体人民。法律是一种带有价值判断的行为规则，是衡量人们行为是否合乎社会规范的标准。法律的价值问题本质上是关于人的问题，即法律怎样为人民服务，特别是为人的全面发展服务。实现人的发展目标离不开法治的保驾护航。

治理方式规范化是指国家的运行有法可依、有章可循。随着民主进程的发展，现代国家治理的方式一直向着程序化、规范化迈进，要求公开、透

---

① 习近平：《决胜全面建成小康社会　夺取新时代中国特色社会主义伟大胜利——在中国共产党第十九次全国代表大会上的报告》，《人民日报》2017 年 10 月 28 日。

明、公正。为了规范国家治理，国家逐步颁布了一系列行政法规制度，用于公开政府信息、保护个人信息、规范执法行为、提升执法效率。这既是保障国家公权力和社会公权力行使公正和效率的要求，也是防止公权力滥用、遏制腐败的要求。

治理手段的文明化是指党和政府在治理国家的过程中，不但要内容合法，也要程序合法；不但要体现法律之威严，更要体现法律之文明。法治从根本意义上说是一种国家意志、一种国家行为。善治是良法的最终体现。我国崇尚的良法善治原则，是我们党在考察和反思古今中外各种法治模式的基础上，提出形式法治与实质法治相统一的法治模式。所谓“善治”，就是法律应该反映人民意志、保障尊重人权、维护公平正义、促进和谐稳定、坚定改革发展、引领社会风尚，应该体现民意民智、符合客观规律、便于遵守和执行。实现良法善治，以人为本是根本，科学立法是引领，文明执行是关键。基于“良法”基础，让每一次执法都成为一次普法的过程，让每一次执法都成为文明的象征。良法善治超越了工具主义法治和形式主义法治的局限，是现代法治理论和治国理论相结合的一次重大创新。

推进国家治理现代化，关键在于推进全面依法治国。将推进国家治理现代化上升到全面推进依法治国的层面，是我党根据我国社会主义发展进入新时代所作出的重要战略决定。我国提出的“建设中国特色社会主义法治体系，建设社会主义法治国家”的全面推进依法治国总目标，与“完善和发展中国特色社会主义制度，推进国家治理体系和治理能力现代化”的全面深化改革总目标，相辅相成、有机统一，共同促进着中国特色社会主义制度的不断完善和发展。

二、全面依法治国是完善中国特色社会主义法律体系的重要基础

法律是治国之重器。全面推进依法治国，是解决党和国家事业发展面临的一系列重大问题，增强社会活力、促进社会公平正义、维护社会和谐稳

定、确保党和国家长治久安的根本要求。要推动我国经济社会持续健康发展，就必须全面推进社会主义法治国家建设，在法治方面为解决这些问题提供可靠有效的制度化方案，建设和完善中国特色社会主义法学理论体系，培养造就坚持中国特色社会主义法治体系的法治人及后备力量。党的十九大报告进一步要求“坚持全面依法治国”，这既表明了法治道路的长期性、艰巨性，也向全党迈入法治道路提出了更高的要求。坚持全面依法治国作为新时代坚持和发展中国特色社会主义的基本方略，不仅与其他 13 项基本方略一起推进新时代中国特色社会主义的伟大实践，而且全面依法治国的功能和作用也为其他基本方略的实施提供了法治保障。

（一）全面依法治国推进中国特色社会主义法治体系的建设

全面推进依法治国，总目标是建设中国特色社会主义法治体系，建设社会主义法治国家，促进国家治理体系和治理能力现代化。习近平总书记强调，这个总目标“既明确了全面推进依法治国的性质和方向，又突出了全面推进依法治国的工作重点和总抓手”①。法治体系作为法治建设的“纲”，是国家治理体系的骨干工程。在全面推进依法治国的历史新阶段，要建成“五个体系”，促成“五种局面”的中国特色社会主义法治体系。

首先，中国特色社会主义法律体系与中国特色社会主义法治体系的相互关系。中国特色社会主义法律体系是中国特色社会主义法治体系的逻辑起点和初级阶段，中国特色社会主义法治体系是中国特色社会主义法律体系的高级阶段和发展方向。中国特色社会主义法律体系属于中国特色社会主义制度的内容之一，它主要强调制度层面的内容，它是以宪法为统帅，以法律为主干，以行政法规、地方性法规为重要组成部分，由多个法律部门组成的有机整体。简单地说，法律体系就是部门法体系，是根据一定标准、原则所制定的同类规范的总称。法律体系着重说明的是呈静态的法律本身的体系构成，而法治体系则既包括静态的法律规范，更着重说明的是呈动态状的法治运转

① 《十八大以来重要文献选编》（中），中央文献出版社 2016 年版，第 187 页。

机制系统。从相互关系来讲，法治体系包容着法律体系，而法律体系则组合在法治体系之中。法治体系，它同法律体系虽一字之差，但含义不同。法治体系是指法治运转机制和运转环节的全系统，法治体系包括立法体系、执法体系、司法体系、守法体系、法律监督体系等，由这些体系组成的一个纵向的法治运转体系。法治是一个过程，包括了静态的法律规范制度，同时也包括了法律的实施监督等等，法治体系既有法律的制定，也有法律的落实，法律体系只是具体的制度内容，是静态的法律文本，也没有强调法律的落实。与法律体系不同，法治体系不是一个静止的存在，而是一个动态的过程，包括法律的制定、实施、监督、实现、发挥作用、反馈等阶段性过程的接续。

建设中国特色社会主义法治体系是在法律体系形成后实现法治建设重心战略转移的必然要求。在我国，以宪法为统帅，以宪法相关法、民法商法等多个法律部门的法律为主干，由法律、行政法规、地方性法规等多个层次的法律规范构成的中国特色社会主义法律体系已经形成。法律体系形成之后，中国法治建设的重心应当从立法向建设法治体系转移。中国特色社会主义法律体系的形成，总体上解决了有法可依的问题。在这种情况下，有法必依、执法必严、违法必究的问题就显得更为突出、更加紧迫，这也是广大人民群众普遍关注、各方面反映强烈的问题。十八届四中全会提出，建设中国特色社会主义法治体系，要求中国的法治建设不仅要有一个法律体系，而且要实现国家各项工作都要依法进行，社会领域各个方面都要遵法守法，实际上就是对人民群众普遍关注的法律实施问题的回应。

其次，全面依法治国有利于推进中国特色社会主义法治体系的建设。第一，全面依法治国加强宪法实施和监督，推进合宪性审查工作。宪法是国家的根本大法，是治国理政的总章程，其他法律法规都不能与宪法精神相冲突，所有公权力活动，也必须受宪法的约束。因此，法律至上首先是宪法至上。为了维护宪法的实施，必须加强合宪性的审查，只是十九大之前这项工作一直未被纳入我国法律的正式议程，实践中违宪的问题得不到及时补救，与法治国家的要求相悖。坚持依法治国，加强对宪法实施的监督，推进合宪性审查工作，对维护宪法的权威至关重要，同时也是法治国家的必然要求。

宪法是党领导人民制定的，是党和人民意志的集中体现。“宪法法律至上”强调“依法治国首先是依宪治国，依法执政首先是依宪执政”，而依宪治国实质上就是要坚持“党的领导、人民当家作主和依法治国”的有机统一。全面依法治国的前提与保障是加强宪法的全面实施，法律的制定是一个过程，最终的目的在于实施，法律的权威也是在实施的过程中体现。有法必依、执法必严、违法必究是其基本要求，执法、司法、守法等方面的体制机制必须加快建设，依法行政、公正执法时刻坚持，不断多方面加强群众法治观念，从而保障法律实施的有效性。“宪法之治”是全面依法治国的前提，首先做到恪守宪法原则、弘扬宪法精义、维护宪法权威、履行宪法使命，人民当家作主就会有保证，党和国家的事业就能顺利发展。

第二，全面落实建设中国特色社会主义法治体系，完善以宪法为核心的中国特色社会主义法律体系，推进科学立法、民主立法、依法立法，以良法促进发展、保障善治。十九大报告把依法立法与科学立法、民主立法并列为立法原则，说明我们党在新的历史时期对立法工作提出了更高要求。科学立法要求立法尊重法律发展的基本规律，反映新时代社会主义的基本要求，体现立法技术的最新水平。民主立法要求立法反映最广大人民群众的意愿，最大程度保障人大代表和社会公众有效参与立法的权利。依法立法要求立法主体遵守宪法、法律设定的程序和实际权力的授权界限，依法履行法律赋予的立法职责，既要避免不作为，又要杜绝越权立法，提高立法质量。就我国目前的立法情况而言，强调依法立法，核心是要解决法出多门、通过法来逐利、部门利益和地方保护主义法律化等问题。

法有“良法”、“劣法”之分，法治是良法之治，“良法”可以引导人们向善，推动社会发展；“劣法”乃至恶法则与之相反，与法治格格不入。“以良法促进发展、保障善治”，既是对提高立法质量的要求，又是对良法、法治作用的全面、精准阐释。按照党的十八届四中全会内容，良法“要恪守以民为本、立法为民理念，贯彻社会主义核心价值观”，要“符合宪法精神、反映人民意志、得到人民拥护”。判断是否是良法主要体现在三个方面：内容方面，必须符合社会发展的规律；价值方面，必须符合公平正义，维护社会成员的个人利益；形式方面，必须使法的形式具有科学性。“良法”应该充分地反映出人民群众的意志和利益，维护社会公平正义，反映社会发展的客观规律。在立法过程中，要秉承以民为本的理念，最大限度地符合人民群众的利益和要求。

具体到实际而言，“良法”应满足以下条件：一是反映人民群众的利益和意志。“良法”应该是最广大人民群众利益的集中体现，而不是私人利益、团体利益、地方利益的产物。民之所欲，就是法之所系，要使每一条法律条例都能够反映人民利益、得到人民拥护，避免法律条例部门化与地方利益法律化等倾向。在制定法律的过程中，针对各种小团体的利益纷争与博弈，立法者应该积极有序地进行引导，按照特定的立法程序把人民群众的根本利益反映在立法的过程中。为旨在实现这一目标，不仅要在立法程序上做到科学立法，也要“开门”立法与民主立法。将公开、公平、公正等立法原则贯穿于立法的全过程。最大限度地扩大民众的参与，充分听取社会各界的意见，汇集人民群众的智慧。要建立和完善能够体现机会平等、权利公平、规则规范的政治法律制度，保障我国公民的人身自由权、财产权、政治权等各种权利不会受到侵犯，保障我国公民在政治、经济、文化、社会等各个方面的权利切实落实，使得我国公民权利法治化。

二是能充分体现公平正义等的价值理念。真实的良法应该有稳固的价值根基。健全的法律体系能深入地贯彻社会主义法治的基本价值追求，其中，在法律体现中充分贯彻公平、正义等核心理念最为关键。我国从古就有“法不阿贵”“法平如水”等词汇。这传达出同样的思想，即公平、正义等价值理念是法律正当性的判定条件，同样也是衡量是否为“良法”的标准。

三是契合社会发展的规律。法律本身就是对社会现象的一种反应，它反映了社会发展的要求和规律。法律也应当自觉承担起维护社会发展稳定、保障社会正常运行的功能。通过高效的立法机关，把社会诉求整合为法律条例，促进社会的健康发展。因此，必须科学立法。这就需要立法者秉持科学的谨慎的态度，精准地把脉社会经济运行的规律，对未来社会经济的发展作出科学性与前瞻性的预见，自觉引导市场经济秩序朝向正确的方向发展，而不是被动盲目地交由市场这个无形的手放任自流。做到有法可依，发挥法律对社会经济发展的推动作用。将由从前的“政策引领”变为“立法引领”，而不是事后追认型立法。这就要求立法者具有全局意识，将顶层设计与总体规划结合起来，将立法规划与立法决策结合起来。除此之外，立法应为未来法治改革预留空间，尽量避免给未来的法治改革设置障碍，从而既保持法律的抽象性，又保持法律的可操作性。

四是要能切实地反映我国的国情、社情与民情。作为一种生活规范的产物，法律从诞生之日起，本身具有规范社会生活保持社会秩序正常运行的效果。充分发挥法律协调处理社会生活的功能，就要密切地联系社会实际，解决现实当中存在的热点问题。改革开放以来，我国社会经济的发展取得了可喜的成就，但也产生了环境恶化、贫富不均、社会矛盾激化等问题。这就要求我们立足于社会现实问题科学立法，使得法律与社会发展的需要相适应；根据社会发展的需要变化灵活机动地修缮法律；坚持立、改、废、释几个方面同时进行，增强法律法规的针对性、系统性和有效性。

五是良法应该具备科学合理的体系。法律法规只有在实现了外部规范体系的相容性、内部价值体系的一致性、内容上的全面性以及逻辑体系上的自足性等基础上，才能有效地发挥法律法规本身所具有的调整社会生活的作用。在法律内部各部分之间的内容应相互协调、互相配合，而不是相互冲突。良法的基本要求是对社会生活的各个方面实现全覆盖，切实实现对社会的治理，将法律与道德、习惯等社会自治规则相结合，以形成优质、完备、融贯、科学的法治体系。除此之外，在法律的表述上避免冗余从而使得法律具有明确性、准确性、简洁性。

六是符合立法的相关程序，使得法律具有正当性。法律是全体人民意志的集中反映，其程序必须正当。即使法律的内容属于良法的范畴，但是如果在创制决策程序上有瑕疵，也不够良法的现实标准。在我国全面推进依法治国事业的进程中，逐步完善中国特色社会主义法律体系，从根本上来说，就是要把“良法”列为目标，从而使得制定的法律不仅能够满足社会发展的需求，也能充分满足个人发展的需求；不但要满足人民注重效率的需求，也要满足人民呼唤公平的需求；不但要满足人民秩序的需求，也要满足人民自由需求；切实改变我国仍然存在着的那些忽视个人利益的法律法规，真正地实现立法为民，“良法”善治。

第三，全面依法治国必须深化司法体制综合配套改革。要了解社会公众的司法需求，树立司法公正的追求意识。“公正自在人心。”衡量司法公正的标准，既要看裁判是否符合法律规定，更要看裁判是否符合公众的司法需求。司法权的人民性源自马克思主义的人民主权观，司法只有体现人民群众的意志和需求才是公正的，法官要在司法为民的实践中实现司法公正，贯彻为民宗旨。在社会主义中国，忠诚于法律与忠诚于人民具有高度一致性。法院要开门纳谏，深入群众搞好调查研究，积极回应群众的期望和需求。司法工作要反映群众声音，做到对群众深恶痛绝的事情零容忍，对群众急需急盼的事情零懈怠。要树立服务社会民生的意识。服务以民生为重点的社会建设是司法工作的重要职责。随着改革深入和社会发展，对民生领域的司法需求，法院要及时跟进，保障到位。要关注特定群体，增强裁判的社会可接受性，契合人民群众的司法需求。每起案件背后都反映着特定群体的司法需求等。司法尤其要关注弱势群体的权益，实现实质上的公平正义。我国司法改革经历了由党的十五大“推进司法改革”到十六大“推进司法体制改革”，再由党的十七大“深化司法体制改革”到十八大“进一步深化司法体制改革”，党的十九大报告进一步提出“深化司法体制综合配套改革”的历程。由此可见，我国的司法改革是逐步推进的。一方面，司法体制的改革渐渐进入了综合配套的阶段；另一方面，司法体制的每一项改革都会牵一发而动全身，因此，改革越深入，越要注重各项改革举措的协同性、联动性，越要注意综合配套、协同推进。更何况，司法体制改革是一个持续的深化过程，唯有如此，才能让人民群众在每一个司法案件中感受到公平正义。

第四，全面依法治国，必须建立严密的法治监督体系，依法推进国家监察体制改革。十九大报告指出：“制定国家监察法，依法赋予监察委员会职责权限和调查手段，用留置取代‘两规’措施。”这表明：一方面，国家监察体制的改革将由点到面；另一方面，用留置取代“两规”措施。“两规”措施虽曾在反腐败斗争中发挥了重要作用，但也存在一些问题。权力必须受到监督与制约，否则就会被滥用。习近平总书记指出：“没有监督的权力必然导致腐败，这是一条铁律。”① 按十九大报告要求，全面推开监察体制改革后，制定《国家监察法》，规定行使监察权应遵循的原则，明确监察对象的范围、对调查“宽打窄用”（调查手段要宽、调查决策要严）的要求，依法赋予监察委员会监督、调查、处置职权以及监委会可采取的谈话、讯问、询问、查询、冻结、调取、查封、扣押、搜查、勘验检查、鉴定、留置等12项相关措施，用留置取代“两规”措施。要十分重视权力的监督与制约，加大监督力度，加强党内监督、人大监督、民主监督、行政监督、司法监督、审计监督、社会监督、舆论监督，大力构建科学而又有效的权力运行制约和监督体系，使监督落到实处，努力做到有权必有责，用权受监督，违法必追究。

第五，全面依法治国促进党内法规制度建设。党内法规是建设社会主义法治国家的重要保障，也是管党治党的主要依据。要完善党内法规制度体系，提高党的执政能力，促进中国特色社会主义法律体系的构建与发展。依法执政、依法治国，不仅要有完善的国家法律体系，还必须有健全的党内法规体系，特别是中央层面的党内法规体系。要根据全面推进依法治国和依规管党治党的总体部署，以“宪法为上、党章为本”为基本原则，全面建成内容科学、程序严密、配套完备、运行有效的党内法规制度体系。同时，全面依法治国是以法治思维全力推进平安中国和法治中国建设，法治思维能力是主观意识上的客观体现，必须落实到国家建设以及民众生活的方方面面，努力实现国家治理体系和治理能力现代化。面对经济全球化从不同方面带来的问题以及我国在发展道路中遇到的各种问题，法治思维至关重要。总之，全面依法治国是中国特色社会主义法治体系建设的重要基础。

① 《习近平谈治国理政》，外文出版社2014年版，第418页。

（二）全面依法治国是维护社会公平正义、司法公正的理论基石

公平正义是由中国特色社会主义的内在要求以及全心全意为人民服务的宗旨决定的，同时是中国共产党一直追求的一个十分崇高的目标。只有坚持严格执法、公正司法，营造出有序、和平的社会环境，国家的长治与久安以及社会的和谐与稳定才能被保证，最广大人民群体的根本利益必须以法治的方式被维护，老百姓才会有安全感，才能处处感受到公平正义。法治化建设必须与国家的现代化同步，一个现代国家，必须是一个法治国家。党的十八大以来是全面依法治国举措成就颇丰、经验最丰富的时期，开辟出了全面依法治国的新境界。专题片《法治中国》综合全面地阐释了全面依法治国的重大历史意义与影响，不仅是对全面依法治国辉煌成就的总结，更是对十八大以来重大历史成果的全面总结。

公平正义是法治建设的灵魂。我们必须在依法治国的基础上，全面破除阻碍公平正义的邪恶力量，促进公平正义。要坚持法律面前人人平等的原则，任何组织和个人都必须尊重宪法法律权威；关键一点还是要加快建设法治政府，充分保证权力在制度的约束下实施；进一步完善司法管理体制，严格规范司法行为，保证公民在案件审理过程中的公平正义。在以上几个方面的努力下，我们才能推进法治中国建设、促进社会公平正义、为普通民众的公平正义提供可靠保障。

公正是法治的生命线。司法公正才能保障社会公正，因此，实践中必须推进公正司法。所谓公正司法，就是受到侵害的权利肯定会得到保护和救济，违法犯罪活动必须受到制裁和惩罚。保障司法公信力的前提是，人民群众的合法权利通过司法程序必须被保证，否则，没有人会相信司法公正。冤假错案的出现、人民群众求告无门的惨痛教训，一方面损害的是人民群众的合法权益，另一方面损害的更是法律的尊严与权威。如果此种事件连续不断，对社会公平正义的信心何从谈起？我国在推进社会公平正义方面作出的努力与成效是有目共睹的，但是真正实现社会公平正义的道路是漫长与艰巨的。公平正义的问题解决不好，就会严重影响人民群众的信心与社会稳定。从现实来看，背离公平正义的问题表现在各种各样的不平衡方面，比如：地

域发展的不公平，收入与分配的不公平，教育与职业选择等方面的权力与机会的不公平等。目前来看，以下两个方面对人民群众公平正义的心理产生了极大的影响。一是公职人员贪污腐败、权钱交易、滥用职权的行为扩大了社会不公。部分领导干部不依法运用自己手中的权力，利用职务之便、利用自己管控的有限社会资源的配置权，或收受回扣左右事件的真实性，或在公开招聘中做手脚，照顾所谓"关系户""圈内人"……以上这些有违公平正义的行为，引起人民群众的强烈不满，严重损害了社会的公平正义与国家形象。因此，要维护个人发展的机会公平，不仅要合理地平衡社会资源配置，最重要的是加强对公权力的监督和约束力度，严惩贪污腐败行为，使权力规范运行，保障群众的合法权益。二是司法不公严重冲击社会公平正义的最后防线。司法不公依然存在，并越来越受到公众关注。因为司法公正是保障社会公平正义的最后防线。如果司法这一道防线出现裂痕，将会对社会公平正义带来很大威胁。由于司法不公，会严重导致公民对法律产生怀疑与不尊重，必将阻碍国家建设进程。

"举直错诸枉，则民服；举枉错诸直，则民不服。"推进公正执法，必须保证司法机关依法独立行使职权，各级党组织和领导干部要立场明确坚决拥护，绝不容许利用职权之便干预司法。同时，司法人员要刚正不阿、敢于斗争，敢于依法排除来自司法机关内部和外部的干扰，对公正司法的底线坚守到底。

（三）全面依法治国需要培养和促进法治工作队伍的建设

全面依法治国切实加强了法治专门队伍和法律服务队伍建设，为中国特色社会主义法律体系提供坚实人才保障和物质条件。弘扬社会主义法治精神，增强全民法治观念，完善守法诚信褒奖机制的同时努力构建违法失信行为惩戒机制，让遵纪守法成为全体民众的自觉行为。习近平总书记强调，各级领导干部在推进依法治国方面肩负着重要责任。

第一，领导干部要做尊法学法守法用法的模范。领导干部具体行动与工作依法化的结果就是党领导立法、保证执法、支持司法、带头守法。如果他们的动作与行动不能依法要求，其余都是空谈。因此，领导干部要做尊法学法守法用法的模范，这是全面依法治国的关键所在。

领导干部带头敬畏法律，要把维护法律尊严当作捍卫党和人民共同意志尊严。宪法法律至上、法律面前人人平等、权由法定、权依法行使等基本法治观念必须被每个干部遵守，对于破坏法治的恶劣分子要依法抵制，斗争到底。领导干部应时时刻刻注重培养自己的法治素养，不断自我强化，严格要求。

领导干部要积极学习法律、运筹帷幄。守法用法的前提就是学法。领导干部要以身作则，认真学习好中国特色社会主义法治理论，学会处理法治问题的立场与方法。关键是学习宪法，同自己工作有关的法律法规。各级领导干部对于法律运用的尺度，做到心中有数，不能为所欲为。

领导干部要带头遵纪守法、捍卫法治。牢记法律的红线是不可触碰逾越的，带头树立法律意识，遵守法律，引导群众以法律的手段解决事情，法治思维、法治方式都应是领导干部带头树立的。党纪国法不是简单的摆设，违纪违法必须追究到底。

领导干部带头厉行法治、依法办事。领导干部不能简单地思想上崇拜认可，必须将这种意识转化为思维方式并且落实到行动中，领导干部必须做到在法治范围内想问题、做决策、办事情。党政主要负责人要时刻履行好推进法治建设第一责任人职责，统筹推进科学立法、严格执法、公正司法、全民守法。考察干部的其中一项标准应定为——能不能遵守法律、依法办事，素养好的优先提拔。

第二，全面依法治国就是要增强全民法治观念，加强法治工作队伍建设，推进法治社会建设。对于群众法治观念的增强应该从培养法治思维、弘扬法治精神、塑造法治信仰几个方面入手。

法治的力量来源于民众对法治的信仰和拥护。努力推进全社会树立法治意识、增强全民法治观念。带头帮助群众普及法律，用自己的行动与努力，增强群众对法律的认识，提升群众对法律的拥护与信仰，推动全社会树立法治意识，在全社会形成守法光荣、违法可耻的社会氛围，使尊法守法成为全体人民的共同追求和自觉行动。历史上，我国经历了漫长的封建社会，封建社会最根本的特征是人治，皇权高于国法，从统治者到普通百姓都没有树立起对法治的敬畏和遵从意识。这种传统意识至今仍有很大影响，并严重阻碍了法治建设进程，阻碍了依法治国目标的实现。民众法律观念的缺失表现在方方面面，例如，信关系不信法、闹访、权利义务观念淡薄等。增强全民法治观念，就是要使民众达到四种境界：自觉守法的境界，即法治信仰的建立，将法律精神与法律价值作为追求，对守法产生认同；不愿违法的境界，即公民对法律产生的尊敬与崇拜，是对守法的感性认识；不能违法的境界，即公民对法律制度的信任，对司法公正的认可，对法律责任和法律后果的确信，是对守法的自律和一般认同感；不敢违法的境界，即公民对法治权威的畏惧，对法律制裁的恐惧，是对守法的底线要求和被动性接受。现实中，人们触犯法律，锒铛入狱，被剥夺自由甚至生命，都是他们不敬畏法律、对法治的蔑视所造成的恶果。

增强全民法治观念要做到全民懂法。首先应该加强宣传教育的步伐，加快法治教育的渗透传递，作为一项长期工程，逐步纳入到教育体系以及精神文明建设中去，长期坚持。民众懂法守法是增强全民法治观念的前提。十八届四中全会《决定》指出："要坚持把全民普法和守法作为依法治国的长期基础性工作，深入开展法治宣传教育，引导全民自觉守法、遇事找法、解决问题靠法。"

法治宣传教育是全面推进依法治国的一项基础性工作。我们要认真实施普法规划，进一步以树立社会主义法治理念、弘扬社会主义法治精神为目标进行法治宣传教育，引导人民做社会主义法治的忠实崇尚者、自觉遵守者、坚定捍卫者。要把法治教育与法治实践结合起来具体研究，使立法工作、监督工作、行政执法、司法审判的过程融入宣传法律与弘扬法治精神的过程中去。使普通民众在每一次立法以及政府执法措施、司法机关案件审理过程中都感受到公平正义，确保法律面前人人平等。努力让自觉遵法、守法、用法成为公民的生活方式，让规则意识全面取代关系意识，为全面推进依法治国夯实群众基础。

对于中国的法治化建设我们必须坚持“四个自信”，即道路自信、理论自信、制度自信与文化自信，在我们党的正确领导下，既要坚定社会主义制度不动摇，又要对阻碍发挥社会主义制度优越性的不合理的社会制度和体制的弊端进行彻底改革。同时要不断扩大对外开放，积极吸收与借鉴世界人类法治文明发展的一切有益成果，科学地促进经济、政治、文化、社会、生态文明等国家各个方面制度的成熟与定型。全面推进依法治国，建设社会主义法治国家，必须形成全民崇法、全民守法的良好社会风气。只有广大公民信仰法治，使法治深植于我们民族的灵魂深处，才会赋予法治以强大的生命力，从而推动实现中华民族伟大复兴中国梦的进程。

三、全面依法治国是新时代中国特色社会主义的实施方略

全面依法治国是新时代中国特色社会主义的实施方略。深刻理解新时代坚持全面依法治国的重大意义，把握其根本要求，明确其着力点和创新处，才能更好地开展现代法治国家建设实践，为顺利有序推进党的十九大提出的各项事业提供法治保障，实现法治国家建设的战略目标。

（一）全面依法治国是党领导人民治理国家的基本方略

全面依法治国是党在新时代治理国家的基本方略。党的十九大报告指出，全面依法治国是新时代中国特色社会主义的实施方略。党高度重视全面依法治国，将其纳入“四个全面”战略布局大力推进，并指出实施全面依法治国基本方略是国家治理方式的一场深刻革命。这是关系到我们党和国家能否实现长治久安的重大战略问题，也是考验我们党执政能力的一个全局性问题。要促进我国经济的持续健康发展，开拓中国特色社会主义事业的光辉前景，实现中华民族的伟大复兴，完善中国特色社会主义制度，就必须全面推进依法治国。

第一，坚持党的领导是构建中国特色社会主义法治国家的根本保证。

十九大报告指出：建设中国特色社会主义法治体系，构建社会主义法治国家是新时代法治建设的总目标。① 党的领导是实现总目标的首要原则。该原则揭示了党的领导在依法治国中的重要地位。坚持党的领导，体现了法治建设的社会主义性质与方向。政治方向正确，才能确保我国法治建设符合人民群众的利益。法治中国建设的社会主义性质不能丢，法治中国建设的中国特色不能丢。在我国最根本的性质、最大的特色就是坚持党的领导。习近平总书记提出党的领导和社会主义法治具有统一性，即“党的领导和社会主义法治是一致的，社会主义法治必须坚持党的领导，党的领导必须依靠社会主义法治”②。这是对党领导依法治国、构建中国特色社会主义法治国家执政经验的客观总结。只有以法律为准绳、以法治为抓手，党的执政基础才会更牢固，党的壮大发展才会更坚实，党的领导才会更有力。唱响法治主旋律，推进法治新步伐，传播中国最强音，让这股正能量谱写依法治国的新蓝图。

第二，要逐步完善党领导人民依法治国的体制与机制。把党的领导落实到依法治国的整个过程与各个方面，是我国社会主义法治建设的一条基本经验。即应坚定不移地拥护党对法治建设的领导地位，完善党的领导方式，放大制度机制的优势，有效实现法治建设的引领作用，真正做到党科学地领导立法、保证执法、支持司法、带头守法。对此，习近平总书记就改善党对依法治国的领导在多处发表了多次讲话，强调“要不断加强和改善党对依法治国的领导，善于使党的主张通过法定程序成为国家意志，善于使党组织推荐的人选通过法定程序成为国家政权机关的领导人员，善于通过国家政权机关实施党对国家和社会的领导，善于运用民主集中制原则维护党和国家权威、维护全党全国团结统一”③，等等。这些重要论述，为完善党对依法治国的领

① 习近平：《决胜全面建成小康社会　夺取新时代中国特色社会主义伟大胜利——在中国共产党第十九次全国代表大会上的报告》，《人民日报》2017 年 10 月 28 日。

② 《中国共产党第十八届中央委员会第四次全体会议文件汇编》，人民出版社 2014 年版，第 79 页。

③ 习近平：《在庆祝全国人民代表大会成立 60 周年大会上的讲话》，《人民日报》2014 年 9 月 6 日。

导体制机制指明了方向，为把党的领导和依法治理有机紧密结合提供了重要遵循。

第三，要正确认识和处理党纪与法律的关系。厉行法治、尊重宪法和法律的权威是考验党执政能力和领导法治建设能力的重要标准。“打铁还需自身硬”，完善党对依法治国的领导除了体制机制建设之外，加强党的自身建设也同样重要。在党中央部署的全面从严治党战略布局中，明确提出要加强党纪党规建设。而针对党纪与法律的关系问题，习近平总书记进一步指出：“要正确处理党的政策和国家法律的关系。我们党的政策和国家法律都是人民根本意志的反映，在本质上是一致的。党既领导人民制定宪法法律，也领导人民执行宪法法律，做到党领导立法、保证执法、带头守法。”① 党的十八届四中全会把“形成完善的党内法规体系”作为中国特色社会主义法治体系的重要组成部分，明确了党规与国法的高度统一关系，以及党规在法治建设中的重要地位。因此，完善党对全面推进依法治国的领导，实现全面从严治党，就要正确处理好党规与国法之间的关系，实现二者的有效衔接和有机统一，共同服务于全面建成小康社会的奋斗目标。

第四，依宪治国与依宪执政是党领导人民依法治国的首要前提。宪法作为根本法，其权威地位与实施情况是检验一个国家法治水平的试金石。十三届全国人大一次会议第三次全体会议投票表决，通过了《中华人民共和国宪法修正案》，这充分表明了以习近平同志为核心的党中央坚持依宪治国、依宪执政的鲜明态度和坚定决心。正如习近平总书记在首都各界纪念现行宪法公布施行 30 周年大会上的讲话中指出：“全面贯彻实施宪法，是建设社会主义法治国家的首要任务和基础性工作。宪法是国家的根本法，是治国安邦的总章程，具有最高的法律地位、法律权威、法律效力，具有根本性、全局性、稳定性、长期性。”② 体现了党尊重宪法为根本大法的地位，同时提出“宪法的生命在于实施，宪法的权威也在于实施”这一重要命题，这是尊重

① 中共中央文献研究室：《习近平关于全面依法治国论述摘编》，中央文献出版社 2015 年版，第 20 页。

② 《十八大以来重要文献选编》（上），中央文献出版社 2014 年版，第 88 页。

宪法权威、落实宪法规定、贯彻宪法精神的积极信号。全面推进依法治国，必然把实施宪法作为首要前提。在谈到宪法与党的领导之间的关系时，习近平总书记从改进党的领导和执政方式的角度指出："依法治国，首先是依宪治国；依法执政，关键是依宪执政。新形势下，我们党要履行好执政兴国的重大职责，必须依据党章从严治党、依据宪法治国理政。"① 这是党的领导与执政方式法治化的必然要求，彰显了从严治党、依宪执政的坚强决心。

第五，要把依法治国的要求融入党的顶层设计与战略布局中。法治要面对社会现实问题，是国家发展和社会治理的综合反应；法治建设和发展不是凭空产生的，而要立足于基本国情，是本国基本制度的重要组成部分，为本国社会发展和人民福祉提供制度规范保障。习近平总书记在论述"四个全面"战略布局的逻辑关系时，将全面深化改革与全面推进依法治国喻为"鸟之两翼、车之两轮"，强调要为全面建成小康社会提供动力源泉与法治保障。因此，要在"四个全面"战略布局中深刻理解全面推进依法治国的重要价值，充分发挥法治在全面建成小康社会中的规范保障作用，使法治建设融入党的顶层设计与战略布局之中，实现"建设中国特色社会主义法治体系，建设社会主义法治国家"的依法治国总目标，并最终助力实现全面建成小康社会的伟大奋斗目标。

（二）全面依法治国是坚定不移走中国特色社会主义法治道路的必然要求

中国特色社会主义法治道路是从我国国情出发，在漫长的法治建设的探索中形成的法治道路。新中国成立以来，我国先后面临着"反封建""反极左"与"反西化"的思想斗争与政治斗争，这在同期世界各国的法治建设史上绝无仅有。经过多年不断地努力探索、建设和发展，一条适合中国的社会主义法治化道路已经基本形成，这具有重大的理论与实践意义。新时代，全面依法治国是促进社会主义法治国家建设的最新理论成果，是建设中国特

① 转引自《关于〈中共中央关于全面推进依法治国若干重大问题的决定〉的说明》，《人民日报》2014 年 10 月 29 日。

色社会主义法治道路的理论指南。

第一，必须坚持依法治国、依法执政、依法行政共同推进。依法治国、依法执政、依法行政是一个有机联系的整体，三者具有内涵的统一性、目标的一致性、成效的相关性。依法治国就是在党的领导下，将国家和社会生活的各个方面都纳入依法治国的轨道，崇尚宪法和法律的权威。依法治国的目的在于保证人民群众当家作主的权利。依法行政即坚持执政为民，为人民办实事、办好事，保证和维护人民群众的各项利益。依法执政、依法行政是依法治国的题中要义。必须按照习近平总书记的要求，紧抓重点领域和关键环节，坚持依法治国、依法执政、依法行政共同推进，为不断开创依法治国新局面作出贡献。

第二，必须坚持法治国家、法治政府、法治社会一体建设。习近平总书记多次强调要坚持法治国家、法治政府、法治社会一体建设，指出三者间的相互关系是："法治国家、法治政府、法治社会三者各有侧重、相辅相成，法治国家是法治建设的目标，法治政府是建设法治国家的主体，洁治社会是构筑法治国家的基础。"[①] 由此可见，法治是国家行驶在平稳发展轨道上的润滑油，也是推进社会健康发展的助力剂。在全面深化改革之际，国家亟须呼唤法治的完善，为改革保驾护航。法治国家、法治社会和法治政府三者相互补充，互相促进，"三位一体"同步发展，形成"一体两翼"的法治建设格局。

第三，必须坚持科学立法、严格执法、公正司法、全民守法协调发展。科学立法是全面推进依法治国的前提条件。新中国成立以来，党领导人民经过多年的法治建设，在社会生活的各个方面总体实现了有法可依，成效显著。但我国立法工作中仍然存在着种种不容忽视的问题。如：法律法规不能全面满足社会需求，部分法律法规可操作性、针对性较弱；存在部分法律制定不及时，出台后不能用、执行难等问题。要进一步推动科学立法，必须下力气着实解决上述问题。构建中国特色社会主义法治体系，应奉行立法先行的原则，提高立法质量，遵守立法为民、以民为本的科学理念，贯彻社会

① 《十九大以来重要文献选编》（上），中央文献出版社 2019 年版，第 622 页。

主义核心价值观，确保每一条法律法规都能够符合宪法精神、得到人民拥护、反映人民意志。要把公开、公平、公正的原则体现在立法过程的每一个环节，优化立法机制体制，遵循立、废、改、释并举，加强法律法规的针对性、科学性、有效性、系统性。严格执法是全面推进依法治国的关键环节。全面推进依法治国，必须严格执法。切实履行法律才能使法律的生命力延续。如果仅仅有法律的形式，而不实行法律或者实行的不到位，使得有法不依、执法不严、违法不究，那制定再多再好的法律也无济于事。现在，社会发展过程中的诸多矛盾，有的不是因为立法不够、规范无据，而是因为有法不依，致使法律失去规制乃至使得以权谋私、徇私舞弊、破坏法律权威的事情时有发生。为此就需要严格执法。这对推进我们国家治理能力和治理体系现代化、全面推进依法治国具有十分重要的意义。公正司法是全面推进依法治国的重要任务。衡量司法公正的标准，既要看裁、判是否符合法律规定，更要看裁、判是否符合公众的司法需求。为此，法院要开门纳谏，深入群众搞好调查研究，积极回应群众的期望和需求。司法工作要反映群众声音，做到对群众所深恶痛绝的事零容忍，对群众急需急盼的事零懈怠，切实做到让人民群众真正在每一个司法案件中感受到公平正义。全民守法是全面推进依法治国的基础工程。人民群众的正当权益要靠法律保障，法律的权威要靠人民来切实维护。弘扬社会主义法治精神，建立社会主义法治文化，调动全体成员厉行法治的主动性与积极性，逐步形成违法可耻、守法光荣的良好社会氛围，促使全体社会成员都成为社会主义法治的忠实崇尚者、自觉遵守者、坚定捍卫者，使学法、用法、尊法、爱法、护法自觉成为人民的价值追求。任何社会组织与个人都必须在宪法和法律规定的范围内活动，任何国家机关、社会组织与公民个人都应以宪法和法律规定为最高行为准则，遵守宪法和法律，承担相应的义务，行使相应的权利。领导干部应带头守法，依法办事。各级组织部门要把能不能遵守法律、依法办事作为考察提升干部的前提条件。各级法治部门应积极开展法治宣传活动，弘扬社会主义法治精神，引导全体社会成员遵守法律法规、依靠法律来解决实际问题，逐步形成守法光荣的社会氛围。坚持法治实践与法治教育相结合，提高社会管理法治化水平。我国法治化建设任重而道远，科普法律的任务还很繁重，但是前途一定是光明的。

必须坚持在法律面前人人平等的原则。法律面前人人平等，就是要认识到平等这一法治理念是我国社会主义法治体系的基本属性。从我国宪法法律的有关规定中可以看出，法律面前人人平等的含义概括起来包括三个方面：一是任何公民，不分民族、种族、性别、职业、家庭出身等，都一律平等地享有宪法和法律规定的各项权利，同时也必须平等地履行宪法和法律所规定的各项义务。二是在公民的一切合法权益都一律平等地受到保护的同时，任何人不论其地位多高、权力多大、身份多特殊，一旦违法犯罪都要毫不例外地受到法律的制裁。三是不允许任何公民享有法律以外的特权，任何人不得强迫任何公民承担法律以外的义务，不能使公民受到非法的惩罚。

必须坚持依法治国与以德治国的有机统一，依法治国与依规治党相结合。要坚持依法治国与以德治国的统一，应注意道德建设与法治建设相统一，自律与他律相结合，切实做到法治与德治相辅相成、互相促进。依法治国和以德治国相结合，不仅是现代国家社会治理的核心理念，而且是加快法治社会建设的必要环节。从某种程度上讲，法律与道德是一致的，法律是显性的道德，具有权威性、强制性，能规范社会成员的行为；道德是隐性的法律，不具有强制性，用其独特的说服力和劝导力来引导大众，提高大众的基本道德水平。在国家治理过程中，“硬件”是法治，“软件”是德治。法治德治相辅相成，共同推进社会进步。

法治中国的建设必须坚持从中国社会实际出发。选择什么性质的法治道路，建设什么类型的法治体系，这是基于国家的具体国情所决定的。改革开放之初，为改变当时我国社会法治观念不强、规范体系不完善的局面，一些学者积极学习国外法学知识和理论，在当时法治实践经验不足、法学理论积累还不充分的情况下，这种学习借鉴对于繁荣学术思想、活跃学术氛围、推动法治进步有一定的积极意义。但是，在法学知识更新、法学理论发展过程中也出现了一些偏差。有的人以同西方法学对话、进行学科知识重构的名义，试图用改革开放以来的法治建设成果和学术成就否定马克思主义法学的思想传统，主张照搬照抄某些西方的法学学术话语。有的人甚至认为马克思主义已经过时，否定马克思主义法学的基本观点，质疑马克思主义法学的指导地位，这是我们所摒弃的。国外法学话语并不是什么价值中立的真理，而是西方特定时期的学术理论，是建立在西方国家自身法治实践的基础上产生的。20 世纪以来，资本主义社会矛盾不断激化，为缓和社会矛盾、修正制度弊端，西方各种各样的学说都在开药方。这些缘自西方实践的法学理论无法解释人类整个历史，也不可能成为法学研究的普遍指导原则。没有科学的法学理论指引，就不会有科学合理的法治实践。如果不加以分析，把西方学术思想和学术方法奉为圭臬，囫囵吞枣、照搬照抄，那么，中国法学就没有独创性可言了，中国的法治实践就可能误入歧途。

全面依法治国，应基于我国具体的社会实际出发，与国家治理体系以及治理能力的现代化同步，要突出时代特色、中国特色与实践特色，既不能盲目求快，违背国情、只顾超越，也不能墨守成规，抱残守缺。习近平总书记指出，构建中国特色的哲学社会科学，要体现继承性、民族性；要善于运用马克思主义的思想文化资源、我国优秀传统文化资源、外国合理的社会科学资源，遵循不丢本来、借鉴外来、面向未来的原则。① 法律体系和法学理论都不是抽象的、从天而降的，而是与一定的社会发展状态相适应，必须扎根于一定的经济社会实践和历史传统。这是经济基础决定上层建筑的马克思主义基本观点。如果割裂传统与现实的继承发展关系，用照搬别人来重构自己的知识脉络和体系，法学学术就会越来越脱离中国法治发展的现实需要。如何在改革开放实践中以马克思主义为指导把法学研究不断推向前进，是法学学者的共同责任。中国是一个政治经济文化发展不平衡的大国。不同地区法治发展水平差距较大，各地法治实践差别明显，不同人群的法律诉求也存在差异。比如，适合于城市生活的法律条文，对于农村地区、民族地区的居民，其意义、影响、作用可能就会不同。

中国的法学研究要坚持为人民服务、为社会主义服务方向，坚持以马

① 《十八大以来重要文献选编》(下)，中央文献出版社 2018 年版，第 322—323 页。

克思主义法学思想和中国特色社会主义法治理论为指导，将马克思主义基本原理和立场、观点、方法贯穿其中。这其中尤为重要的一条就是坚持理论联系实际，从实际出发回答和解决中国社会不同地区发展、不同人群权益保护所面临的重大现实问题。在这个过程中，要继承发展优秀的法律思想传统，吸收国外法学的有益成果，不断推动马克思主义法学中国化，创造性地理解和诠释中国特色社会主义法治实践，实现法学的知识创新，构建中国特色社会主义法学理论和学术话语体系。坚持从我国社会实际出发，也不能错误地理解为闭门造法治，而应该是在实践的基础上坚持以我为主、为我所用原则，积极借鉴世界上其他优秀文明的法治建设成果。“全盘西化”“全面移植”“照搬照抄”等观念是错误的，不允许存在。我国具体的国情决定着建设法治道路以及法治体系的基本模式，应与国家的治理体系以及治理能力的发展相吻合，不能罔顾国情、墨守成规，必须突出中国特色、时代特色。坚持以我为主、为我所用的基本原则，取其精华、弃其糟粕，不能原版照搬。基于以上对中国特色社会主义法治道路的基本特征的分析得出：全面依法治国是新时代坚定不移地走中国特色社会主义法治道路的迫切要求。

（三）全面依法治国是法治中国建设的行动指南

全面依法治国是新时代法治中国建设的科学行动指南。以习近平同志为核心的党中央在治国理政的实践中，高度重视全面依法治国，将其纳入“四个全面”战略布局大力推进。全面依法治国为推动新时代治国理政提供了重要的思想理论基础和方向性指导，同时也为全面建成法治中国提供了科学指引。

第一，坚持全面依法治国是实现国家治理体系和治理能力现代化的重要内容。坚持全面依法治国基本方略的提出，意味着党和国家将全面依法治国作为国家治理领域的战略目标，意味着国家治理和社会治理的全面法治化。在理念上，坚持全面依法治国基本方略是通过国家顶层设计，全面厉行法治，从治理理论、治理目标、治理模式、治理制度等全方位推进。在内容上，坚持全面依法治国是国家治理经济生活、政治生活和社会生活，推动经济、政治、社会、文化和生态文明建设实现全领域覆盖的制度安排。在方式上，坚持全面依法治国是党依法执政、总揽全局、协调各方，对国家和社会实施系统治理、依法治理、综合治理的治国理政方略。坚持全面依法治国是国家治理现代化的主要内容，也是推进国家治理现代化的重要途径和基本方式，是实现国家治理现代化的重要保障。

坚持全面依法治国是建设现代法治国家的本质要求。首先，现代法治国家的本质是，在我国宪法和法律框架下，切实保障全体公民依法享有广泛权利，保障全体公民的人身权、财产权与其他基本政治权利不受侵犯，依法保证公民的经济、政治、文化、社会等各方面权利得到有效的落实。只有坚持全面依法治国，在经济、政治、文化、社会、生态文明等各领域全方位以法治的手段推进一体化建设，才能实现这个目标。其次，坚持全面依法治国是实现社会公平正义的必由之路。公平正义构成了衡量和评价社会文明进步程度的基本价值尺度，是现代法治国家的本质要求。人类社会追求公平正义的历史进程充分表明，法治发展对于维护和实现社会公平正义具有不可替代的重要功能。再次，坚持全面依法治国是实现“无法外特权”的重要保障。权力必须受到法律约束，任何情况下均不能存在法外特权，把权力关进法律和制度的笼子里，强化对权力的监督制约是现代法治国家的本质特征，也是全面依法治国的重要任务。

坚持全面依法治国，为推进人类社会法治文明进程提供中国方案。法治与现代化进程密切相关，人类文明进程中现代化与法治化密不可分。随着社会由传统向现代的转变，建设现代法治国家，实现法治现代化的要求更加迫切。全面依法治国方略坚持从中国具体国情出发，把握全面推进法治中国建设的内在规律，体现当代中国法治现代化的历史担当和使命，为世界文明社会法治现代化提供中国方案。

第二，新时代推进全面依法治国的历史使命。完善以宪法为核心的中国特色社会主义法律体系建设是新时代全面依法治国的重要内容。党的十九大报告提出，“推进科学立法、民主立法、依法立法，以良法促进发展、保障善治。”① 科学立法要求立法尊重法律发展的基本规律，体现立法技术的最新水平，保证立法符合法律的内在规律性。民主立法要求立法真正反映最广大人民群众的意愿和意志，最大程度保障社会公众有效参与立法的权利，增强立法程序的公开性、公正性。依法立法，是新的历史时期对立法工作提出的更高要求，是立法原则上的一大变化。依法立法要求立法遵守宪法等法律法规规定的基本程序和授权界限，依法履行法律法规赋予的立法职责。遵循科学立法、民主立法、依法立法，完善以宪法为核心的中国特色社会主义法律体系，是以良法促进发展、保障善治的根本前提，是新时代推进全面依法治国的重要任务和着力点。

建设法治政府，推进依法行政，严格规范公正文明执法。法治政府是现代政治文明的标志，深入推进依法行政是全面依法治国的主体工程和关键环节，严格执法是全面依法治国的重点。全面推进依法治国，重点在于通过严格执法保证宪法和法律的有效实施，做到有法必依、执法必严、违法必究。推进法治政府建设，需要在简政放权、优化服务等社会普遍关注的主要问题上不断深化改革，在依法行政上不断深入。各级政府要将权力清单、责任清单、负面清单制度建设进一步抓牢抓实，以新技术进一步推动服务便民利民、办事依法依规、信息开放透明、服务优质高效。进一步深化行政执法体制改革，不断创新行政执法方式，合理配置执法力量，探索执法新机制新方式，提高行政执法效能。

深化司法体制综合配套改革，全面落实司法责任制，努力让人民群众感受到公平正义。深化司法体制综合配套改革和全面落实司法责任制，是司法体制改革的重点和关键，要解决司法体制改革推进过程中的制约性、瓶颈性问题：完善相关配套措施，加强改革的系统性、联动性，通过司法职务序列管理、人财物统管、职业保障等方面健全配套，形成符合司法人员职业特点和发展规律的管理体制，维护司法人员的职业尊严和履职安全保障，优化

① 习近平：《决胜全面建成小康社会　夺取新时代中国特色社会主义伟大胜利——在中国共产党第十九次全国代表大会上的报告》，《人民日报》2017 年 10 月 28 日。

法治整体环境；进一步规范权力运行，深化司法绩效评价，提升案件办理质效，强调司法职权配置的合理化；积极运用现代科技，加快科技化、信息化建设，探索和促进司法体制改革与科学技术的深度融合，提升司法效率和司法公信力。

加大全民普法力度，建设社会主义法治文化。法治文化是一个社会的法律制度及其实践所具有的文化内涵，法治文化建设作为法治中国的重要组成部分，日益成为法治建设中的重中之重。坚持全面依法治国，要调动全社会的力量，不断完善机制、创新形式，着力建设法治文化，使法治信仰、法治观念、法治思维、法治习惯在全社会牢固树立起来。建设社会主义法治文化，需要大力弘扬法治精神，夯实法治宣传教育，在全社会增强尊法学法守法用法意识，努力形成守法光荣、违法可耻的社会氛围。

第三，深化依法治国实践是全面依法治国的新亮点和新举措。党的十九大报告提出，“成立中央全面依法治国领导小组，加强对法治中国建设的统一领导。”① 全面依法治国是涉及面十分广泛的系统工程，任务繁重，需要加强顶层设计，统筹推进。中央全面依法治国领导小组的成立，将提高全面依法治国战略的权威性和实效性，有助于实现依法治国与依法执政、依法行政的有机统一，促进党内法规体系与国家法治体系的协同发展；有利于加强依法治国战略举措的顶层设计，推动法治国家、法治政府、法治社会一体建设；有利于深化改革，破除阻碍法治建设深入推进的体制机制障碍，持续不断地推进依法治国建设。

加强宪法实施和监督，推进合宪性审查工作。合宪性审查是推进依宪治国、依宪执政、依宪行政的重要举措，是一种在宪法层面对法制体系进行优化的顶层制度设计。合宪性审查是一项专门性工作，必须由宪法和相关法律所规定的专门国家机关依法进行，保证合宪性审查活动自身的权威性和法律效力。广义的合宪性审查的对象涵盖了包括法律在内的规范性文件、国家

---

① 习近平：《决胜全面建成小康社会　夺取新时代中国特色社会主义伟大胜利——在中国共产党第十九次全国代表大会上的报告》，《人民日报》2017 年 10 月 28 日。

机关的行为、一些社会团体的行为等。推进合宪性审查要完善全国人大及其常委会宪法监督制度，健全宪法解释程序机制，加强备案审查制度和能力建设，强化合宪性审查在程式化、制度化方面的刚性要求。推进合宪性审查工作是深化依法治国实践的一项制度安排，将给社会带来深远影响。

推行监察体制改革，构建全面覆盖、权威高效的监督体系。党的十九大报告提出，要“深化国家监察体制改革”。深化国家监察体制改革，是加强我们党对反腐败斗争的统一领导，把党执纪与国家执法有机贯通起来，整合分散的反腐败力量。通过组织和制度创新，赋予监察机关职责权限和调查手段，这是一个全新的体制，是实现全面反腐制度化的具体举措。正在制定的国家监察法需要对监察的范围、留置的审批程序、使用条件、措施采取的时限等各方面作出严格的法律规定。这必将进一步推动反腐败工作法治化，体现党内监督和国家监督、依规治党和依法治国的有机统一。

第六章　全面从严治党：新时代中国特色社会主义创新发展的伟大工程

一个强有力的政党是中国改革走向成功的重要政治前提。2017 年 10 月 18 日，习近平总书记在党的十九大报告中明确指出："中国特色社会主义进入新时代，我们党一定要有新气象新作为。"① 以习近平同志为核心的党中央立足于国家改革发展的战略和全局高度，科学分析当今世界发展大势，总结从严治党的历史经验，准确把握中国特色社会主义发展的新历史方位，紧密结合中国共产党肩负的历史使命，针对管党治党中的现实矛盾和突出问题创造性地提出了一系列新思想、新理念和新论断，形成了内涵丰富、立意高远、逻辑严密的新时代全面从严治党战略部署。该部署对推进新时代全面从严治党向纵深发展作出顶层设计和规划，不仅进一步回答了"建设什么样的党、怎样建设党"这一历史性课题，丰富和发展了中国特色社会主义党建理论，而且创造性回答了"为什么要全面从严治党、怎样全面从严治党"的新的党建主题，推动了我们党对管党治党规律的认识达到新的高度，更为坚定不移地推进新时代全面从严治党向纵深发展指明了方向。

一、新时代全面从严治党的理论缘起

全面从严治党是中国共产党深刻总结自身建设历史经验的必然结果，是

① 习近平：《决胜全面建成小康社会　夺取新时代中国特色社会主义伟大胜利——在中国共产党第十九次全国代表大会上的报告》，《人民日报》2017 年 10 月 28 日。

中国共产党在新时代进行“具有许多新的历史特点的伟大斗争”的客观需要。

（一）从严管党治党是新时代全面从严治党的历史基因

在社会主义建设和改革进程中，中国共产党始终探寻传承性与创新性的内在逻辑，科学总结党的建设的历史经验，为新时代全面从严治党的提出奠定了历史基因。习近平总书记指出：“历史是最好的教科书。”① 中国共产党在重温历史中汲取营养，自身才能集聚能量，不断提高党的建设的科学化水平。中国共产党执政以来，从严治党是中国共产党加强自身建设的一贯要求和优良传统。新中国成立前夕，毛泽东告诫党员干部必须牢记“两个务必”，谨防“糖衣炮弹”的腐蚀。新中国成立初，针对部分党员干部存在的贪污、浪费、官僚主义现象，我们党开展了“三反”运动，纠思想、转作风成为该时期从严治党的重要着力点。十一届三中全会后，邓小平指出：“国要有国法，党要有党规党法。党章是最根本的党章党法。没有党规党法，国法就很难保障……维护党规党法，切实把我们的党风搞好。”② 他清醒地认识到党内法规制度在约束公权力方面发挥着根本性、全局性作用，重视党内法规制度规范成为该时期从严治党的重要途径。2001 年，江泽民强调，落实从严治党方针，必须开展“三讲”教育，“各级党组织必须对党员干部严格要求、严格教育、严格管理、严格监督”③，严格组织建设为从严治党注入了新内容。新世纪以来，以胡锦涛为总书记的党中央颁布了《建立健全教育、制度、监督并重的惩治和预防腐败体系实施纲要》，标志着反腐倡廉建设成为从严治党新的发展思路。中国特色社会主义进入新时代，习近平总书记再次重申从严治党方针，在党的十九大报告中鲜明指出：“从严管党治党，是我们党最鲜明的品格。”④ 并提出思想建党与制度治党紧密结合、依规

---

① 《历史是最好的教科书：学习习近平同志关于党的历史的重要论述》，中共党史出版社 2014 年版，第 1 页。

② 《邓小平文选》第二卷，人民出版社 1994 年版，第 147 页。

③ 《江泽民文选》第三卷，人民出版社 2006 年版，第 290 页。

④ 习近平：《决胜全面建成小康社会　夺取新时代中国特色社会主义伟大胜利——在中国共产党第十九次全国代表大会上的报告》，《人民日报》2017 年 10 月 28 日。

治党与以德治党有机统一、加强党内监督等举措，全面筑牢从严治党的政治根基。

纵观中国共产党从严治党的发展历程，在中国革命、建设、改革发展的一个相当长的历史时期内，依靠卓有成效的从严治党，我们党成功地把人民群众紧密团结在自己的周围，取得了一个又一个的伟大胜利。治国必先治党，治党务必从严，这是我们党宝贵的历史经验。抓住、抓好了从严治党，保持党的性质、本色和作风永远不变质，确保党的各项工作有正确方向，从根本上保证党对中国特色社会主义事业的绝对领导。因此，从严管党治党是中国共产党的历史传统和政治优势，是我们党提高自身凝聚力战斗力、始终保持工人阶级先锋队性质的重要措施，是贯穿于党的各项建设的中心环节，是我们党做好各项工作的前提和基础。中国共产党在长期执政实践中总结了诸多管党治党经验，如注重思想政治教育、党性意识锤炼、德才兼备的好干部、坚持理论联系实际的优良作风、严明党的纪律等等。适应党情、符合从严治党规律的宝贵经验，是中国共产党一以贯之的优良传统，为新时代全面从严治党积淀了深厚的历史基因。

（二）以自我革命精神化解“四大考验”“四种危险”是新时代全面从严治党的现实动因

中国特色社会主义进入新时代，中国共产党自觉把握党的执政使命与执政能力的内在逻辑，清晰认识到“打铁必须自身硬”的极端重要性，为新时代全面从严治党的提出创造了现实动因。党的十八大以来，习近平总书记陆续提出全面建成小康社会、全面深化改革、全面依法治国、中华民族伟大复兴的中国梦等重大战略部署。每个战略部署，都是继往开来、勇于创新的系统工程，是当前中国共产党肩负的繁重又艰巨的执政使命。全面建成小康社会进入决胜阶段，突破利益固化的藩篱，解决好弱势群体的利益问题，更好地保障和改善民生，促进社会公平正义，成为对党的科学执政能力提出的必然要求。全面深化改革进入了攻坚期和深水区，利益关系调整出现了“硬碰硬”必经阶段，深入探索和寻求一元主导和多元治理的关系、从管理模式向治理模式转变的新路径，成为对党的民主执政能力提出的现实要求。全面推进依法治国不仅需要法治观念的深入人心，而且需要完善法律体系予以制度保障，这都依赖于用党规党纪规范党员干部的执政行为，依规治党成为对党的依法执政能力提出的客观要求。时至今日，我们党带领全国各族人民前所未有地接近实现中华民族伟大复兴的目标，具备充足的能力和信心成为实现中国梦的前提条件。可见，党的执政使命对党的执政能力建设提出了新的历史要求，“从严治党的任务比以往任何时候都要更为繁重更为紧迫”。①

习近平总书记曾指出：“实现‘两个一百年’奋斗目标、实现中华民族伟大复兴的中国梦、统筹全面建成小康社会、全面深化改革、全面依法治国、全面从严治党，是前无古人的伟大事业，是艰巨繁重的系统工程，必须加强党中央的集中统一领导，以保证正确方向、形成强大合力。”②加强党的集中统一领导必须坚持全面从严治党思想管党治党。以扎实的打铁精神锻造出中国共产党的自身硬本领，着力提高中国共产党整体的执政能力，为推进“四个全面”战略布局、实现“两个一百年”奋斗目标及中国梦提供根本政治保障。可见，党的执政能力建设是顺利完成党的执政使命的重要前提。我们党开展了一系列加强党内教育的实践活动，如践行群众路线，倡导“三严三实”，推动“两学一做”，开展“不忘初心，牢记使命”主题教育活动等，但我们党面临的执政环境是复杂的，影响党的先进性、弱化党的纯洁性的因素也是复杂的，“四大考验”和“四种危险”将始终考验着我们党，党内存在的思想不纯、组织不纯等突出问题尚未得到根本解决，解决党自身存在的沉疴顽疾仅仅开了个头，反腐败压倒性态势虽已形成，一些党员干部理想信念宗旨“总开关”尚未拧紧，党内政治生活不健康状况没有彻底扭转，政治生态“污染源”还未根除，反腐败斗争形势依然严峻复杂，扰乱党内政治生

① 习近平：《全面贯彻落实党的十八大精神要突出抓好六个方面工作》，《求是》2013 年第 1 期。

② 《在十八届中央政治局常委会听取全国人大常委会、国务院、全国政协、最高人民法院、最高人民检察院党组工作汇报时的讲话》，《人民日报》2015 年 1 月 16 日。

活，侵蚀党内良好的政治生态，最终会影响党的整体执政能力发挥。没有坚强的党的执政能力，党的执政使命将失去自身的价值。中国共产党肩负的执政使命繁重且艰巨，在新时代进行着一场“具有许多新的历史特点的伟大斗争”，这需要坚强的执政能力做强大有力的支撑，但囿于当前我们党自身存在一些管党不力、治党不严问题，党的执政能力未能发挥出独特功能优势，也未能清醒地认识到“打铁必须自身硬”的极端重要性与必要性。全面从严治党是刀刃向内的自我革命，是镌刻在党的历史和共产党人血脉里的政治基因。我们党始终保持一种坚持自我审视、反躬自省的高度清醒，一种永不自满、永不懈怠的进取精神，一种全面从严治党的行动自觉。习近平总书记在党的十九大报告中强调：“全面从严治党永远在路上。”① 这表明全面从严治党没有休止符，只有进行时。面临严峻形势和挑战，全面从严治党没有退路，唯有背水一战、进攻向前、决不能停顿松懈。因而，全面从严治党是新时代党的建设的新常态，需要我们通过持之以恒地进行自我革命，化解“四大考验”“四种危险”，着力提高党的执政能力和领导水平。基于此，习近平总书记立足于完成党的执政使命、紧密围绕党的执政能力建设这一主线对党的自身建设与发展作出了全面从严治党重大战略布局，锻造中国特色社会主义事业的坚强领导核心。

二、新时代全面从严治党的理论创新

面对新时代新形势新挑战，习近平总书记科学研究全面从严治党的战略性、前瞻性问题，围绕着力提高党的长期执政能力和领导水平、增强党拒腐防变和抵御风险的能力的治党目标，针对新时代我们党在管党治党中所面临的新情况、新问题而提出了全面从严治党的新使命、新任务、新课题、新思路、新举措、新理念，不断推进新时代全面从严治党的理论创新。

① 习近平：《决胜全面建成小康社会　夺取新时代中国特色社会主义伟大胜利——在中国共产党第十九次全国代表大会上的报告》，《人民日报》2017 年 10 月 28 日。

（一）实现“四个伟大”是新时代全面从严治党的新使命

进行伟大斗争、建设伟大工程、推进伟大事业、实现伟大梦想，是新时代中国共产党举什么旗、走什么路、以什么样的精神状态、提供什么样的政治保障、担负什么样的历史使命、实现什么样的奋斗目标的系统总结，是制定新时代党的建设行动纲领的基本遵循。习近平总书记在党的十九大报告中明确强调：“中国特色社会主义进入新时代……党要团结带领人民进行伟大斗争、推进伟大事业、实现伟大梦想……毫不动摇把党建设得更加坚强有力。”[①] 同时要求“伟大斗争，伟大工程，伟大事业，伟大梦想，紧密联系、相互贯通、相互作用……凝聚起同心共筑中国梦的磅礴力量”[②]。这一重要论述清晰阐述了中国特色社会主义新时代赋予中国共产党的时代使命，深远谋划了国家和社会发展的战略走向，正式提出了中国共产党肩负实现“四个伟大”的使命担当。

伟大事业主要回答为夺取中国特色社会主义新的伟大胜利应举什么旗、走什么路的问题。中国共产党在执政过程中，关键是要推进党的事业。党的事业，概括起来主要是全面建成小康社会，进而通过中国特色社会主义来建设社会主义现代化强国，最终实现共产主义。从本质来讲，建设中国特色社会主义事业，就是用制度的现代化为物的现代化提供保障，用人的现代化为社会现代化开辟道路。伟大斗争主要回答为夺取中国特色社会主义新的伟大胜利应具有什么样的精神状态问题。我们党之所以提出“必须准备进行具有许多新的历史特点的伟大斗争”，主要是基于对我们党现阶段面临的一系列挑战的科学判断。当前，我们党面临一些国家打压的挑战、改革发展稳定遇到诸多难题的挑战、国外社会思潮对我国意识形态的挑战、民族分裂主义的挑战等，这些挑战的对象和形式全面多样，斗争形势严峻。这就要求我们要有良好的精神状态，进行好伟大斗争，而当前我们党所面临的新的伟大

---

① 习近平：《决胜全面建成小康社会　夺取新时代中国特色社会主义伟大胜利——在中国共产党第十九次全国代表大会上的报告》，《人民日报》2017 年 10 月 28 日。

② 习近平：《决胜全面建成小康社会　夺取新时代中国特色社会主义伟大胜利——在中国共产党第十九次全国代表大会上的报告》，《人民日报》2017 年 10 月 28 日。

斗争形式主要有：争夺资源、货币战争、争夺市场、意识形态斗争、领土争端、反腐败斗争、网络斗争、反民族分裂主义的斗争等，可以说，每一种斗争都事关党和国家的生死存亡。伟大梦想主要回答为夺取中国特色社会主义新的伟大胜利应担负什么样的历史使命、实现什么样的奋斗目标问题。我们推进中国特色社会主义伟大事业的目的归根结底是实现中华民族伟大复兴的梦想，这是近代以来中华儿女最伟大的梦想。实现中华民族伟大复兴的中国梦必须坚持和发展中国道路，积极参与全球治理，为人类对更好社会制度的探索提供中国方案。中国方案作为一种全新的现代化路径，打破了西方对现代化道路解释权的垄断，把世界现代化道路从“单选题”变成了“多选题”，是一种新的文明观。伟大工程是“四个伟大”中最核心、最重要的，它主要回答为夺取中国特色社会主义新的伟大胜利提供什么样的政治保障问题。在进行伟大斗争、建设伟大事业、实现伟大梦想的道路中，其中起决定性作用的是党的建设新的伟大工程。党的建设新的伟大工程，从本质来讲，这是一个牵头抓总、由谁来领导的大问题，从根本上决定着党的前途和命运，决定着中国的前途和命运，决定着中国人民的前途和命运。实践使我们越来越深刻地认识到，懈怠或削弱党的建设，就没有一个坚强的领导核心，实现“四个伟大”的使命担当将成为镜花水月。面对伟大斗争的严峻复杂局面，必须紧紧围绕伟大事业的任务和要求来建设伟大工程，使之成为伟大事业的领导核心；紧紧围绕伟大事业和伟大梦想开展伟大斗争，使伟大事业和伟大梦想成为伟大斗争的客观基础；紧紧围绕伟大斗争、伟大事业、伟大梦想推进伟大工程，进行党的先进性、纯洁性建设与执政能力建设，巩固党的执政地位。可见，伟大梦想需要伟大事业，伟大工程保障伟大事业，伟大工程离不开伟大斗争。这“四个伟大”不仅各有其独特内涵，而且是一个逻辑严密的有机整体，进而构成了当代中国最具时代特色的伟大实践。

从历史逻辑看，改革开放 40 年，中国共产党领导中国人民进行中国特色社会主义建设迈出的每一个步伐都行进在“四个伟大”的科学轨道中；从现实逻辑看，中国共产党进行治国理政的理论创新与实践发展始终遵循“四个伟大”的时空布局；从未来逻辑看，在谱写新时代中国特色社会主义新篇章的未来实践中，“四个伟大”这一时代使命具体指明了中国共产党砥砺前行的奋进方向，在党和国家的各项事业中发挥极为关键的引领功能。因此，推进“四个伟大”是坚持和发展中国特色社会主义的基本遵循，也是新时代全面从严治党创新发展的内在要求，必须以推进“四个伟大”作为新时代全面从严治党的战略定位，紧紧围绕它拓展新时代全面从严治党理论研究的新视野、新内涵，总结新时代全面从严治党实践发展的新要求、新概括。在中国特色社会主义新时代下，在中国由“大国”迈向“强国”的新的征程中，中国共产党如何在领导中国特色社会主义伟大事业中实现国家治理体系和治理能力现代化，如何在进行具有许多新的历史特点的伟大斗争中为国家长治久安、社会和谐稳定、人民幸福安康提供坚实的制度支撑，如何在共圆伟大梦想中为人类探索更美好的社会制度提供中国方案，这是将伟大斗争、伟大工程、伟大事业、伟大梦想置于伟大工程的实践中的深入思考和科学探索，是新时代中国共产党的使命担当，是新时代全面从严治党的战略定位。

（二）党的政治建设是新时代全面从严治党的新任务

党的政治建设范畴的提出，推动了全面从严治党总体布局的结构优化和形态跃升，成为全面从严治党理论与实践中最富有创新品质的全新命题。习近平总书记在党的十九大报告中首次正式提出：“党的政治建设是党的根本性建设，决定党的建设方向和效果。”① 政治属性是政党第一位的属性，旗帜鲜明讲政治是马克思主义政党的根本要求，是事关党和国家发展方向和进程的大问题。党的政治建设是党的思想工作、政治工作中最本质的部分，归根到底，是按照党的政治性质、政治纲领、政治路线、政治要求来管理全体党员，教育引导各级党员干部牢固树立正确的世界观、权力观、事业观，建设政治坚定、思想解放、作风务实的党组织。抓牢、抓好党的政治建设，保

① 习近平：《决胜全面建成小康社会　夺取新时代中国特色社会主义伟大胜利——在中国共产党第十九次全国代表大会上的报告》，《人民日报》2017 年 10 月 28 日。

持党的性质、本色和作风永远不变质，确保党的各项工作有正确方向，从根本上保证党对中国特色社会主义事业的坚强领导。

在我们党自身建设的持续探索历程中，旗帜鲜明讲政治的优良传统是一以贯之的。在新民主主义革命时期，毛泽东同志创造性地提出了推进“党内生活政治化”“革命的政治工作是革命军队的生命线”“政治工作是一切经济工作的生命线”等著名论断，为明确党的建设目标，提升党的领导力、战斗力和凝聚力奠定了坚实基础。新中国成立后，基于全新的政治环境的深入考量，毛泽东同志适时提出了“个人服从组织”“下级服从上级”和“全党服从中央”等政治建设原则，为克服党的组织涣散、纪律松弛等不良习气提供了基本遵循。改革开放以来，邓小平进一步重申了全体党员“讲政治”“守纪律”的极端重要性，强调加快推进中国特色社会主义现代化建设，全党必须遵守党的章程和纪律，“必须加强党中央的权威”，实现党和国家团结统一。习近平总书记曾振聋发聩地指出：“共产党不讲政治，还叫共产党吗?”① 并认为党的政治建设的根本任务是有效化解党的政治风险、统一党的政治方向、提升党的政治认同。在近百年波澜壮阔的历史征程中，我们党始终能够从容应对挑战、历经苦难而不衰、永葆党旺盛的生机与活力，引领党和国家各项事业不断从胜利走向新的胜利，其最核心最本质的一条就是，执着地为党的政治信仰、政治使命不懈奋斗。尽管以往我们并没有明确提出这一范畴，但其始终作为贯穿从严治党的灵魂存在。因此，党的政治建设在管党治党布局中居于核心统领地位，是贯穿于党的各项建设的中心环节，是党的生命线，是新时代全面从严治党的根本性建设。

在全面建成小康社会的决胜阶段，在夺取中国特色社会主义伟大胜利的新时代，党的政治建设被赋予了新的时代内涵和战略要求。加强和完善党的政治建设应该着力于以下三个方面：一是党的政治建设的核心要求是把党的政治建设摆在首位，充分发挥其在新时代全面从严治党中的统领功能。

① 《习近平关于党风廉政建设和反腐败斗争论述摘编》，中央文献出版社、中国方正出版社2015年版，第51页。

以党的政治建设为统领，发挥好党的政治建设的政治导向功能。建党近百年来，中国共产党始终旗帜鲜明地把共产主义作为崇高的政治信仰和最高的政治纲领。习近平新时代中国特色社会主义思想，是共产主义最高纲领在当代的实践产物。面对事关旗帜、道路、方向等原则性问题时，必须坚持习近平新时代中国特色社会主义思想的行动引领，从政治上考虑问题，敢于亮剑，这就是坚定了新时代共产党人的政治信仰，把准了党和国家发展的正确政治方向。二是党的政治建设的首要任务是坚决维护以习近平同志为核心的党中央权威和集中统一领导。管好9000多万党员，治理好460多万基层党组织，党的团结统一和集中领导尤为关键。一方面，遵守党的政治纪律和政治规矩。最根本的是将党的基本理论、基本路线、基本方略等必须遵守的规矩贯注于各级党组织和全体党员中，用铁的纪律维护党的团结统一。另一方面，牢固树立“四个意识”。在政治立场、政治方向、政治言论、政治行为上同党中央保持高度一致，坚决反对搞两面派、做“两面人”，保证全党服从以习近平同志为核心的党中央和集中统一领导，把对党忠诚、为党分忧、为党尽职作为根本的政治担当。三是党的政治建设的根本精髓是将忠诚老实、公道正派、实事求是、清正廉洁融入党的政治建设的价值观中。党的政治建设的价值观，彰显了中国共产党人的政治本色，反映了对党员干部在政治价值观层面上提出的更高层次的要求，其核心内涵是对党和人民的绝对忠诚，按规矩用权，以事实说话，以公心做事。开展党的政治价值观建设，形塑党员的政治意识，为维护中国特色社会主义事业的坚强领导核心提供思想政治保证。可见，加强党的政治建设，不仅在实践维度上指明了全面从严治党向纵深发展的发展方向和建设目标，而且在理论维度上深化了中国共产党自身建设规律的认识，这是对全面从严治党理论与实践布局的重大创新，也是对马克思主义政党建设史作出了突破性贡献。

（三）严肃和规范党内政治生活是新时代全面从严治党的新课题

规范党内政治生活、净化党内政治生态是实现全面从严治党、确保我们党形成强大的向心力的基本前提。党内政治生活是实现党员干部自我净化、永葆党的先进性和纯洁性的重要平台，是党风、政风、民风的集中反映，其直接影响党员干部的思想意识、价值取向及其行为方式。习近平总书记强调，面对“四大考验”“四种危险”新挑战，不有效开展秩序井然的党内政治生活，党就不能做到“打铁必须自身硬”，不能有效发挥党的领导核心作用。党的十八大以来，我们党开展了一系列整风肃纪的实践教育活动，如践行群众路线、倡导“三严三实”、推动“两学一做”、开展“不忘初心，牢记使命”主题教育活动，强化制度反腐，“四风”整治力度大，反腐成效显著，但树倒根存，部分党员干部依旧存在纪律规则意识薄弱、组织观念淡漠等思想问题，重工作业务轻组织生活、理论学习走过场、评功摆好、拉帮结派、投机钻营等党内政治生活形式化、庸俗化等不正常现象频发多发，管党治党“宽松软”问题依旧形势严峻。这严重破坏了党内民主，削减了党组织的凝聚力和战斗力，降低了党的肌体免疫力，直接扰乱了有序的党内政治生活，侵蚀了良好的党内政治生态，最终弱化了党的领导，全面从严治党不力。基于此，习近平总书记在党的十八届六中全会上指出：“严肃党内政治生活是全面从严治党的基础。……努力在全党形成又有集中又有民主、又有纪律又有自由、又有统一意志又有个人心情舒畅生动活泼的政治局面。”[①] 他在党的十九大报告中明确要求：“增强党内政治生活的政治性、时代性、原则性、战斗性，自觉抵制商品交换原则对党内生活的侵蚀，营造风清气正的良好政治生态。”[②] 一针见血地指出，严肃和规范党内政治生活，建设良好的政治生态，已成为新时代推进全面从严治党的重大战略课题。

严肃党内政治生活是推进新时代全面从严治党的基础性工作，其核心要求是将党内政治生活的基本要旨贯穿于党的思想、组织、作风、纪律、反腐倡廉、制度建设等建设中，在每个方面或环节中充分彰显党的政治建设的统领性，进一步明晰了加强和规范党内政治生活的主攻方向。思想建党方面，培养党员干部的角色意识。强化角色地位和角色行为的认知，加强理想

---

① 《十八届六中全会在京举行》，《人民日报》2016 年 10 月 28 日。

② 习近平：《决胜全面建成小康社会　夺取新时代中国特色社会主义伟大胜利——在中国共产党第十九次全国代表大会上的报告》，《人民日报》2017 年 10 月 28 日。

信念教育，引导党员干部牢固树立党的政治意识、大局意识、核心意识、看齐意识，全面贯彻执行党的基本路线，坚决维护党中央权威，自觉在思想上行动上同党中央保持高度一致；组织建设方面，建设团结和谐、民主活泼的党组织生活。坚持民主集中制原则，妥善处理党内关系，抓住领导干部这个"关键少数"，党员干部与党组织间形成一种良性的互动关系，创造团结和谐、民主活泼的党组织生活。作风建设方面，利用好党的优良作风武器，充分发扬密切联系群众、批评和自我批评的优良传统作风，以优良党风有效带动政风、民风，净化党内政治生态。纪律建设方面，严格尊崇党章，严明党的政治纪律和政治规矩，严格执行新的党内政治生活准则，强化刚性的政治约束力。反腐倡廉建设方面，完善党内监督体系。完善党内监督体制机制，加强组织监督力度，强化民主监督意识，坚持信任激励与严格监督相结合，建设一个"讲政治、讲原则、讲规矩"的政治生态。制度治党方面，建设内容科学、程序严密、运行有效的党内法规制度体系。完善以党章为根本的党内法规制度体系建设，注重党内法规和国家法律的协调与衔接，用严密、严厉的制度体系扎紧制度笼子，提升党内政治生活的制度化水平。习近平总书记清晰地提出了规范党内政治生活的基本要求和主要原则，这既是十八大以来全面从严治党经验的科学总结，也是新时代全面从严治党的根本遵循。

（四）思想建党和制度治党同向发力是全面从严治党的新思路

思想建党与制度治党同向发力是提升新时代全面从严治党制度化水平的关键环节，也是增强党科学执政能力的重要前提，是习近平总书记关于新时代党的制度建设提出的新思路。习近平总书记曾指出：从严治党"必须保持常抓的韧劲、长抓的耐心，在坚持中见常态，向制度建设要长效"①。形成自我净化、自我提升的自律机制，构建作风建设新常态，从严管理监督干部，

① 《习近平关于协调推进"四个全面"战略布局论述摘编》，中央文献出版社 2015 年版，第 146 页。

反腐力度不放松，都需要将党的制度建设融入党的其他各项建设中，严密的制度体系为新时代全面从严治党布局提供有效的制度保障。面对复杂多变的国际形势和艰巨繁重的国内改革发展任务，目前制度建设依旧面临着“破窗效应”风险，部分党员干部出现了本领恐慌、理想信念动摇、扎紧权力笼子的有效制度和机制仍不健全等问题，如何用制度有效管权治吏是我们党面临的一个重大课题。基于此，习近平总书记富于创新性地指出：“要使加强制度治党的过程成为加强思想建党的过程，也要使加强思想建党的过程成为制度治党的过程”①，首次提出思想建党与制度治党紧密结合，并在党的十九大报告中进一步要求：“思想建党和制度治党同向发力”②，这是以习近平同志为核心的党中央对新时代全面从严治党作出的新论断，是从严管党治党理论与实践问题的重大创新。

思想建党和制度治党是中国共产党把马克思主义建党学说与中国革命建设和改革相结合的伟大创造，思想建党是党的建设之源头，制度建党是党的建设之根本，两者在全面推进党的建设新的伟大工程中发挥着自己的独特功能和作用。重视思想上建党是中国共产党自身建设的鲜明特色和政治优势。在依次开展党的群众路线教育、“三严三实”专题教育、“两学一做”学习教育等党内教育中，以习近平同志为核心的党中央在党的十九大报告中提出了“不忘初心、牢记使命”主题教育，继续将思想建党摆在全面从严治党的关键位置，并在新时代创新地提出了理想信念教育是思想建党的战略任务，用思想教育祛除党员干部头脑中的污垢。与此同时，我们党也高度重视制度建设的极端重要性，并将其作为建立从严管党治党长效化机制的根本举措。自党的十三大提出加强党的制度建设后，制度建设成为从严管党治党的重要内容，新世纪新阶段将党的建设的制度化改革上升为新的伟大工程，十八大以来，习近平总书记充分认识到，党的制度是管根本的、全局的，把

---

① 习近平：《在党的群众路线教育实践活动总结大会上的讲话》，《人民日报》2014 年 10 月 9 日。

② 习近平：《决胜全面建成小康社会　夺取新时代中国特色社会主义伟大胜利——在中国共产党第十九次全国代表大会上的报告》，《人民日报》2017 年 10 月 28 日。

制度建设提升到制度治党的战略高度，并要求“扎牢制度篱笆，狠抓制度执行，真正让铁规发力、让禁令生威”①，用制度规范约束党员干部行使权力的界限。思想建党和制度治党都是对从严管党治党的重要规制方式，共同目标在于推进全面从严治党的科学化、制度化发展。

习近平总书记在党的十九大报告中提出把制度建设贯穿于从严管党治党的其他各项建设中，而思想建党和制度治党相结合，正是对这一思想的深入思考和有效探索。习近平总书记认为：“从严治党靠教育，也靠制度，二者一柔一刚，要同向发力、同时发力。”②这就要求理想信念教育的软约束与制度规范的硬约束相结合，既用理想信念教育祛除党员干部头脑中的“污垢”，也用制度规范约束党员干部行使权力的界限。习近平总书记认为，使思想建党与制度治党相互融通、互相促动，将成为最有效、最持久的制度建设新路径。一方面，思想建党与制度治党相互融合，把党的思想建设中的经验转化为科学的制度体系，化理想信念为制度目标、化宗旨观念为制度原则、化基本观点为制度内容，既使思想建设的制度化、规范化水平不断提升，又使用制度管权治吏获得广泛思想认同，增强制度治党的实效；另一方面，思想建党与制度治党相互促动，有了思想的价值引领，广大干部牢固树立法治意识、制度意识、纪律意识，形成崇尚制度威严的良好氛围，筑牢制度执行的思想根基，制度治党的“外律”作用更加有力；有了制度的有效执行，制度规范督促党员干部清晰判断行为价值，引导并树立正确的思想观念，为思想建设创造有效的党内环境和提供制度保障，思想建设的“内律”作用更加有效。可见，以思想建党和制度治党相结合为特色的党的制度建设是推进党建新格局发展的根本保障，以思想建党弥补制度治党的盲区，提升党员干部的制度意识，以制度治党促进思想建党的发展，强化党员干部的规则意识，以思想教育和制度部署的合力为思想建设、组织建设、作风建设、反腐倡廉建设提供根本的制度保障。

---

① 《习近平关于党风廉政建设和反腐败斗争论述摘编》，中央文献出版社、中国方正出版社2015年版，第127页。

② 《十八大以来重要文献选编》（中），中央文献出版社2016年版，第94页。

（五）依规治党是新时代全面从严治党的新方略

依据党规党纪管党治党是最有效、最持久的制度治党方式，是新时代推进全面从严治党向纵深发展的政治保障。新时代，我们党始终坚持“立规矩、正规矩、治规矩”基本原则，以集中整理、及时修订、创新制定等方式加强和完善党内法规制度体系，基本解决了党内治理的“有法可依”问题，党内法规建设取得显著成效。但是，党内法规建设中仍存在“失之于宽、失之于软”的问题，比如：体制机制建立了但还不够完善，权力运行仍存在监督漏洞、制度意识淡薄，致使部分党内法规空洞乏力，流于形式，实效性不佳，纪律松弛无力，党纪党规约束力弱化；纪律规矩意识淡薄，制度伦理建设滞后，制度执行力不够，党内法规权威性遭到挑战；部分条例、准则、规章等相互间缺乏良性互动配合，与国法衔接不顺畅，存在制度规范的盲区或重复地带等等，党内法规建设依旧面临着短板风险。如何用党规党纪更有效地管权治吏是我们党面临的又一个重大课题。

依规治党的核心是把权力关进党规党纪编制的制度笼子，重点是以完善的党内法规制度规范党组织运转、明晰党员权利义务、惩戒各类违规违纪行为，实质是将现代法治精神融入党组织运行体制机制，提升党民主执政、依法执政和科学执政能力，促使党内传统管理到党内科学治理的成功转型，实现用法治理念管党治党。习近平总书记指出：“我们这么大一个政党，靠什么来管好自己的队伍？靠什么来战胜风险挑战？除了正确理论和路线方针政策外，必须靠严明规范和纪律。”① 以习近平同志为核心的党中央深刻总结了党的十八大以来我们党在全面从严治党方面积累的丰富实践经验，在十九大顺利召开后，已形成了趋于成熟的从严管党治党理论体系，逐渐认识到依照党规党纪规范党内政治生活和加强党内监督的极端重要性，积极探索全面从严治党制度化、法治化、科学化的新道路。从强调“言出纪随”，到指出“党内法规是管党治党的重要依据”，到要求“严明政治纪律和政治规矩、纪

---

① 《习近平关于严明党的纪律和规矩论述摘编》，中央文献出版社、中国方正出版社 2016 年版，第 5 页。

严于法、把党的纪律和规矩挺在前面”，再到提出“加强党的纪律建设”，是习近平总书记关于新时代加强党内法规建设提出的新要求，贯彻其中的核心理念是依规治党。依规治党不仅要加强党内法规建设，更重要的是在法治理念下探索党内治理的有效路径。2018 年 3 月 11 日第十三届全国人民代表大会第一次会议通过的《中华人民共和国宪法修正案》，把党的十九大确定的重大理论观点和重大方针政策载入党和国家的根本大法，成为规范党员行为的根本遵循，为新时代党的一切工作提供了有力的宪法保障，充分彰显了用严密的党内规章制度加大对党员行为的规范化约束。可见，依规治党是在国家治理能力现代化背景下深入探究党内治理和党的建设制度改革的重要创新成果，是新时代全面从严治党的新方略。

在新时代坚持依规治党必须进一步厘清依规治党同依法治国的关系，必须实现依规治党与以德治党相结合，推进党内法规体系的科学化民主化法治化和协调化，提升党纪党规执行力。第一，坚持依规治党，必须处理好依规治党和依法治国的关系。一是党内法规与国家法律在适用范围、适用对象以及严格程度等方面呈现差异，国家法律是对全体公民提出要求，而党纪党规是对广大党员提出的要求和标准，纪在法前，纪严于法。在国家立法和党内法规建设中必须“坚持党的领导”和“党必须在宪法和法律的范围内活动”的基本原则。二是依法治国和依规治党都重视法治作用，具有较强的内在契合性。中国共产党是国家治理现代化的核心治理主体，依规治党管党的能力直接影响着国家治理现代化的实现，治党是治国的前提。全面依法治国强调加强法治国家、法治政府、法治社会的“三个一体建设”，是治党的目标和依据，是党领导人民治理国家的基本方略。依规治党和依法治国是相辅相成的促进关系。第二，坚持依规治党，必须实现依规治党与以德治党相结合。习近平总书记指出，“全面从严治党，既要注重规范惩戒、严明纪律底线，更要引导人向善向上，发挥理想信念和道德情操引领作用”①。“规”是对党员干部行为进行监督的强制性手段，“德”是党员干部对自身思想行为

① 《习近平关于全面从严治党论述摘编》，中央文献出版社 2016 年版，第 68 页。

的内省标准，这种治党方式兼具道德感召力和纪律约束力，坚持高标准和守底线相结合，才能达到内外兼修、标本兼治的效果。治国必先治党，治党方式、理念直接影响着治国的方向和思路。依规治党强调党的法治意识和依法执政能力，以德治党重视党的思想道德修养和道德教化能力。坚持依规治党与以德治党相结合，就是将法治思维、方式和道德教化贯穿于全面依法治国的全过程，使高尚道德成为全社会行为规范的根本遵循，为依法治国和以德治国提供坚强的政治保障，不仅对于规范党员干部思想行为实现了内在监督和外在监督的有效统一，而且道德教化可以形成党的统一意志，自觉遵守党规党纪能够严明党的纪律，在思想政治行动上与中央保持高度一致，整合全党奋发进取的强大力量。

（六）以人民为中心是新时代全面从严治党的新理念

以人民为中心是我们党进行自我革命的发展思想，也是我们党进行治国理政的执政理念，是对“为人民服务”根本宗旨的时代阐释。以人民为中心是中国共产党本质属性和根本宗旨的内在要求。中国共产党是中国工人阶级的先锋队，同时是中国人民和中华民族的先锋队，没有任何同工人阶级和最广大人民群众利益不同的利益，始终站在新的历史起点上代表人民利益，为人民谋利益，增进人民福祉。习近平总书记在党的十九大报告中明确指出：“中国共产党人的初心和使命，就是为中国人民谋幸福，为中华民族谋复兴。这个初心和使命是激励中国共产党人不断前进的根本动力。”① 紧接着，习近平总书记在十九届中共中央政治局常委同中外记者见面时的讲话中强调：“历史是人民书写的，一切成就归功于人民。只要我们深深扎根人民、紧紧依靠人民，就可以获得无穷的力量，风雨无阻，奋勇向前。”② 旗帜鲜明地宣告了中国共产党人的根本政治立场和力量源泉。同时，以人民为中心也

① 习近平：《决胜全面建成小康社会　夺取新时代中国特色社会主义伟大胜利——在中国共产党第十九次全国代表大会上的报告》，《人民日报》2017 年 10 月 28 日。

② 《新时代要有新气象更要有新作为　中国人民生活一定会一年更比一年好》，《人民日报》2017 年 10 月 26 日。

是检验新时代全面从严治党实效性的根本遵循。全面从严治党成效如何，归根到底要紧紧抓住人民群众关注的问题和反映强烈的问题，要以人民群众的认可度和满意度为评判尺度，要落脚到人民群众对党的信任和支持上，这是中国共产党执政的合法性前提和基础。在勾勒全面从严治党战略擘画中，管党治党必须强调"把人民利益摆在至高无上的地位"的根本要求，重视"党的一切工作必须以最广大人民根本利益为最高标准"基本原则，激发"人民的主体意识和首创精神"磅礴伟力，坚守"人民对美好生活的向往"奋斗目标，锻造一支"为中国人民谋幸福"的马克思主义执政党。这都充分展现了以人民为中心成为新时代全面从严治党的重要价值引领。

习近平总书记指出："以人民为中心的发展思想，不是一个抽象的、玄奥的概念，不能只停留在口头上、止步于思想环节，而要体现在经济社会发展各个环节。"① 因而，新时代全面从严治党实践必然要求我们党必须把以人民为中心的价值理念贯彻到管党治党的全部活动中，实现党性和人民性相统一、执政和为民相统一。第一，秉持以人民为中心的政绩观，提升人民群众获得感、幸福感和安全感。公正地协调不同利益群体间关系，实现发展成果人民共享，成为我们共产党员树立正确政绩观的基本要求。一方面，强化公平正义意识，合理制定政策。保障人民群众的根本权益，全体党员必须强化公平正义意识，加强政策前的沟通交流，尽最大能力兼顾不同利益相关者的诉求；在制定政策和履行职责时矢志不渝地坚守公平正义的工作信条，不徇私枉法，不暗箱操作，公开透明，办事公道。另一方面，坚持共享原则，保障执行公平。建立完善的利益表达、监督、分配和协商机制，搭建利益沟通对话平台，坚持发展成果人民共享，让人民群众合法获得自己应有份额，保障政策执行中的公平正义。第二，健全人民当家作主的制度体系，彰显人民的主体地位和主体意识。反映人民群众的意愿诉求，维护人民群众的根本利益，激发人民群众的创造活力，关键是要用科学的制度体系保障人民群众依法享有广泛的民主权利。一方面，完善以加强民主集中制和党内监督为重点

---

① 《习近平谈治国理政》第二卷，外文出版社 2017 年版，第 213—214 页。

的党内治理体系建设，强化对党员干部进行党内民主和人民民主教育，既保障党员干部的主体地位和民主权利，也增强党员干部的民主意识和主体素质，使党员干部手中的权力“不走样”，以党内民主的制度化、规范化发展逐步带动和推进人民民主有序发展。另一方面，健全社会主义协商民主制度建设，增强我们党进行社会主义协商民主的意识和能力，优化党际协商民主关系和功能，形成公民进行政治参与、利益诉求、民意表达的制度程序和参与实践，保障人民群众政治参与的民主权利。新时代全面从严治党的重要使命在于锻造一支以人民为中心的党员干部队伍，始终把人民群众的根本利益放在首位，从思想认识、情感体验、治国理政中真正把人民群众当作主人。同时，按照全社会的意愿和要求推进全面从严治党向纵深发展，使得其在人民群众中汲取更雄厚的力量支撑。因此，我们党与人民群众同呼吸、共命运，深刻彰显出新时代全面从严治党深厚的人民情怀。

三、新时代全面从严治党的系统布局

习近平总书记在党的十九大报告中指出：“全面推进党的政治建设、思想建设、组织建设、作风建设、纪律建设，把制度建设贯穿其中，深入推进反腐败斗争。”① 以习近平同志为核心的党中央针对近年来管党治党发现的突出问题，抓住党内政治生活不严肃不健康这个总根源，创新性地提出全面推进以政治建设为统领、思想建设为根本、作风建设为切入点、组织建设为重点、纪律建设为保障、制度建设贯穿其中、深入推进反腐败斗争的党建总体布局，对原有的党建布局进行了充实和调整。总体来讲，比较之前的“五位一体”从严治党布局，新的变化体现在，把政治建设和纪律建设纳入这一布局，强调政治建设的统领地位，注重纪律建设的保障功能，明确思想建设的基础性作用，以反腐败斗争取代反腐倡廉建设，将之前处于并列关系的制度

① 习近平：《决胜全面建成小康社会　夺取新时代中国特色社会主义伟大胜利——在中国共产党第十九次全国代表大会上的报告》，《人民日报》2017 年 10 月 28 日。

建设改为制度建设贯穿于其他建设中，更加体现了制度治党的重要性，也是对十八大以来党内法规体系建设的回应。科学系统地充实并调整新时代全面从严治党总体布局，充分体现了新时代全面从严治党的新理念新战略和新实践，是党的十九大对新时代全面从严治党的实践创新和理论创新成果。

（一）以政治建设为统领，要求把党的政治建设摆在全面从严治党的首位

充分发挥党的政治建设在新时代党的建设中的统领功能，需要从政治信仰、政治立场、政治原则三个方面入手，不断提高其政治觉悟和政治能力。一是坚定政治信仰，把准政治方向。政治信仰是加强党的政治建设的目标和方向。中国共产党自 1921 年成立以来，就旗帜鲜明地把共产主义作为最高政治纲领。党的十九大根据新的时代和新的发展阶段性特征，我们党形成了新时代治国理政的“八个明确”和“十四条基本方略”，这是共产主义最高纲领在当代的理论形态和实践产物。唯有坚定不移地贯彻落实好“八个明确”和“十四条基本方略”，持之以恒地坚持“四个自信”，毫不动摇坚定社会主义的旗帜和道路，才能坚守共产党人的政治信仰，把准政治方向，不断从胜利走向新的胜利。二是站稳政治立场，牢记宗旨意识。一切为了人民、一切依靠人民是习近平总书记推进新时代党的政治建设的根本取向和根本保证，也是中国共产党同西方资产阶级政党在政治建设层面上内在的本质性区别。牢牢把握人民群众对美好生活的向往是我们党对根本政治立场的郑重宣誓，体现了全心全意为人民服务的根本宗旨。唯有始终坚持“民心是最大的政治”这一根本立场，从根本上打破党内存在的个人主义、分散主义、圈子文化和码头文化等的不良侵蚀，同党中央坚持全心全意为人民服务的根本宗旨保持一致，才能使我们党在政治上始终先进、成熟和坚强。三是恪守政治原则，坚守政治底线。这一要求的关键在于提升全党的政治能力，其核心表现在面对风险挑战、复杂局面之时，面对错误思潮、错误言论、错误行为时，面对事关旗帜、道路这一根本原则性问题时，能够从政治上考虑问题，敢于斗争、敢于亮剑、敢于碰硬。

（二）以思想建设为基础，要求用习近平新时代中国特色社会主义思想武装全党

思想建党是净化党员干部政治灵魂的重要方式，是保持党员干部思想纯洁性、先进性的根本保证。习近平总书记认为，“练就‘金刚不坏之身’，着力从思想上建党，必须用科学理论武装头脑，不断培植我们的精神家园”[①]。理论学习的新要求在于广大党员、干部特别是高级干部运用好马克思主义哲学思想武器把党的理论创新成果学习好、领会好、贯彻落实好，同时，必须自觉抓好学习、增强党性修养。[②]习近平新时代中国特色社会主义思想是马克思主义中国化的最新成果，是全党必须长期坚持的指导思想，是新时代共产党人的精神支柱。新时代条件下抓好思想建设的首要任务，就是要自觉用习近平新时代中国特色社会主义思想武装头脑、指导实践、推动工作。通过推进“两学一做”学习教育常态化制度化，开展好“不忘初心、牢记使命”主题教育等形式组织广大党员深入学习领会习近平新时代中国特色社会主义思想的时代背景、历史地位、科学体系、精神实质和实践要求，自觉做习近平新时代中国特色社会主义思想的忠实践行者，进而坚定对共产主义远大理想和中国特色社会主义共同理想的信仰，解决好共产党人的世界观、人生观、价值观这个“总开关”问题。

（三）以组织建设为重点，要求建设高素质专业化干部队伍

组织建设是培养执政骨干力量的主要途径，是提升党员干部执政能力的重要平台。党员干部是党的思想、作风、反腐倡廉、制度建设的重要推动者和建设对象，其素养的高低直接影响党员队伍建设的成效，其领导能力的强弱直接决定党的建设新的伟大工程的成败，是牵动党建格局的关键环节。习近平总书记指出，新时代进行具有许多新的历史特点的伟大斗争，关键在党，关键在人。关键在人，就是要建设一支宏大的高素质干部队伍。首先，

---

① 中共中央宣传部：《习近平总书记系列重要讲话读本》，学习出版社、人民出版社 2016 年版，第 108 页。

② 《关于新形势下党内政治生活的若干准则》，《人民日报》2016 年 10 月 27 日。

突出政治标准。突出政治标准就是提拔使用干部首先要看干部的“四个意识”和“四个自信”是否牢固，是不是能够坚决做到向党中央看齐，坚决全面贯彻执行党的路线方针政策。其次，培养干部的专业精神和专业能力。党和国家的事业越是向前发展，越是需要专业能力过硬的干部，才能更好地推进国家治理体系和治理能力现代化，更好地服务中国特色社会主义建设。新时代背景下，要更加注重培养干部应对政治、经济、文化、社会等各个领域新的风险挑战本领，增强知识储备，优化队伍结构。最后，大力培养储备年轻干部。要将在基层一线、艰苦地区工作作为培养锻炼年轻干部的重要举措，通过在基层一线担任第一书记、参与扶贫攻坚等方式全方位地锻炼年轻干部的党性和能力素质，给党的干部队伍源源不断输送新鲜血液。

（四）以作风建设为着力点，要求构建作风建设长效机制

作风建设是重塑党的执政形象的主要方式，是加强党的民主执政能力的重要途径。作为中国特色社会主义事业的领航者的中国共产党，长期执政极易产生疲劳、倦怠，容易滋生不良习气，进而演化成一些不正之风，可能诱发各类腐败，严重抹黑党的形象。与此同时，不良作风具有顽固性、反复性等弊端，“像割韭菜一样，割了一茬长一茬”①，纠正“四风”问题面临巨大的反弹压力。习近平总书记认为：“如果不坚决纠正不良风气，任其发展下去，就会像一座无形的墙把我们党和人民群众隔开，我们党就会失去根基、失去血脉、失去力量。”② 党的作风反映了党在执政过程中的政治立场、精神风貌及行为方式，展现了党在群众中的执政形象，影响着党的执政基础和执政能力。作风建设的长效机制主要蕴含两层含义，一是展现优良作风的新风貌，强调作风建设的新目标，既要求坚持与发扬党的优良传统作风，如：批评与自我批评方法、艰苦奋斗精神、实事求是态度等，又提出新时代作风的新要求，如：“为民务实清廉干部准则”“改革创新意识”“敢于担当

---

① 《十八大以来重要文献选编》（中），中央文献出版社 2016 年版，第 99 页。

② 《习近平关于党风廉政建设和反腐败斗争论述摘编》，中央文献出版社、中国方正出版社 2015 年版，第 5—6 页。

责任”等。二是改进作风体现常态化，注重抓作风的方式，强调作风的建设手段，要求把作风建设融入党员干部的日常工作和生活中并转化为务实管用的制度机制，保障作风建设建立长效机制。党的作风直接反映了党在人民群众中的形象，构建作风建设长效机制的核心问题是树立“以民为本”的政绩观、权力观，始终保持党同人民群众的血肉联系。同时，建立健全组织领导机制、教育引导机制、监督制约机制、权力运行机制、激励惩处机制等科学化的长效机制，确保作风建设的长期性和实效性。

（五）以纪律建设为保障，要求把党的纪律和规矩挺起来

全面从严治党的核心是加强党的领导，需要纪律建设做根本保障。加强党的领导，既要靠路线这个“王道”来凝聚人心、汇聚力量，也要靠纪律这个“霸道”来管住党员、管好队伍。可见，纪律建设是全面从严治党的治本之策，这要求用纪律这个“重器”管思想、强组织、抓作风、反腐败、建制度，为其他各项建设提供规范和保障。从理念上看，纪律建设已经成为管党治党建设党的重要支撑；从内容上看，把散见在思想建设、组织建设、作风建设、反腐倡廉建设、制度建设中的纪律要求整合起来，形成了包括政治纪律、组织纪律、廉洁纪律、群众纪律、工作纪律、生活纪律在内的新的纪律体系；从制度上看，修订《中国共产党廉洁自律准则》《中国共产党纪律处分条例》和《中国共产党巡视工作条例》等，构筑反腐倡廉建设制度体系；从机制上看，强化纪委作为党内监督专门机关的职责定位，提出党委负党风廉政建设主体责任、纪委负监督责任，深化纪律检查体制改革，提出“两个为主”，完善巡视制度，加强派驻机构等等。

（六）制度建设贯穿其中，要求制度建设作为一条主线贯穿始终

进入新时代，党的建设也面临着新情况、新挑战，特别在应对“四大考验”“四种危险”，根除党内存在的思想不纯、组织不纯、作风不纯等突出问题过程中，还有很多“险滩”要涉、“坚冰”要破、“堡垒”要攻，只有把制度建设贯穿于党的建设全过程和各方面，才能稳扎稳打、步步为营，不断

巩固提升前期既有成果，才能釜底抽薪、拔本塞源，对一些沉疴痼疾实现彻底整治，推动全面从严治党向纵深发展。深化制度建设，首先要扎紧制度笼子，哪个地方有漏洞就重点修补哪个，哪个环节薄弱就重点加强哪个，不断细化制度设计，延伸制度触角，消除制度盲区，防止出现“牛栏关猫”“竹篮装沙”现象。关键要提高制度水准，牢固坚持问题导向、需求导向，注重调查研究、斟酌推敲，反对闭门造车、大而化之，确保出台的制度于法周延、于事简便，科学性、针对性、操作性较强。同时，定期开展制度清理，解决好党内法规制度中存在的“上下打架”“左右掣肘”“前后冲突”等问题。根本要强化制度执行，坚持制度前面人人平等，不以权势大而破规，不以问题小而姑息，不以违者众而放任，不留“暗门”，不开“天窗”，不搞“下不为例”，使制度真正成为一道不可触碰的“高压线”。

（七）深入推进反腐败斗争，要求形成党和国家监督新体系

我们应该更加清醒地认识到，要解决腐败问题不能出现一丝的懈怠和松劲，否则不良风气的反弹会带来更加严重的后果。当前，反腐败斗争形势依然严峻复杂，夺取反腐败斗争的压倒性胜利，一要健全惩治和预防腐败体系。建立覆盖市县党委的巡察制度，推进巡视这一党内监督利器向基层延伸和拓展，更好地督促市县党委落实管党治党责任。推进反腐败国家立法，建设覆盖纪检监察系统的检举举报平台，进一步提高反腐败法律的系统性、整体性，彰显党的反腐败决心，进一步强化不敢腐的震慑，扎牢不能腐的笼子，增强不想腐的自觉。二要拓展监督渠道。要加强人民监督，在强化党内组织监督、民主监督、相互监督和日常管理监督的基础上，让广大人民群众参与到对党的监督中，让人民赋予的权力在阳光下运行。要深化政治巡视，建设巡视巡察上下联动的监督网，使党内监督没有例外、不留空白。三要深化国家监察体制改革。通过组建国家、省、市、县监察委员会，实现对所有行使公权力的公职人员监察全覆盖。制定国家监察法，依法赋予监察委员会职责权限和调查手段，实现党领导的党内监督和国家监督、党的纪律检查和国家监察、依规治党和依法治国的有机统一，确保监察体系听党指挥、全面

覆盖、权威高效，确保反腐败的力量更加集中、覆盖面更加广。

以政治建设统领新时代全面从严治党向纵深发展，以思想建党促进作风进一步转变，以作风建设打造廉洁公正的高素质干部队伍，以组织建设净化反腐倡廉的政治生态，以反腐倡廉建设促使制度笼子扎紧，以制度治党推动政治、思想、组织、作风、纪律、反腐倡廉建设的制度化、科学化、常态化发展，增强新时代全面从严治党系统性、创造性和实效性。从严管党治党的七个方面彼此互相关联、协同配合、整体推进，形成强大合力永葆党员干部的先进性和纯洁性，提升党的长期执政能力和领导水平，有效增强新时代全面从严治党的系统性、创造性和实效性。

四、新时代全面从严治党的战略价值

新时代全面从严治党是以习近平同志为核心的党中央在科学分析新时代中国共产党从严管党治党的基本态势，针对新时代党内治理所面临的新情况、新问题，围绕加强党的长期执政能力建设、先进性建设和纯洁性建设，科学把握从严治党规律的基础上作出的重大战略部署，其丰富的理论成果，对于建构中国化马克思主义党建理论体系、锻造坚强的领导核心、协调推进“四个全面”战略布局、实现中华民族伟大复兴中国梦都具有重大理论意义和实践价值。

（一）推动中国化的马克思主义党建理论体系的科学建构

中国共产党作为马克思主义政党的一个突出优势就在于，它不是从抽象的思辨王国中反观自身、塑造自身，而是从现实具体的活动中来锻造自我、提升自我。全面从严治党是新时代党的建设的实践发展形态，全面从严治党的提出和落实标志着中国化马克思主义党建理论的发展进入新境界。

第一，新时代全面从严治党为中国化的马克思主义党建理论体系提供了新的生长点。党的建设和全面从严治党两者既有区别，也有联系。二者相同之处在于通过“找回自我”“塑造自我”提高自身生机与活力，领导国家、社会完成执政使命，具有根本目标的一致性。但是，党的建设，是由党的先进性、纯洁性本质要求和党的初心使命决定的，是以提升党的执政能力为核心任务。自建党以来，党的建设一直成为我们党的一项重要工作，是我们党的永恒话题，突显建设的长期性、发展性、历史性，而全面从严治党，是针对新时代世情国情党情对我们党的考验和挑战而提出的，是以党自身亟待解决的问题为核心任务，中国特色社会主义进入新时代，党的执政风险对党的执政安全造成了严峻挑战，突显党内治理的时代性、紧迫性和现实性。从严治吏、正风肃纪、反腐惩恶、依规治党、以德治党、制度治党，都突显"治"的重要性，"治"的主体和对象都是各级党组织和全体党员，解决的核心问题是通过全面从严的党内治理，优化党内组织结构，科学合理地发挥公权力的功能作用，根本来讲，是制约公权力的问题。全面从严治党立足于党治国理政及党内存在的现实问题，有利于探寻总体布局、协同共治的管党治党新模式，它不仅将党的建设理论融合到管党治党具体行动中，而且使党的建设的实践向管党治党的方向转化，为中国化马克思主义党的建设的理论和实践创新提供了新的视野与角度。

第二，新时代全面从严治党推动了中国化的马克思主义党建理论体系的基本逻辑建构。我们党始终围绕全面、从严管党治党为主线加强自身建设，加强了对党的建设规律的认识与深化。从理论逻辑起点讲，在思想从严上突显理想信念教育，筑牢共产党人的精神支柱，作风从严上强化在党内政治生活中倡导实事求是的工作原则和态度，并且将其渗透进新时代全面从严治党的各方面各环节。树立了实事求是的根本工作态度，坚定了社会主义信念和共产主义理想，在继承创新中坚持和发展了马克思主义，深化了对中国化的马克思主义党建理论体系逻辑起点的认识。从理论主题讲，新时代全面从严治党主要回答了"为什么要全面从严治党、怎样全面从严治党"的理论与实践问题，主要涉及管党治党目标范畴，实质是对"建设什么样的党，怎样建设党"党建基本规律的进一步深层次回答。从价值理念讲，在新时代全面从严治党战略擘画，管党治党强调"把人民利益摆在至高无上的地位"的根本要求，重视"党的一切工作必须以最广大人民根本利益为最高标准"的基本原则，激发“人民的主体意识和首创精神”的磅礴伟力，坚守“人民对美好生活的向往”的奋斗目标，锻造一支“为中国人民谋幸福”的马克思主义执政党，彻底的人民立场，以人的主体性地位的确立及实现人的自由而全面的发展为其逻辑旨趣，为中国化的马克思主义党建理论体系奠定了根本价值引领。从总体布局来讲，新时代全面从严治党紧紧围绕党员干部的思想、组织、作风、反腐倡廉、制度建设等方面存在的问题进行具体战略部署，涵盖了党的政治建设、思想建设、组织建设、作风建设、反腐倡廉建设和制度治党的总体布局，就各领域党的建设问题都进行详细的部署与安排，提出了以党的政治建设为统领、理想信念教育、从严治吏、严肃党内政治生活、纪律建设、思想建党与制度治党紧密结合，依规治党、制度治党贯穿于党的其他建设等新理念、新论断，进一步深化和拓展了党的建设总体布局的理论与实践发展，推动了新时代党的建设布局的体系优化和架构跃升，为中国化的马克思主义党建理论体系搭建了总体的理论构架。

（二）锻造中国特色社会主义事业的坚强领导核心

新时代国家的繁荣富强和中华民族的复兴腾飞必须拥有一个主心骨，必须有一个坚强的领导核心带领中国人民披荆斩棘、砥砺前行。中国共产党就是这个坚强的主心骨，是国家和社会走向现代化的领导核心。新时代全面从严治党，不仅要求认真贯彻执行党的各项政策、方针及路线，坚决根除党内存在的各种复杂问题，更要求中国共产党在中国特色社会主义伟大事业征程中变得更成熟、更睿智、更具战斗力、凝聚力、引领力，把中国共产党打造成为中国特色社会主义事业的坚强领导核心。

第一，新时代全面从严治党提出了锻造坚强领导核心的基本原则。针对新时代党的领导在某些方面或领域存在被忽视或弱化问题，习近平总书记在党的十九大报告中提出了“坚持党对一切工作的领导”① 的基本方略，并

---

① 习近平：《决胜全面建成小康社会　夺取新时代中国特色社会主义伟大胜利——在中国共产党第十九次全国代表大会上的报告》，《人民日报》2017 年 10 月 28 日。

在党的十九届三中全会中提出“全面加强党对一切工作的领导”① 新要求，贯彻其中的核心理念是坚持党的全面领导。坚持和加强党的全面领导，既是全面从严治党的核心任务，也是确保党始终成为中国特色社会主义事业的坚强领导核心的政治保证。新时代全面从严治党的核心要求是必须高度自觉、坚定不移地坚持和加强党的全面领导这个根本政治原则。把握好、贯彻好这条根本原则，全面从严治党才有“定盘星”，才能确保伟大事业避免偏离轨道始终沿着党中央确定的正确方向前行。这就要求在新时代全面从严治党实践中不断强化党的领导意识，加强党的领导。其一，从政治权威的严格遵循中强化党的领导意识。宪法是党和国家的根本大法，是治国理政的总章程，具有最高的政治权威性。国家宪法不仅是中国共产党的思想、意志和主张的集中反映，更是广大人民群众意志的根本体现，这要求全体公民必须在宪法范围内履职尽责，积极支持和拥护中国共产党的领导。就普通群众而言，牢固树立法治观念，自觉遵守宪法，主动捍卫宪法威严；就党员干部而言，树立法治信仰，严守宪法规范，依法办事；就各级政府而言，恪守法治精神，依宪执政，建立法治政府；就党中央而言，建立健全法律制度体系，加强法治精神的舆论引导和宣传教育，使全体人民对宪法更了解、更支持，对我们党也更信任、更拥护。可见，在政治权威的原则遵循中实现全体公民守法、依法、护法，归根结底讲，就是维护习近平总书记核心地位、维护党中央权威和集中统一领导，从而推动了党的领导意识的自觉强化。其二，从党组织的功能优化中发挥党的领导核心作用。加强和改善党的领导的内在要求是着力提升各级党组织把政治发展方向、谋治国理政大局、促全面深化改革的执政能力和领导水平。只有思想先进、纪律严格、本领高强、有战斗力的党组织，才能在新时代中国特色社会主义战略布局中发挥出总揽全局、协调各方的领导核心作用。而要释放出党组织的巨大功能优势，必须在纯洁性建设与先进性建设协同推进。一方面，紧扣党的纯洁性目标推动党的先进性建设。强化主流意识形态教育，增强自觉抵御各种西方思潮、价值观念渗透的能

① 《中共十九届三中全会在京举行》，《人民日报》2018 年 3 月 1 日。

力；强化规矩意识，加强纪律约束，祛除歪风邪气。另一方面，围绕党的先进性主题推进党的纯洁性建设。将思想政治教育、廉洁从政教育融入党员干部选拔、培养、管理和监督的全过程，使其深刻认识权力的来源、本质及其运用规则，用思想上的先进保障用权上的纯洁。其三，从制度层面探索党的全面领导体制的规则构建与机制改进。党的全面领导的制度路径，从本质来讲，就是要落实依规治党，将党的全面领导彻底纳入制度规范的轨道上，依据党内法规管党治党，同时从领导过程、领导结构、领导制度等方面深化党和国家机构改革，确保党的领导全覆盖，实现党的全面领导体制机制的创新和完善。新时代全面从严治党把加强党对一切工作的领导的根本原则贯彻到管党治党各方面全过程，建设“总揽全局、协调各方的党的领导体系”①，坚决贯彻党的意志和主张，统一全党思想，凝聚全党共识，集聚全党力量，锻造出坚强的领导核心，形成强大的向心力，领导人民群众建设新时代中国特色社会主义伟大事业。

第二，新时代全面从严治党创造性提出坚强领导核心的内在能力。全面增强执政本领是中国共产党着眼于应对党在新时代的各种风险和挑战建设提出的一项时代课题。党的十九大就新时代全面从严治党提出了“全面增强执政本领”的重大要求，这是我们党迈进新时代、开启新征程、迎接新挑战的必然选择。就一个执政党而言，只有本领高强，行动才能有力，自身才能立于不败之地。一是学习本领。世情、国情、党情在不断变化，要克服本领不足、本领恐慌的问题，就要不断加强学习，才能胜任领导新时代中国特色社会主义建设伟业的重任。当前要切实加强对习近平新时代中国特色社会主义思想的学习，深入掌握理论精髓，抓好贯彻落实。二是政治领导本领。要增强把握方向、把握大势、把握全局的能力，把党总揽全局、协调各方的作用落到实处。三是改革创新本领。要继续推进中国特色社会主义事业向前发展，就必须不断结合实际改革创新。尤其要增强运用互联网技术和信息化手段开展工作的本领，更好适应社会发展潮流。四是科学发展本领。要增强贯

① 《中共中央关于深化党和国家机构改革的决定》，《人民日报》2018 年 3 月 5 日。

彻落实创新、协调、绿色、开放、共享等新发展理念的本领，推动中国特色社会主义道路越走越宽广。五是依法执政本领。加快形成覆盖党的领导和党的建设各方面的党内法规制度体系，加强和改善对国家政权机关的领导。六是群众工作本领。要创新群众工作体制机制，更好地组织动员广大人民群众跟党走。七是狠抓落实本领。要坚持说实话、谋实事、出实招、求实效，以钉钉子精神把各项工作做实做细。八是驾驭风险本领。党的事业越是向前推进，面对的考验、风险越是复杂多变。只有增强驾驭风险的本领，中国共产党才能有效应对复杂多变的执政考验、改革开放考验、市场经济考验、外部环境考验，才能增强党的长期执政能力，牢牢把握工作的主动权。八项执政本领建构起一个内在关联、有机统一的执政本领体系，不仅要求针对党员干部各项执政本领的现实发展状况进行抓牢重点、攻破弱项，也要求科学把握各项执政本领间的互动性，建立八项执政本领间的协同配合机制，整体协同、全面推进，更需要将严管干部和关爱干部相结合，既要健全“能者上、庸者下、劣者汰”动态考核管理机制实现从严治吏，也要完善容错纠错和绩效激励机制从政治上勉励、工作上支持、待遇上激励、心理上关爱党员干部，最大范围内调动党员干部增强执政本领的自觉性和主动性。可见，八项执政本领的提出，全面阐释了新时代坚强领导核心所应具备的素养与能力，符合我们党自身发展的现实需要，适应了我们党有序推进中国特色社会主义事业重大战略部署的时代要求。

（三）实现“四个全面”战略布局的协同推进

从中国共产党的发展历程来讲，从严治党始终围绕党和国家的中心工作来服务。中国特色社会主义进入新时代，新时代赋予从严治党新的时代任务和要求。“四个全面”是新时代党和国家形成的最重要社会共识，要求党和国家必须紧密围绕“四个全面”战略布局这一中心开展工作，并将协调推进“四个全面”战略布局作为新时代党和国家的重要时代任务，牢固树立协调推进“四个全面”的全局意识和战略思维，作为新时代全面从严治党的根本要求。协调推进“四个全面”，最根本的是坚持党的领导不动摇。“四个全面”都有各自独特的内涵和重点，并具有重大功能优势，但是它们的功能发挥都离不开我们党的坚强有力领导，离不开全面从严治党。只有全面从严治党，加强和改善党的领导，全面深化改革才能坚持正确的发展方向，国家才能沿着法治轨道有序发展，才能有信心、有毅力、有能力领导全国各族人民朝着全面建成小康社会持之以恒地奋斗。

第一，新时代全面从严治党引领全面建成小康社会的正确发展方向。方向决定道路，道路决定命运。如果全面建成小康社会仅仅为了经济总量和人均 GDP 指标，不注重收入分配差距、地区发展不均衡、城镇化水平与城镇生活质量的不同步性、社会阶层间的正向流动性削弱、部分省份生态破坏突出的现实，那就会改变中国特色社会主义实现共同富裕的基本特征，从而走到邪路上去，老百姓是不答应的。如果仅仅为了成果共享，又去搞“一平二调”、吃“大锅饭”，又会走到计划经济的老路上去，人民群众也是不容许的。因此，全面小康社会是人民幸福的小康，是协调发展的小康，是共享共建的小康。全面从严治党的新理念是以人民为中心，不仅要求将公平正义作为我们党工作的原则和目标，党的制度建设更重视协调广大人民群众间的利益关系，认真地倾听群众心声，维护好人民群众的合法权益，实现全体社会成员共同享有社会发展成果，也要求引导党员干部树立执政为民、领导发展的执政理念，做好群众工作，充分激发人民群众的积极性、主动性、创造性，以优良的作风取信于民、示范于民，真正获得群众的信任与支持，吸引人民群众积极参与到国家治理现代化事业中来，勠力同心，群策群力，在共建中公正地给予社会成员应有的价值回报。新时代全面从严治党的贯彻与落实，有效推动了全面小康社会向人民性、协调性和共享性发展。

第二，新时代全面从严治党扫除全面深化改革中的“拦路虎”。中国的改革不仅现在处在一个新时代，而且已经进入到了一个极为艰难的攻坚期和深水区。而在这一攻坚期和深水区中需要铲除各种“拦路虎”。一是扫除“利益奶酪”最凶险的“拦路虎”。在全面深化改革的进程中处理好政府和市场的关系，是经济体制改革的核心问题。既要充分发挥政府的宏观指导作用，又需着力解决政府对具体事项干预过多问题，必须简政放权，实现政府机构及其职能的转变，这势必会触及部门和个人的“利益奶酪”，触发利益冲突的导火索，进入利益雷区。在这一过程中，公平对待个体利益，维护好弱势群体利益，代表好最广大人民的根本利益，这成为在深化改革中必须直面的最重要现实问题。但是也必须清醒认识到的问题是，触动利益比触动灵魂更难。全面深化改革要取得突破性进展，必须在新时代坚定不移地推进全面从严治党，以自我革新的勇气和胸怀，采取零容忍的反腐倡廉举措，重视制度、规矩、纪律对权力的规范制约作用，打造清廉、为民的高素质干部队伍，最终废除不合理的利益关系，协调不同利益群体间关系，打破原有的利益固化结构。二是扫除保守封闭思想观念的“拦路虎”。纵观历史可以发现，没有思想的解放，就没有改革开放，也不会有发展进步。在新时代全面从严治党中，树立自我革命意识，破除传统思维的束缚，以市场思维、开放包容心态、和谐共生理念转向绿色崛起，主动融入经济全球化的大格局，积极参与国内外的协作与分工，有效配置资源，激发发展活力；树立发展为要、全局为重的大局意识，破除地方狭隘主义，勇于实践，敢于突破，通过突破重点难点，带动活跃全局。

第三，新时代全面从严治党培育全面依法治国的法治精神。中国共产党是中国特色社会主义事业的坚强领导核心，其能否秉持法治理念和法治精神执政，直接影响着法治社会的构建进程。以习近平同志为核心的党中央从强调“把权力关进制度的笼子里”，到主张“依据党规党纪管党治党”，再到提出“加强党的纪律建设”，贯穿其中的核心要义是依规治党，其实质是用法治思维和法治方式规范党内关系、党内生活和党内成员行为。在党中央先后部署开展的党的群众路线教育实践活动、“三严三实”专题教育、“两学一做”学习教育、“不忘初心、牢记使命”主题教育等，积极开展以党章教育为重点的纪律教育，并推动党内教育从“关键少数”向广大党员拓展，从集中性教育向经常性教育延伸，切实把党的政治纪律、组织纪律、群众纪律各项规定转化为自身的自觉行为，培育遵守纪律、维护纪律、按纪律办事的纪律意识，沉淀和积累法治的思想观念和行为趋向，建设党内法治文化；党中央从制定八项规定开始，在严格执纪监督中规范党内权力运行、深化纪律检查制度改革中完善党内法规制定的体制机制、完善纪律处分条例中加强党内监督等方面，建立健全党内法规制度，严格执行党的纪律，增强全体党员厉行法治的积极性和主动性。依规治党为依法治国起到示范效应，有助于形成崇尚、遵守、捍卫法治的社会氛围，使全体人民都成为社会主义法治的忠实崇尚者、自觉遵守者、坚定捍卫者，培育中国特色社会主义法治精神，带动并推动依法治国的有序推进。

（四）为实现中华民族伟大复兴中国梦提供根本动力

随着中国特色社会主义进入新时代，党的十九大提出两个“十五年”的战略部署，“第一个阶段，从二〇二〇年到二〇三五年，在全面建成小康社会的基础上，再奋斗十五年，基本实现社会主义现代化……第二个阶段，从二〇三五年到本世纪中叶，在基本实现现代化的基础上，再奋斗十五年，把我国建设成为富强民主文明和谐美丽的社会主义现代化强国。”[①] 这是新时代我们党对实现中华民族伟大复兴中国梦宏伟目标的战略规划与部署。在实现中华民族伟大复兴中国梦的新征程中，面临着错综复杂的执政环境，肩负着责任重大的历史使命，义无反顾地朝着奋斗目标前行，我们就越要坚持全面从严治党，把新时代全面从严治党要求贯彻落实到实现中国梦的各方面各环节中，为实现中华民族伟大复兴中国梦提供根本动力。

第一，新时代全面从严治党为实现中华民族伟大复兴中国梦提供稳定的动力保障。党的长期执政能力弱化，势必影响中华民族伟大复兴中国梦的实现进程及其兴衰成败。深入推动新时代全面从严治党的创新发展，以强化共产党员的执政意识为重点加强党的长期执政能力建设。在理想信念教育中，突显党员干部的核心意识、看齐意识，培养出为共产党人的理想信念拼搏、奋斗、牺牲的精神和勇气，坚持用党内政治文化的时代气质涵养社会文化，正确引领多元化的社会思潮，增强自觉抵御各种西方思潮、价值观念渗

① 习近平：《决胜全面建成小康社会　夺取新时代中国特色社会主义伟大胜利——在中国共产党第十九次全国代表大会上的报告》，《人民日报》2017 年 10 月 28 日。

透的能力，进而巩固马克思主义在意识形态领域的指导地位，维护我国意识形态安全。在党员干部培养中，强化党性意识，加强制度约束，祛除歪风邪气，凝聚组织力量。坚持依规治党，崇尚法治意识，用党内法规制度管党治党，正风肃纪，规范党员干部的行为，将“对党忠诚、为民服务、廉洁自律”的党员干部纪律要求融入核心意识教育中，实现对党员干部行为与观念的硬约束，使党员干部在思想上政治上行动上同党中央保持高度一致。强化以习近平同志为核心的党中央的核心意识，自觉提升执政意识，有助于凝聚全党的智慧力量、保证正确的发展方向、形成奋发进取的强大合力，增强党的科学执政能力、民主执政能力、依法执政能力，进而提升党的整体的长期执政能力，为实现中华民族伟大复兴的中国梦提供稳定的动力保障。

第二，新时代全面从严治党为实现中华民族伟大复兴中国梦提供强大的社会支撑。新时代全面从严治党紧紧围绕清正廉洁的党内政治生态为根本目标来重塑党的形象，回归党的宗旨，赢得深厚的执政根基；构建以不正之风为整治对象、以培养优良作风为重塑目标的作风建设长效机制，坚持“老虎”“苍蝇”一起打，既坚决查处领导干部违纪违法案件，又切实解决发生在群众身边的不正之风和腐败问题；引导党员干部树立执政为民、领导发展、依法执政的执政理念，做好群众工作，充分激发人民群众的积极性、主动性、创造性，以优良的作风取信于民、示范于民，真正获得群众的信任与支持，吸引人民群众积极参与到实现中华民族伟大复兴中国梦的建设中来，勠力同心，群策群力。中国共产党集聚群众的能力越强，多元治理主体结构越稳固，治国理政的决策也越科学、越成熟，为实现中华民族伟大复兴中国梦提供强大的社会支撑。

在中国特色社会主义新时代下，宏伟蓝图已经绘制，但中国共产党面临的机遇与挑战都是前所未有的，其“赶考”远未结束，“考试”仍在继续。这需要我们坚定不移地推进全面从严治党向纵深发展，不断进行党的自我革命，跨越新时代的“雪山”“草地”，征服新时代的“娄山关”“腊子口”，在加强党的核心领导中矢志不渝地推进新时代中国特色社会主义发展。

第七章　新发展理念：新时代中国特色社会主义创新发展的新要求

“理念是行动的先导，一定的发展实践都是由一定的发展理念来引领的。”① 实现社会主义现代化和中华民族伟大复兴的中国梦，科学的发展理念不可缺失。中国共产党第十八届五中全会在深刻总结国内外发展经验教训的基础上，在深刻分析国内外发展大势的基础上，针对我国发展中的突出矛盾和问题，提出了“创新、协调、绿色、开放、共享”的新发展理念，是对马克思主义发展观的继承和发展，是关于中国共产党发展理念的重大升华，集中反映了中国共产党对经济社会发展规律认识的深化，开启了关系我国发展全局的一场意义深远的变革。党的十九大将坚持新发展理念纳入习近平新时代中国特色社会主义思想的基本方略体系之中，进一步凸显了新发展理念的战略地位和重大价值，深刻反映了新时代中国特色社会主义创新发展的新要求，为推进新时代中国特色社会主义经济社会发展提供了重要的理论指南。

一、新发展理念的科学内涵及相互关系

（一）新发展理念的科学内涵

1. 创新发展理念的科学内涵

“创新是一个民族进步的灵魂，是一个国家兴旺发达的不竭动力，也是

① 《习近平谈治国理政》第二卷，外文出版社 2017 年版，第 197 页。

中华民族最深沉的民族禀赋。”[①] 党的十八届五中全会提出，坚持创新发展，必须把创新摆在国家发展全局的核心位置，不断推进理论创新、制度创新、科技创新、文化创新等各方面创新。[②] 创新发展理念，是以习近平同志为核心的党中央将马克思主义政治经济学关于解放和发展社会生产力的基本原则同新时代我国基本国情相结合提出的新发展观，具有核心动力性、人民主体性、全面系统性等内涵。

创新发展理念具有核心动力性。十八届五中全会指出必须把发展基点放在创新上，把创新摆在国家发展全局的核心位置；习近平总书记在省部级主要领导干部学习贯彻党的十八届五中全会精神专题研讨班上，指出“把创新摆在第一位，是因为创新是引领发展的第一动力”[③]；习近平总书记还多次强调抓创新就是抓发展、谋创新就是谋未来，这些充分说明创新已成为引领我国未来发展的基点、核心和第一动力。协调发展、绿色发展、开放发展、共享发展都有利于增强发展动力，但核心在创新。将创新发展提升到核心动力的重要高度，就抓住了牵动经济社会发展全局的“牛鼻子”。

创新发展理念具有人民主体性。创新发展理念突出体现了习近平总书记提出的以人民为中心的发展思想，既强调了创新发展的主体是广大人民群众，要充分调动广大人民群众投身创新的积极性、主动性、创造性，即创新发展依靠人民；同时又强调创新发展的目的是满足人民日益增长的美好生活需要，是实现好、维护好、发展好最广大人民的根本利益，即创新发展为了人民、创新发展成果由人民共享。创新发展理念坚持手段与目的相统一，人民群众既是创新发展的主体，更是创新发展的目的，充分体现了马克思主义政治经济学的根本立场。

创新发展理念具有全面系统性。“创新是一个复杂的社会系统工程，涉及经济社会各个领域”[④]，它不仅涵盖了经济、政治、文化、社会、生态等领

① 《习近平谈治国理政》，外文出版社 2014 年版，第 59 页。

② 《中共中央关于制定国民经济和社会发展第十三个五年规划的建议》，《人民日报》2015 年 11 月 4 日。

③ 《习近平谈治国理政》第二卷，外文出版社 2017 年版，第 201 页。

④ 《习近平谈治国理政》第二卷，外文出版社 2017 年版，第 204 页。

域的创新，还包括理论创新、制度创新、科技创新等各方面的全面创新；创新发展理念不是孤立的发展理念，而是作为由创新、协调、绿色、开放、共享组成的系统的新发展理念中的核心，共同推动我国经济社会发展。正因为如此，坚持创新发展，不能简单地就创新谈创新，而是“既要坚持全面系统的观点，又要抓住关键，以重要领域和关键环节的突破带动全局”①。

2. 协调发展理念的科学内涵

党的十八届五中全会聚焦全面建成小康社会奋斗目标，提出协调发展理念，旨在补短板、强弱项，解决发展不平衡、不充分的问题，增强发展的全面性、整体性、平衡性、可持续性，推动经济社会持续健康发展。

协调发展理念体现发展目标上的全面性。中国的发展是全面发展，无论是决胜全面建成小康社会，还是开启全面建设社会主义现代化国家的新征程，都重在“全面”；实现“全面”，重在“协调”。改革开放40余年，我国经济社会发展取得了举世瞩目的成就，但仍存在一系列不平衡、不协调、不可持续的问题，在脱贫致富、城乡一体化、精神文明建设、国防现代化建设等领域仍存在短板，在这种情况下，愈加需要注重发展的全面性，让改革开放成果惠及所有领域、各个地区、全体人民。

协调发展理念体现发展结构上的整体性。协调发展，不是各区域各领域发展的简单集合，而是要坚持“两点论”与“重点论”相统一，处理好局部利益与整体利益、短期利益与长期利益的关系，注重顶层设计，发挥整体效能。坚持协调发展，“必须牢牢把握中国特色社会主义事业总体布局，正确处理发展中的重大关系，重点促进城乡区域协调发展，促进经济社会协调发展，促进新型工业化、信息化、城镇化、农业现代化同步发展，在增强国家硬实力的同时注重提升国家软实力，不断增强发展整体性。”②促进经济社会持续健康发展，实现整体功能最大化。

协调发展理念体现发展程度上的平衡性。当前，我国正处于全面建成

---

① 《习近平谈治国理政》第二卷，外文出版社2017年版，第204页。

② 《中共中央关于制定国民经济和社会发展第十三个五年规划的建议》，《人民日报》2015年11月4日。

小康社会的决胜阶段，要确保“一个都不能掉队”，就需要推动区域协调发展、城乡协调发展、物质文明和精神文明协调发展、经济建设和国防建设融合发展，补齐发展短板，加强薄弱领域，拓宽发展空间，增强发展后劲，实现全方位的均衡协调发展。

协调发展理念体现发展过程上的可持续性。协调发展，不仅强调不同领域、不同区域间的横向协调，还注重当下与未来、短期与长远的纵向协调。实现“两个一百年”奋斗目标的阶段性与长期性，决定了我国发展过程必须是协调的、可持续的，既要着眼于当下全面建成小康，也要瞄准未来现代化；既要金山银山，也要绿水青山；既要增强硬实力，也要发展软实力。唯有如此，中华民族伟大复兴的目标才能实现。

3. 绿色发展理念的科学内涵

我们要建设的现代化是人与自然和谐共生的现代化，既要创造更多物质财富和精神财富以满足人民日益增长的美好生活需要，也要提供更多优质生态产品以满足人民日益增长的优美生态环境需要，“绿色发展，就其要义来讲，是要解决好人与自然和谐共生问题”①。绿色发展理念把马克思主义生态理论基本原理与时代发展特征相结合，揭示了良好生态环境就是生产力、就是经济效益、就是人民福祉的科学内涵。

绿色发展理念强调生态环境就是生产力。习近平总书记提出的“保护环境就是保护生产力，改善环境就是发展生产力”②的科学论断，继承发展了马克思主义关于“自然生产力也是生产力”③的思想，深刻揭示了生态环境与生产力的关系，为实现永续发展指明了科学方向。党的十八届五中全会提出，坚持绿色发展，必须坚持节约资源和保护环境的基本国策，坚持可持续发展，坚定走生产发展、生活富裕、生态良好的文明发展道路，加快建设资源节约型、环境友好型社会，形成人与自然和谐发展现代化建设新格局，推进美丽中国建设，为全球生态安全作出新贡献。党的十九大则鲜明提出了

① 《习近平谈治国理政》第二卷，外文出版社 2017 年版，第 207 页。

② 《习近平谈治国理政》第二卷，外文出版社 2017 年版，第 209 页。

③ 《马克思恩格斯全集》第 26 卷，人民出版社 1972 年版，第 500 页。

加快生态文明体制改革、建设美丽中国的要求，只有尊重自然、顺应自然、保护自然，遵循自然规律，我们才能有效防止在开发利用自然上走弯路，这是无法抗拒的规律。

绿色发展理念强调生态环境就是经济效益。“绿水青山就是金山银山”，辩证地阐明了生态环境与经济发展的关系，揭示了良好生态环境同样是经济效益和社会财富。只有大力发展绿色经济，提升发展的质量，才能突破资源环境的瓶颈制约，在经济社会发展中占据主动。

绿色发展理念强调良好生态环境就是民生福祉。人类社会可持续发展必须坚持以人为本、实现人与自然和谐共生。马克思主义自然辩证法认为，人类对自然界的每一次“胜利”，都遭到了自然界的报复。这从反面阐明打破人与自然和谐关系、片面强调经济发展而忽视生态环境保护的做法，必然反过来限制人类发展。习近平总书记则从正面明确提出，良好生态环境是最公平的公共产品，是最普惠的民生福祉。绿色发展理念继承发展了马克思主义关于“人是目的与手段的统一”思想，既强调人在改善和保护生态环境中的主体地位，又指明了人是良好生态环境的最大受益者。

4. 开放发展理念的科学内涵

随着经济全球化迅猛发展，不同国家在经济交往中呈现出“你中有我、我中有你”的交融态势。关起门来搞建设是行不通的，也是不可能的。开放发展理念，核心是解决发展内外联动问题，目标是提高我国对外开放质量、发展更高层次的开放型经济。开放发展理念包含主动开放、全面开放、互利共赢等科学内涵。

开放发展理念要求主动开放。主动开放，是贯彻开放发展理念的内在要求。开放不是权宜之计，而是国家繁荣发展的必由之路。中国越发展，就越开放。坚持开放发展理念，就要主动开放，就要统筹国内国际两个大局，把既符合我国利益又能促进共同发展作为处理与各国经贸关系的基本准则，积极参与全球治理，提高我国在全球经济治理中的话语权，努力实现对外开放与维护经济安全的有机统一。

开放发展理念要求全面开放。所谓全面开放，既要通过打造陆海内外联动、东西双向开放的全面开放新格局，进一步提高开放水平；又要坚持引进来和走出去并重，更好地统筹国际国内两个市场、两种资源、两类规则。习近平总书记多次强调，中国将继续全面对外开放，推进同世界各国的互利合作。贯彻开放发展理念要求坚持自主开放与对等开放，加强走出去战略谋划，推进“一带一路”建设；同时，着力提高引资质量，既注重吸收国际投资搭载的技术创新能力、先进管理经验以及高素质人才，又要构建公平竞争的内外资发展环境，保护外商投资企业合法权益，增强外资企业长期在华发展的信心。

开放发展理念要求以开放促改革。以开放促改革、促发展，是我国改革发展的成功实践。2015 年 9 月，习近平总书记在主持召开中央全面深化改革领导小组第十六次会议时指出，改革和开放相辅相成、相互促进，改革必然要求开放，开放也必然要求改革。为此，要以扩大开放促进深化改革，以深化改革促进扩大开放，为经济发展注入新动力、增添新活力、拓展新空间。

开放发展理念要求互利共赢。我们将“坚定不移奉行互利共赢的开放战略，继续从世界汲取发展动力，也让中国发展更好惠及世界。”① 贯彻开放发展理念，需要在扩大开放中同世界各国形成深度融合的互利合作格局。当今世界，各国发展联动、机遇共享、命运与共的利益交融关系日益凸显，必须坚决反对保护主义，积极构建开放型世界经济，维护和加强多边贸易体制，发展全方位、多层次国际合作，扩大同各国各地区的利益汇合，实现互利共赢。

5. 共享发展理念的科学内涵

治国有常，而利民为本。让人民群众共享改革发展成果，是中国特色社会主义的本质要求，也是社会主义制度优越性的集中体现。习近平总书记在省部级主要领导干部学习贯彻党的十八届五中全会精神专题研讨班上，深刻阐释了共享发展理念的四重主要内涵，即全民共享、全面共享、共建共

① 任理轩：《坚持开放发展——“五大发展理念”解读之四》，《人民日报》2015 年 12 月 23 日。

享、渐进共享。

共享发展理念强调全民共享，这是就共享的覆盖面而言的。“共享发展是人人享有、各得其所，不是少数人共享、一部分人共享。”① 改革开放 40 余年，我国经济社会发展取得巨大成就，人民的总体生活水平得到极大改善。但不可否认的是分配不公问题比较突出，收入差距、城乡区域公共服务水平差距较大，为此，习近平总书记指出，“我们必须坚持发展为了人民、发展依靠人民、发展成果由人民共享，作出更有效的制度安排，使全体人民朝着共同富裕方向稳步前进，绝不能出现‘富者累巨万、而贫者食糟糠’的现象。”② 坚持全民共享，就要把不断做大的“蛋糕”分好，让社会主义制度的优越性得到更充分体现。在这一进程中，要加大对困难群众的帮扶力度，实施精准扶贫、精准脱贫，使发展成果更多更公平惠及全体人民。

共享发展理念强调全面共享，这是就共享的内容而言的。“共享发展就要共享国家经济、政治、文化、社会、生态各方面建设成果，全面保障人民在各方面的合法权益。”③ 在当今中国，人民对美好生活的需要不仅局限于物质财富领域，而是对政治、文化、社会、生态等社会生活的多个领域都有各种各样的诉求。为此，要进一步维护公平正义，完善社会管理制度，保障人人都有人生出彩机会。要通过文化、教育制度的建设，实现文化、教育服务均衡。要加快推进生态文明建设，让人民共享美好的生活环境，还人民以绿水青山。

共享发展理念强调共建共享，这是就共享的实现途径而言的。“共建才能共享，共建的过程也是共享的过程。要充分发扬民主，广泛汇聚民智，最大激发民力，形成人人参与、人人尽力、人人都有成就感的生动局面。”④ 共建是共享的基础，共享是共建的目的。人民群众既是发展成果的创造者，也是发展成果的享有者。要营造人人参与、人人尽力、人人享有的良好环境，

---

① 《习近平谈治国理政》第二卷，外文出版社 2017 年版，第 215 页。

② 《十八大以来重要文献选编》（中），中央文献出版社 2016 年版，第 827 页。

③ 《习近平谈治国理政》第二卷，外文出版社 2017 年版，第 215 页。

④ 《习近平谈治国理政》第二卷，外文出版社 2017 年版，第 215—216 页。

以共享引领共建、以共建推动共享，不断提高发展水平。共享不是不劳而获，而是要共同奋斗。为此，要充分调动人民群众的积极性、主动性、创造性，举全民之力推进中国特色社会主义事业不断发展。

共享发展理念强调渐进共享，这是就共享发展的推进进程而言的。“共享发展必将有一个从低级到高级、从不均衡到均衡的过程，即使达到很高的水平也会有差别。”① 渐进共享，既要积极而为，又要量力而行。要正确处理眼前利益和长远利益的关系，既尽力解决当前必须解决和能够解决的民生问题，又充分考虑各方面的条件和可承受能力，不断提升人民群众的获得感。实现共同富裕需要长期奋斗，我们要立足基本国情、立足当前经济社会发展水平来谋划发展，不搞“口惠而实不至”的承诺，不断实现好、维护好、发展好最广大人民根本利益，使发展成果更多更公平惠及全体人民。

（二）五大发展理念的相互关系

2016 年 1 月，习近平总书记在重庆调研时指出，五大发展理念“是不可分割的整体，相互联系、相互贯通、相互促进，要一体坚持、一体贯彻，不能顾此失彼，也不能相互替代”②。这鲜明阐释了五大发展理念之间的内在逻辑关系，明确了它们是不可分割的整体，要统一贯彻，不能顾此失彼，也不能相互替代。哪一个发展理念贯彻不到位，发展进程都会受到影响。只有从整体上、从内在联系中把握新发展理念，才能增强贯彻落实的全面性系统性，不断开拓发展新境界。

五大发展理念作为统领发展的总纲要和大逻辑，既各有侧重又相互支撑，创新发展着眼于发展动力，强调内生性；协调发展着眼于经济社会发展不均衡的矛盾而提出的基本路径，强调均衡性；绿色发展，着眼于解决人与自然的关系问题，既是协调发展的题中之意，同时对共享发展提出了重要要求，强调的是永续性；开放发展，是发展的必由之路，强调联动性；共享发

① 《习近平谈治国理政》第二卷，外文出版社 2017 年版，第 216 页。

② 《习近平在重庆调研时强调　落实创新协调绿色开放共享发展理念确保如期实现全面建成小康社会目标》，《人民日报》2016 年 1 月 7 日。

展，坚持以人民为中心的导向，是发展的出发点和落脚点，强调公平性。五大发展理念缺一不可，他们共同构筑了未来发展图景的顶层设计，统一于党在社会主义初级阶段的基本路线之中，统一于“五位一体”总体布局和“四个全面”战略布局之中，统一于坚持和发展中国特色社会主义的伟大实践之中，统一于实现“两个一百年”奋斗目标和中华民族伟大复兴的中国梦的历史进程之中。①

1. 创新是引领发展的第一动力

党的十八届五中全会提出，坚持创新发展，必须把创新摆在国家发展全局的核心位置，不断推进理论创新、制度创新、科技创新、文化创新等各方面创新，让创新贯穿党和国家一切工作，让创新在全社会蔚然成风。② 创新发展理念在新发展理念中居首位，是引领协调发展、绿色发展、开放发展、共享发展的强大动力和重要驱动。坚持创新发展，将使我国的经济社会发展更加协调、更加绿色、更具有竞争力。

创新首要的是理论创新。党的十八大以来，以习近平同志为核心的党中央，顺应时代发展，在领导人民进行新时代伟大实践的过程中，创立了习近平新时代中国特色社会主义思想，坚持以人民为中心的发展思想，提出创新、协调、绿色、开放、共享的新发展理念，对我国经济社会持续健康发展具有重大指导意义。

创新关键在于体制机制创新。党的十八大报告提出推进中国特色社会主义事业“五位一体”总体布局，后来逐步提出“四个全面”战略布局，为协调发展作出了顶层设计。2014 年 4 月、2016 年 7 月，十二届全国人大常委会先后修订《中华人民共和国环境保护法》和《中华人民共和国环境影响评价法》，为深入推进绿色发展提供制度保障和法律依据；2013 年习近平总书记提出“一带一路”合作倡议，打造出对外开放新模式；2013 年 11 月，习近平总书记在湖南考察时首提“精准扶贫”概念；2014 年 1 月中办详细

① 刘奇葆：《新发展理念蕴含的理论特质和品格》，《人民日报》2016 年 8 月 17 日。

② 《中共中央关于制定国民经济和社会发展第十三个五年规划的建议》，《人民日报》2015 年 11 月 4 日。

规制了精准扶贫工作模式的顶层设计，为全面建成小康社会、全民共享发展成果探索出新的道路。

创新重点要加强科技创新。发展是硬道理，科技是第一生产力，科技创新不仅能提高传统生产要素的效益，还能够创造新的生产要素，为经济社会发展提供恒久的内生动力。只有加强科技创新，推动社会整体向前发展，才能把各个局部协调好；只有加强科技创新，才能有力推动我国经济发展方式转变，有效降低资源能源消耗，改善生态环境；只有加强科技创新，打造科技强国，才能为开放型经济提供“源头活水”；只有不断加强科技创新，才能全面提升我国经济增长的质量和效益，让老百姓得实惠。

2. 协调是持续健康发展的内在要求

增强发展的协调性是推动经济社会持续健康发展的内在要求。协调发展要求按照中国特色社会主义事业“五位一体”总体布局和“四个全面”战略布局，既突出重点，又统筹兼顾，处理好发展中的重大关系，增强发展的整体性、均衡性。坚持协调发展，将使经济社会发展更具创新性、绿色性、开放性和共享性，实现经济效益、社会效益和环境效益的有机统一。

协调发展需要处理好技术引进与自主创新的关系。改革开放以来，我国通过引进技术、设备和外资，走上了经济发展的快车道，技术引进带来我国产业水平的大幅提升，缩小了我国与发达国家的技术差距。随着我国成为世界第二大经济体，自主创新能力不足、核心技术对外依存度较高的问题凸显，日益成为制约我国发展的瓶颈。因此要在技术引进的同时，不断提高我国的自主创新能力和核心竞争力，抢占新一轮科技革命的制高点。

协调发展需要处理好经济发展与环境保护的关系。在相当长一个历史时期，我国经济发展水平比较低下，快速发展经济是我国首要任务，在一定程度上忽视了对生态环境的保护。随着我国工业化和城市化进程的加快，人民物质生活水平逐渐提高，而生产活动、生活活动带来的生态环境问题日益突出，成为制约我国经济社会持续健康发展的瓶颈。因此要在大力发展经济的前提下，做好环境保护，实现绿色发展，既要金山银山，更要绿水青山。

协调发展需要处理好国内发展与对外开放的关系。改革开放 40 余年，中国已深度融入经济全球化进程，中国的发展离不开世界，世界的发展同样需要中国。国内发展是对外开放的物质基础和前提条件，国内发展得越快越好，对外开放才越有信心，才能坚定不移地参与经济全球化的浪潮。对外开放是促进国内发展的基本途径和必然选择，大力发展对外贸易，扩大对外经济技术交流，有利于提高我国的社会生产力和国际竞争力。因此要在坚持独立自主、自力更生的基础上，坚持开门搞建设，积极参与全球经济治理，推动构建人类命运共同体。

协调发展需要处理好国家富强、民族振兴和人民幸福的关系。习近平总书记提出“中国梦”，其中最核心的内容是国家富强、民族振兴、人民幸福。国家富强、民族振兴是人民幸福的基础和保障，人民幸福是国家富强、民族振兴的根本出发点和落脚点。要在实现国家富强、民族振兴的同时，让人民感到幸福，必须协调好国家发展与人民福祉的关系，让发展成果能够惠及全体人民。

3. 绿色是永续发展的必备条件和人民对美好生活追求的重要体现

习近平总书记多次强调小康全面不全面，生态环境质量是关键，绿色发展是实现“两个一百年”奋斗目标的前提条件，同时也是建设美丽中国、实现中华民族永续发展的必然要求。

实现绿色发展，需要创新发展方式，大力推进生态文明建设，在促进人与自然和谐共生、加快建设主体功能区、推动低碳循环发展、全面节约和高效利用资源、加大环境治理力度、筑牢生态安全屏障等方面下功夫。实现绿色发展，需要协调推进绿色发展格局、绿色产业体系、绿色社会风尚、绿色监管制度的建立，突破资源环境制约，引领经济社会可持续发展，让天更蓝、山更绿、水更清、生态环境更美好。实现绿色发展，需要充分借鉴国外正反两方面经验教训，一方面要对历史上出现的环境问题有充分的认识，紧绷生态环境保护这根弦，吸取外国惨痛教训，少走弯路、避免错误，加强生态环境治理；另一方面要借鉴外国在环境保护方面的先进理念和方法，深化合作与交流，把生态文明建设融入经济、政治、文化、社会建设的各方面和全过程。实现绿色发展，功在当代，利在千秋，不能只算经济账，更需要算好民生账，要充分认识到良好生态环境是最公平的公共产品，是最普惠的民生福祉，要努力满足人民日益增长的美好生态环境需要，让良好生态环境成为人民生活质量的增长点。

4. 开放是国家繁荣发展的必由之路

坚持对外开放是我国繁荣发展的必由之路，是顺应国内外经济社会发展大势的必然选择，实现开放发展离不开创新、协调、绿色、共享的发展理念。

对外开放要以自主创新作为基础。对外开放不是被动应对，而是主动作为，要以自主创新为支撑，引领国际产业转移，提高我国在全球经济治理中的制度性话语权，把握对外开放与合作交流的主导权。对外开放要统筹协调国内国际两个大局。实现国家繁荣发展，需要充分利用好国内国际两个市场，既要深挖国内市场潜力，扩大内需；又要积极参与经济全球化，增加进出口贸易，实现国内国际内外联动，最终达到中国与世界优势互补、良性互动、互利共赢。对外开放要放眼长远、严把绿色关。坚持对外开放需要擦亮双眼，取其精华，去其糟粕，不能为了眼前利益任意引进项目，不能以牺牲环境为代价换取经济发展，绝不能做发达国家的“垃圾场”。对外开放要让人民得实惠。要奉行互利共赢的开放战略，既要发展更高层次的开放型经济，为世界各国人民提供丰富的产品供给，建立广泛的利益共同体；同时更要把握开放大势，让广大人民在经济全球化的进程中获益。

5. 共享是中国特色社会主义的本质要求

习近平总书记指出，广大人民群众共享改革发展成果，是社会主义的本质要求，是我们党坚持全心全意为人民服务根本宗旨的重要体现。共享发展是创新、协调、绿色、开放的根本出发点和最终归宿。

实现共享发展必须坚持发展为了人民、发展依靠人民、发展成果由人民共享。因此需要创新体制机制，作出更有效的制度安排，使全体人民在共建共享发展中有更多获得感；需要协调经济、政治、文化、社会、生态文明等各方关系，增强发展动力，增进人民团结，朝着共同富裕方向稳步前进；需要转变发展理念，以“人民对美好生活的向往”作为奋斗目标，让广大人民真正享有"绿水青山"；需要通过加强内外联动，以中国发展引领世界发展、用世界发展反哺中国发展，让亿万人民共享改革发展成果。发展不是目的，发展只是过程，创新发展、协调发展、绿色发展、开放发展，归根到底是为了共享，这是社会主义制度优越性的集中体现。

二、新发展理念是科学发展原则的必然要求

党的十八届五中全会指出："发展是硬道理，发展必须是科学发展。坚持科学发展，破解发展难题，厚植发展优势，必须牢固树立创新、协调、绿色、开放、共享的发展理念。"党的十九大报告进一步指出，"发展是解决我国一切问题的基础和关键，发展必须是科学发展，必须坚定不移贯彻创新、协调、绿色、开放、共享的发展理念。"① 这两段论述深刻揭示了发展、科学发展与新发展理念之间的内在联系。"发展是硬道理，发展是解决我国一切问题的基础和关键"，强调的是新时代坚持发展的重要地位和作用；"发展必须是科学发展"，明确了新时代发展必须坚持的基本原则；创新、协调、绿色、开放、共享这五大发展理念，是新时代发展思路、发展方向、发展着力点的集中体现，管全局、管根本、管方向、管长远，充分体现了科学发展原则的要求，是新时代我国经济社会发展行动的先导。

（一）新发展理念是基于现实国情作出的科学抉择

"认清中国的国情，乃是认清一切革命问题的基本依据。"② 推进经济社会科学发展，必须从我国具体国情出发，选择符合我国实际的发展思路及发展方式。

改革开放之初，中国共产党提出了走自己的路、建设有中国特色的社会主义。经过长期努力，中国特色社会主义进入了新时代，这是我国发展新

① 习近平：《决胜全面建成小康社会　夺取新时代中国特色社会主义伟大胜利——在中国共产党第十九次全国代表大会上的报告》，《人民日报》2017年10月28日。

② 《毛泽东选集》第二卷，人民出版社1991年版，第633页。

的历史方位。在这个新时代，我国社会主要矛盾已经转化为人民日益增长的美好生活需要和不平衡不充分的发展之间的矛盾，我国社会更加突出的问题是发展不平衡不充分，这已经成为满足人民日益增长的美好生活需要的主要制约因素。社会主要矛盾的变化是关系全局的历史性变化，这一重大变化对党和国家工作提出了一系列新要求。同时，社会主要矛盾的变化，没有改变对社会主义所处历史阶段的判断，我国仍处于并将长期处于社会主义初级阶段的基本国情没有变。社会主要矛盾的变化及我国所处历史阶段的不变，是新发展理念提出的现实依据。“坚持创新发展，是我们分析近代以来世界发展历程特别是总结我国改革开放成功实践得出的结论，是我们应对发展环境变化、增强发展动力、把握发展主动权，更好引领新常态的根本之策。”① 虽然我国经济总量已经跃居世界第二，但大而不强，特别是创新能力不强，通过创新引领和驱动发展已经成为我国发展的迫切要求；坚持协调发展，是下好“十三五”时期及今后相当长一段时期发展的全国一盘棋的制胜要诀，这是从当前我国发展中不平衡、不协调、不可持续的突出问题出发所作出的正确抉择；坚持绿色发展，旨在解决人民群众反映强烈的生态环境问题、满足人民群众对绿水青山的美好需求，让良好生态环境成为人民生活的增长点、成为展现我国良好形象的发力点；必须着力形成对外开放新体制，是因为我国当前面临着更深层次的风险挑战；坚持共享发展，体现的是缩小贫富差距、逐步实现共同富裕的现实要求。理念是行动的先导，一定的发展实践都是由一定的发展理念来引领的。要实现科学发展，基本前提就是要坚持从实际出发，坚持实事求是，新发展理念正是中国共产党从我国现实国情出发，顺应时代潮流、把握发展机遇、厚植发展优势所作出的科学抉择。

（二）新发展理念是坚持以人民为主体原则的重要体现

实现科学发展，必须坚持人民主体地位。坚持人民主体原则是社会主义的本质要求，是科学发展的根本原则。科学发展，要求把尊重社会发展规

---

① 《习近平谈治国理政》第二卷，外文出版社 2017 年版，第 201 页。

律与尊重人民主体地位统一起来，把促进经济社会发展与实现最广大人民的根本利益统一起来，把推动社会进步与促进人的全面发展统一起来，做到既能促进经济社会不断发展，又能保证发展为了人民、发展依靠人民、发展成果由人民共享。

人民是推动我国社会发展的根本力量，实现好、维护好、发展好最广大人民根本利益是中国共产党的根本宗旨，也是我国社会发展的根本目的。新发展理念集中体现了坚持人民主体地位、以人民为中心的科学发展原则，贯彻了把增进人民福祉、促进人的全面发展作为发展的出发点和落脚点的根本要求。坚持创新发展，为满足人民群众对美好生活的向往提供坚实的经济社会发展基础；坚持协调发展，不断缩小城乡之间、不同群体之间的贫富差距，让改革开放成果惠及每一个人；坚持绿色发展，目的在于“让老百姓呼吸上新鲜的空气、喝上干净的水、吃上放心的食物、生活在宜居的环境中、切实感受到经济发展带来的实实在在的环境效益”①；坚持开放发展，为我们在国际上赢得更好的发展空间和平台；坚持共享发展，更直接体现了人民主体地位的基本原则，实质就是“坚持以人民为中心的发展思想，体现的是逐步实现共同富裕的要求”②，目的在于让社会主义制度优越性得到更充分体现，做到人人享有、各得其所，做到全面共享，充分保障人民在各方面的合法权益。我国正处于并将长期处于社会主义初级阶段，我们不能做超越阶段的事情，而是要根据现有条件把能做的事情尽量做起来，一步步落实好以人民为中心的发展，积小胜为大胜，不断朝着全体人民共同富裕的目标前进。

（三）新发展理念是对中国共产党发展理念的继承与创新

科学发展原则所要解决的是“实现什么样的发展，怎样发展”的重大问题，在我国不同历史时期，中国共产党都会提出与其相适应的发展要求和

---

① 《习近平谈治国理政》第二卷，外文出版社 2017 年版，第 210 页。

② 《习近平谈治国理政》第二卷，外文出版社 2017 年版，第 214 页。

发展战略，制定出相应的发展规划和举措以引领和指导发展实践。中国共产党自建立之初起，就义无反顾肩负起谋求国家富强、人民幸福，实现中华民族伟大复兴的历史使命。从1921年到1949年，中国共产党用了28年时间完成了民族独立、人民解放的艰巨任务，为中国经济社会发展奠定了政治前提和制度基础。与此同时，以毛泽东同志为核心的党的第一代中央领导集体对中国走现代化道路充满了憧憬和信心，认为中国工人阶级的任务，不但为建立新民主主义的国家而斗争，而且为着中国的工业化和农业的近代化而斗争，强调从我们接管城市的第一天起，我们的眼睛就要向着这个城市的生产事业的恢复和发展。1956年社会主义制度确立后，中国共产党开始思考和探索如何在中国这样一个经济文化落后的东方大国建设和巩固社会主义的问题，形成了一系列重要理论成果。鉴于中国社会生产力落后、经济基础薄弱的情况，毛泽东提出了以农业为基础、以工业为主导、以农轻重为序发展国民经济的总方针以及一整套“两条腿走路”的工业化发展思路，提出了统筹兼顾、“弹钢琴”等思想方法和工作方法，对我国社会主义建设发挥了重要的指导作用，我国迅速建立了独立的比较完整的工业体系和国民经济体系，从根本上解决了工业化“从无到有”的问题，推进了我国经济保持较快的发展速度，我国经济实力显著增强。尽管后来党对社会主义建设道路的探索发生了挫折，特别是发生了“文化大革命”这样全局性、长时间的错误，但是，中国共产党对发展理念的最初有益探索，成为改革开放之后我国发展理念的重要理论来源。

1978年之后，随着党和国家的工作重心转移到社会主义现代化建设上来，以邓小平同志为核心的党的第二代中央领导集体对发展理念不断丰富和创新。社会主义初级阶段基本路线鲜明回答了实现社会主义现代化的奋斗目标和基本途径，体现了我国社会主义现代化建设的战略布局，揭示了中国特色社会主义的客观规律和发展道路；社会主义根本任务是发展生产力的理论凸显了建设中国特色社会主义抓好发展的至关重要性，“科学技术是第一生产力”的论断反映了科学技术在当代发展的新形势和我国对现代化建设的新要求；“三步走”发展战略把我国社会主义现代化建设的目标具体化为切实可行的步骤，为基本实现现代化明确了发展方向，展现了美好前景；邓小平“两个大局”及一系列“两手抓”方针的提出，为正确处理现代化建设中各个方面的关系奠定了坚实的理论基础。

十三届四中全会以后，以江泽民同志为核心的党的第三代中央领导集体，根据我国经济社会发展的新要求，对党的发展理念进一步丰富和深化。江泽民提出发展是党执政兴国的第一要务，发展决定人心向背，要坚持用发展的办法解决前进中的问题，中国共产党要始终代表中国先进生产力的发展要求，要把改革发展稳定的关系，作为整个社会主义初级阶段都要正确处理好的重大关系，社会主义社会是以经济建设为重点的全面发展、全面进步的社会，要大力推动科技进步和创新，要大力促进社会主义物质文明、政治文明、精神文明协调发展，促进人的全面发展。

党的十六大以后，以胡锦涛同志为总书记的党中央，准确把握世界发展趋势，认真总结我国改革开放以来的发展经验，紧紧抓住我国发展的重要战略机遇期，在深入分析我国阶段性特征的基础上提出了科学发展观。科学发展观的第一要义是发展，核心是以人为本，基本要求是全面协调可持续，根本方法是统筹兼顾，它深刻回答了我国经济建设、政治建设、文化建设、社会建设、生态文明建设和党的建设面临的一系列重大问题，丰富和深化了中国共产党的发展理念。

党的十八大以来，以习近平同志为核心的党中央着眼新的发展实践，提出了“五大发展理念”“四个全面”战略布局及一系列重大发展举措，在发展目标、发展动力、发展布局、发展保障等方面提出了一系列新观点、新论断。新发展理念立足于当前我国的新发展环境、新发展条件，是符合我国国情、顺应时代潮流、厚植发展优势的重大抉择，具有战略性、纲领性、引领性，是对中国共产党发展理念的重大创新和升华，是习近平新时代中国特色社会主义经济思想的主要内容，无论是对解决我国经济社会发展的现实之困，还是实现社会主义现代化和中华民族伟大复兴的中国梦都具有重大战略意义。

三、新发展理念是对科学发展规律的深刻认识

习近平总书记强调，发展理念是发展行动的先导，是管全局、管根本、管方向、管长远的东西，是发展思路、发展方向、发展着力点的集中体现。党的十八届五中全会提出创新、协调、绿色、开放、共享的新发展理念，从根本上说，就是要把发展更好地建立在把握规律、按规律办事的基础上，实现更有质量、更高水平的发展。新发展理念既是对马克思主义科学世界观、认识论、方法论的娴熟运用，也是对科学发展规律的深刻认识和准确把握。

（一）创新发展理念是对社会主义发展动力规律的深刻认识

习近平总书记在党的十八届三中全会上指出："理论创新对实践创新具有重大先导作用，全面深化改革必须以理论创新为先导。"新发展理念是我们党关于发展理论的重大升华，创新发展理念作为引领发展的"核心"和"第一动力"，既一脉相承又与时俱进，丰富和发展了社会主义发展动力规律。坚持创新发展理念，必须以改革促创新，以改革创新引领全面创新。

历史唯物主义充分揭示了社会发展动力规律，即生产力和生产关系、经济基础和上层建筑这两对社会基本矛盾是推动人类社会发展的基本动力；生产力是人类社会发展的根本动力。在阶级社会，阶级斗争是其发展的直接动力；在社会主义社会，改革创新是直接动力。一个国家无论多么强大和富有，一旦它放弃改革创新，就会走进死胡同。几乎每一次重大社会进步，都必然伴随着一场重大改革。改革创新是社会主义发展的强大动力和内在要求，是一种具有客观必然性的规律。

改革是社会主义社会发展的直接动力，改革的动力作用主要体现在根据社会基本矛盾运动的内在要求，破除或变革不适应生产力发展要求的生产关系和不适合经济基础发展要求的上层建筑，让生产关系、经济基础和上层建筑能够更好地适应和促进社会生产力的发展。

改革与创新密不可分，改革内在地包含了创新的要求。在改革的过程

中要有破有立，破除经济社会发展各个领域、各个环节中不适应发展要求的体制机制障碍，不断推进理论创新、制度创新、科技创新、文化创新等各方面创新。科学技术是第一生产力，因此必须充分发挥科技创新在全面创新中的引领作用，激发社会活力，为推动经济社会发展提供持久动力。习近平总书记多次强调，我国经济发展要突破瓶颈、解决深层次矛盾和问题，根本出路在于创新，关键是要靠科技力量，科技创新是提高社会生产力和综合国力的战略支撑，必须摆在发展全局的核心位置。当前我国经济进入新常态，为进一步适应新常态、把握新常态、引领新常态，必须坚持走中国特色自主创新道路、实施创新驱动发展战略，让创新贯穿于党和国家一切工作中。改革旨在通过协调社会基本矛盾，解放和发展社会主义社会的生产力；创新则是依托科技进步，驱动社会主义社会持续向前发展。唯改革者进，唯创新者强，唯改革创新者胜，以改革创新为引领的创新发展理念是社会主义发展动力规律在新时代中国的集中体现。

（二）协调发展理念是对社会全面协调发展规律的深刻认识

“有上则有下，有此则有彼”。唯物史观揭示了人类社会全面协调发展的客观规律，即生产关系与生产力、上层建筑与经济基础必须相互适应，经济、政治、文化、社会、生态协调发展；唯物辩证法认为，事物是普遍联系的，坚持唯物辩证法，就要从客观事物的内在联系去把握事物，去认识问题、处理问题。中国共产党将这一普遍规律和方法论与新时代中国具体实际相结合，提出协调发展理念，深化了对社会全面协调发展规律的认识。

十八大以来，习近平总书记在深刻总结国内外发展正反两方面经验教训的基础上，在继承长期以来中国共产党协调发展理念和战略的基础上，对新形势下的协调发展进行了全新诠释，提出“协调既是发展手段又是发展目标，同时还是评价发展的标准和尺度”，“协调是发展两点论和重点论的统一”，“协调是发展平衡和不平衡的统一”，“协调是发展短板和潜力的统一”。①

① 《习近平谈治国理政》第二卷，外文出版社 2017 年版，第 205—206 页。

等一系列重要论断，并着眼于我国当前发展不平衡、不协调、不持续的突出问题，提出要着力推动推进区域协调发展、城乡协调发展、物质文明和精神文明协调发展、经济建设和国防建设融合发展的要求。这些重要思想是对社会全面协调发展规律的深刻认识和升华，对增强我国经济社会发展的整体性和协调性具有重要意义。

（三）绿色发展理念是对人与自然和谐发展规律的深刻认识

马克思主义认为，生产劳动及其作用方式在人与自然的相互关系及其发展变化中起着决定性作用。人与自然和谐发展是自然生态规律和社会发展规律综合作用的结果。人类的社会实践活动不断改变着人与自然的关系，因此，处理好人与自然的关系，实现二者和谐发展，就必须按照自然生态规律和社会发展规律来组织社会生产。中国共产党人根据马克思主义关于必须正确认识和处理人与自然相互关系的基本原理，在中国特色社会主义建设实践中，不断总结和深化对人与自然关系规律性的认识，提出绿色发展理念，丰富和发展了人与自然和谐发展规律。

绿色发展理念要求在社会主义建设过程中，必须尊重自然，尊重自然规律，珍惜节约资源，善待和保护环境，维护生态平衡，实现人与自然和谐相处，促进经济社会持续稳定发展。不遵循自然生态发展规律，一味强调人类社会自身发展，必然造成生态环境的灾难，造成人与自然关系紧张并遭受自然的报复。在党领导人民进行革命、建设和改革的历史进程中，中国共产党总结正反两方面经验教训，逐渐明晰了对生态文明建设的正确认识，从十七大到十八大，中国共产党十分明确地提出了建设社会主义生态文明的根本要求，强调建设社会主义生态文明的根本目的就是建立人与自然和谐发展的关系，同时提出建设资源节约型、环境友好型社会的奋斗目标，深化了对人与自然和谐发展规律的认识。

由于长期以来我国在经济发展过程中存在片面强调经济增长速度，忽视经济增长质量，因而导致发展与资源环境的矛盾日益突出，环境恶化，生态平衡破坏严重，发展动力不足，从而严重削弱了我国可持续发展的能力。

为此，习近平总书记提出“既要绿水青山，也要金山银山。宁要绿水青山，不要金山银山，而且绿水青山就是金山银山”① 的生态文明思想，突出强调实现绿色发展的必要性和极端重要性，阐述了绿色发展理念的基本内涵，指出绿色是实现我国永续发展的必要条件和人民对美好生活追求的重要体现。为实现绿色发展就必须坚持节约资源和保护环境的基本国策，实施可持续发展战略，坚定走生产发展、生活富裕、生态良好的文明发展道路，加快资源节约型、环境友好型社会建设，形成人与自然和谐发展现代化建设新格局，通过推进美丽中国建设，为全球生态安全作出新贡献。

（四）开放发展理念是对科学发展内外联动规律的深刻认识

马克思主义哲学认为，物质世界是普遍联系和永恒发展的。人类社会的发展进步离不开相互之间的联系，这其中，既有单个社会系统的内在联系，又包含各个社会系统之间的相互联系和相互作用。因此，坚持和发展中国特色社会主义，必须坚持开放发展理念，不断深化对科学发展内外联动规律的认识与把握。

历史和现实反复证明，开放是我国繁荣发展的必由之路。邓小平同志深刻认识到经济全球化的历史潮流，指出“现在任何国家要发达起来，闭关自守都不可能”②，科学地揭示了对外开放的历史必然性，阐明了对外开放是国际分工和世界经济发展的客观趋势和必然要求。此后，我们党进一步坚持和发展了对外开放的理念，不断深化对外开放格局，在对外开放的伟大实践中，逐渐深化对科学发展内外联动规律的认识。党的十八大尤其是十八届五中全会以来，中国共产党对开放发展的实践经验达到新的水平，基于对新的历史条件下进一步对外开放的科学认识，形成了开放发展理念，为充分发挥国内国际内外联动效应，促进我国经济社会科学发展提出了新的要求。

---

① 《习近平在哈萨克斯坦纳扎尔巴耶夫大学演讲时的答问》，《人民日报》2018 年 9 月 8 日。
② 《邓小平文选》第一卷，人民出版社 1994 年版，第 90 页。

实现内外联动的科学发展，必须坚持全方位对外开放，坚持打开国门搞建设，既立足国内，充分运用我国资源、市场、制度等优势，又重视国内国际经济联动效应，积极应对外部环境变化，更好地利用两个市场、两种资源，推动互利共赢、共同发展。全方位对外开放是经济全球化的必然要求，是生产社会化发展的规律性体现。随着新技术革命的迅猛发展，现代社会化大生产的规模获得空前扩张，经济全球化发展到了新的阶段，国内经济与国际经济的依存和互动日益明显，我国发展对国际环境的影响越来越大，国际环境对国内发展的影响和作用也在不断加大。没有哪个国家能够在封闭的、与世隔绝的状态下获得繁荣与发展。为此，习近平总书记明确提出必须要统筹国内发展和对外开放两个大局，重视国内国际内外联动效应，实现互利共赢，不断发展壮大自己。这是对正确处理国内发展和对外开放相互关系规律性认识不断深化的结果，也是实现我国经济社会科学发展的必然要求。

（五）共享发展理念是对社会主义发展目的规律的深刻认识

实现人的自由全面发展，是科学社会主义的基本原则，也是共产主义社会最本质的特征，更是社会主义建设和发展必须遵循的规律性要求。中国共产党在领导中国人民进行革命、建设和改革的历史进程中，逐渐深化了对社会主义发展目的规律的认识，明确了把实现共同富裕和人的全面发展作为社会主义社会发展的根本目标。社会主义社会的发展必须坚持以人为本，把实现好、维护好、发展好最广大人民的根本利益作为根本目的，不断增进人民福祉、促进人的全面发展，做到发展为了人民、发展依靠人民、发展成果由人民共享。

共同富裕，是马克思主义的一个基本目标，也是自古以来我国人民的一个基本理想。新中国成立初期，毛泽东就指出："现在我们实行这么一种制度，这么一种计划，是可以一年一年走向更富更强的，一年一年可以看到更富更强些。而这个富，是共同的富，这个强，是共同的强，大家都有份。"①

---

① 《毛泽东文集》第六卷，人民出版社 1999 年版，第 495 页。

邓小平多次强调共同富裕的重要性，提出共同富裕是社会主义的根本原则，是体现社会主义本质的东西，明确将共同富裕纳入到社会主义本质论断之中。江泽民也强调实现共同富裕是社会主义的根本原则和本质特征，绝不能动摇。胡锦涛要求使全体人民共享改革发展成果，使全体人民朝着共同富裕的方向稳步前进。

十八大以来，中国共产党更加重视共同富裕问题，提出共享发展理念。习近平总书记指出中国特色社会主义道路"是创造人民美好生活的必由之路"，它"既不断解放和发展社会生产力，又逐步实现全体人民共同富裕、促进人的全面发展"。因此，要"不断实现好、维护好、发展好最广大人民根本利益，使发展成果更多更公平惠及全体人民，在经济社会不断发展的基础上，朝着共同富裕方向稳步前进"。② 可见，中国共产党提出的"共享"，是建立在生产力发展水平比较高的基础上的"共享"，这不仅深化了对"共享"与社会主义本质内在联系的理解，也是对中国特色社会主义"发展目的规律"的新认识。

共享发展理念体现了中国特色社会主义共享发展、实现共同富裕的本质要求，这是中国特色社会主义的奋斗目标和根本价值取向，是社会主义制度优越性的集中体现。国内外社会主义建设和发展的历史证明，能否实现人民共享发展成果，决定着社会主义的成败。当前，我国社会发展中的不公平问题及其引发的利益矛盾日益凸显，因此，必须坚持共享发展理念，推动全员共享、全面共享、共建共享、渐进共享，朝着共同富裕方向稳步前进已经成为实现社会公平正义，增强人民幸福感和获得感的紧迫要求。

共享不仅局限于物质财富，还要从人民群众的根本利益出发，不断满足人民群众日益增长的精神文化需要，切实保障人民群众政治、经济、社会、文化、生态权益，让发展的成果惠及全体人民。共享是中国特色社会主义的本质要求，这一本质要求就体现在中国特色社会主义建设和发展的根本目的就是实现好、维护好、发展好人民的根本利益，真正做到发展为了人

② 《习近平谈治国理政》，外文出版社 2014 年版，第 41 页。

民、发展依靠人民、发展成果由人民共享，促进人的全面发展。

四、新发展理念是破解发展难题的科学指南

新发展理念，“是针对我国发展中的突出矛盾和问题提出来的”①。作为世界上最大的发展中国家，发展无疑是第一要务，我国在创造“中国式奇迹”的同时，仍有一些“中国式难题”亟待破解，随着经济发展进入新常态，我国发展也面临着诸多困难和挑战。新发展理念体现直面问题、破解难题的使命担当，是经济发展新常态下破解发展难题的科学指南。

（一）以创新为动力突破经济社会发展的“瓶颈”

动力不足是新常态下制约我国经济发展的“瓶颈”，突破“瓶颈”唯有创新。改革开放40余年来，我国经济基本上是靠投资、出口、消费拉动的粗放式经济发展。这种发展方式虽然在一段时间内保持了经济的高速增长，但在发展的同时造成了严重的产能过剩，受到资源和环境的极大约束，尤其是关键领域的核心技术仍受制于人。我国虽然经济总量跃居世界第二，已经成为世界经济大国，但称不上是经济强国，“大而不强、臃肿虚胖问题相当突出”，其原因之一是我们的创新能力不强，尤其是科技创新水平不高，科技对经济发展的支撑力不足，对经济发展的贡献率和发达国家相比差距明显，“引领未来发展的科技储备远远不够，产业还处于全球价值链中低端，军事、安全领域高技术方面同发达国家仍有较大差距。”②同时，世界上新一轮的科技革命和产业变革正蓄势待发，“当今世界，经济社会发展越来越依赖于理论、制度、科技、文化等领域的创新，国际竞争新优势也越来越体现在创新能力上。谁在创新上先行一步，谁就能拥有引领发展的主动权。”③发达国家正在推进实施高起点的“再工业化”，发展中国家也在加速工业化，

① 《习近平谈治国理政》第二卷，外文出版社2017年版，第197页。
② 《习近平谈治国理政》第二卷，外文出版社2017年版，第203页。
③ 《习近平谈治国理政》第二卷，外文出版社2017年版，第203页。

创新成为竞争的新赛场。对于中国来说，低劳动力成本竞争的时代已经成为过去，在今天仍坚持用粗放式经济发展的“三驾马车”已经明显不适应经济新常态发展和国际竞争形势。因此，必须把发展基点放在创新上，必须用创新培植发展新动力，发挥科技创新在全面创新中的引领作用，加强基础研究，强化原始创新、集成创新和引进消化吸收再创新，通过创新培育发展新动力、塑造更多发挥先发优势的引领型发展。

习近平总书记反复强调，综合国力竞争，说到底是创新力的竞争。“十三五”期间，国家坚持以创新为发展基点，从主要依靠资源和低成本劳动力等要素投入转向创新驱动，加快创新型国家建设步伐，走中国自主创新道路；增强科技在企业中的创新能力，坚持问题导向，明确我国科技创新的主攻方向和突破口，着力攻克一批关键核心技术；增加产业投入，加快产品的更新，建立现代化产业体系；鼓励大众创业、万众创新，实现人人创业、创新的局面；完善政府的宏观调控政策，管好那些市场管不了或管不好的事情。经过不懈努力，我国科技创新能力有了显著增强。党的十九大进一步从强化基础研究、加强国家创新体系建设、深化科技体制改革、倡导创新文化、培养造就具有国际水平的人才和高水平创新团队等方面，对加快建设创新型国家做了一系列重要部署，其目的也在于解决经济社会发展的动力之困，加快形成以创新为支撑的现代化经济体系，引领国民经济持续健康发展。

（二）以协调为推力突破经济社会发展的结构之困

发展不平衡不协调是新常态下制约经济发展的结构之困，突破结构之困唯有协调，提高整体的协同性。不可否认，我国存在较为严重的发展不平衡、不协调、不可持续问题，尤其是城乡、区域发展不协调问题突出。主要表现在：我国的经济与社会发展不平衡，虽然我国经济总量跃居世界第二、发展超前，但是社会发展却相对滞后，教育、医疗卫生、社会保障等公共服务的水平不高、程度不深；我国经济发展与资源、环境生态之间的不平衡，经济的发展超越了资源、环境生态的承载力，与之不相适应。最为显著的一点就是城乡、区域之间发展的不平衡。城乡之间差距明显，体现在教育、医疗卫生、收入、就业、基础设施等诸多方面。改革开放以来，我国东中西部地区的经济发展水平总体上得以提升，人民生活不断改善，收入提高。但就东中西部自身比较而言，中西部地区的经济社会发展水平与东部相比仍然有很大的差距，东北经济在近年来也出现下滑趋势。此外，产业结构不合理、经济与社会、物质文明与精神文明的不平衡问题也存在。因此，必须通过协调发展促进发展的平衡性、协同性。如果发展不协调的问题长期得不到有效解决，“短板”就难以补齐，社会矛盾就会不断加深，发展的整体性就会受到影响。

近年来，国家坚持协调发展理念，在促进城乡协调发展、促进区域协调发展、促进经济社会协调发展、促进新型工业化、信息化、农业现代化同步发展等方面都采取了一系列重大举措，并取得了显著成效。但是，目前发展不平衡不充分的一些突出问题尚未解决，民生领域还有不少短板，脱贫攻坚任务艰巨，城乡区域发展和收入分配差距依然较大。党的十九大积极正视上述问题，进一步强调新发展理念，并提出实施乡村振兴战略和区域协调发展战略，必将突破我国经济社会结构之困，成功下好“十三五”时期全国一盘棋中的协调发展制胜一步，也为开启全面建设社会主义现代化国家新征程提供有力支撑。

（三）以绿色为标准突破经济社会发展的环境和资源之困

追求经济发展的同时忽略了对环境和资源的保护，这是新常态下经济社会发展与环境及资源之间的矛盾，解决这一矛盾唯有绿色发展。长期以来，我国经济一方面实现了快速发展，另一方面却造成了资源的过度开发与浪费，环境污染严重，加剧了人与自然关系的不和谐。传统模式的经济发展，快速的经济增长是以高消耗、高污染为代价，发达国家上百年工业化过程中分阶段出现的环境问题在我国集中出现，总体表现为人们赖以生存的自然环境遭到破坏，带来一系列相关问题。如可利用资源相对短缺、生态环境更加脆弱、空气干净指数下降、生物多样性锐减、环境容量不足等等，凸显了发展与环境及资源之间的矛盾。“我们也积累了大量生态环境问题，成为明显的短板，成为人民群众反映强烈的突出问题。比如，各类环境污染呈高发态势，成为民生之患、民心之痛。”① 必须通过绿色发展来保护生态环境、保护人们赖以生存的家园，要为建设美丽中国创造更好的生态条件，要为子孙后代留下天蓝、地绿、水清的生产生活环境。

“环境就是民生，青山就是美丽，蓝天也是幸福，绿水青山就是金山银山；保护环境就是保护生产力，改善环境就是发展生产力。”② 我们既要绿水青山，也要金山银山。宁要绿水青山，不要金山银山，而且绿水青山就是金山银山。生态环境状况不仅是衡量全面建成小康社会目标的重要标准，更是关乎中华民族生存和长远发展的根本大计。进入新时代以来，广大人民群众对清新空气、干净饮水、优美环境的呼声越来越强烈，对经济社会发展质量的要求迅速提高到对青山绿水、蓝天白云的追求。习近平总书记掷地有声提出要求，“像保护眼睛一样保护生态环境，像对待生命一样对待生态环境，推动形成绿色发展方式和生活方式，协同推进人民富裕、国家强盛、中国美丽。”③ 十九大则将污染防治作为全面建成小康社会决胜期的三大攻坚战之一，就加快生态文明体制改革、建设美丽中国作出了一系列重大部署，正是绿色理念落地生根的具体体现。

（四）以开放为支撑直面经济社会发展中来自国际的风险挑战

我国40余年来的发展成就受益于对外开放。党的十一届三中全会以来，我国坚持对外开放的基本国策，不仅引进了大量资金、先进的技术和管理经验，而且主动融入经济全球化进程，快速实现了从封闭半封闭到全方位开放的伟大历史转折，实现了我国同世界关系的历史性变革。实践证明，“一个国家能不能富强，一个民族能不能振兴，最重要的就是看这个国家、这个民

① 《习近平谈治国理政》第二卷，外文出版社2017年版，第209页。
② 《习近平谈治国理政》第二卷，外文出版社2017年版，第209页。
③ 《习近平谈治国理政》第二卷，外文出版社2017年版，第209—210页。

族能不能顺应时代潮流，掌握历史前进的主动权。"[①] 因此，今后我们要发展壮大，必须主动顺应经济全球化潮流，坚持对外开放，着力形成对外开放新体制，充分利用人类社会创造的先进科学技术成果和有益管理经验。

当今世界，经济全球化趋势逐步加深，世界经贸格局正在发生重大变化，国与国、地区与地区之间互联互动更加紧密，全球需求结构深刻调整，国际产业竞争日趋激烈。在这样一个国际环境下，我们搞开放发展，总体上有利因素更多，但风险挑战也非常严峻，而且都是更深层次的风险挑战。习近平总书记对此进行了深刻分析，主要表现在四个方面：国际力量对比正在发生前所未有的积极变化，但争夺全球治理和国际规则制定主导权的较量十分激烈，西方发达国家在经济、科技、政治、军事上的优势地位尚未改变，更加公正合理的国际政治经济秩序的形成依然任重道远；世界经济逐渐走出国际金融危机阴影，但世界经济还没有找到全面复苏的新引擎，国际范围内保护主义严重，国际经贸规则制定出现政治化、碎片化苗头；我国在世界经济和全球治理中的分量迅速上升，成为影响世界政治经济版图变化的一个主要因素，但我国经济大而不强问题依然突出，我国经济转化为国际制度性权力依然需要付出艰苦努力；我国对外开放进入引进来和走出去更加均衡的阶段，但支撑高水平开放和大规模走出去的体制和力量仍显薄弱。这就需要进一步坚持开放理念，充分利用有利的国内优势，不断提高把握国内国际两个大局的自觉性和能力。中国对外开放的力度将会越来越大。我们将坚定不移奉行互利共赢的开放战略，继续从世界汲取发展动力，也让中国发展更好惠及世界。[②]

（五）以共享为目标改善经济社会发展成果分配不公现象

改革开放以来人民的生活水平逐步提高，实现了从解决温饱问题到实现总体小康的转变，现在正朝着全面建成小康社会的目标迈进。与此同时，

① 《习近平谈治国理政》第二卷，外文出版社 2017 年版，第 210 页。

② 《习近平出席中美企业家座谈会》，《光明日报》2015 年 9 月 25 日。

收入分配这一经济社会发展的重大问题引起党和国家高度关注。当前，我国经济社会发展中存在着分配不公的现象，主要表现在：居民收入在国民收入分配中的比重偏低，并且在近年来呈现逐步下降趋势，普通劳动者收入偏低，垄断行业收入畸高，违反分配政策的现象存在等，导致群体收入差距不断扩大；此外，教育、就业、社会保障等领域不公平的现象依然突出。分配问题关系人民群众的切身利益，关乎改革发展稳定的全局。因此，必须通过共享实现分配的公平公正。

习近平总书记指出："我们要坚持以人民为中心的发展思想，抓住人民最关心最直接最现实的利益问题，不断实现好、维护好、发展好最广大人民根本利益，努力使全体人民学有所教、劳有所得、病有所医、老有所养、住有所居。"[①] 党的十八届五中全会坚持人民主体性原则，分别从观念和制度两个方面作出承诺，在观念层面必须坚持发展为了人民、发展依靠人民、发展成果由人民共享；在制度层面上作出更有效的制度安排，提升全体人民在共建共享中的获得感，增强发展动力，增进人民团结。"十三五"时期，国家注重增加公共服务产品的供给，积极努力打赢精准扶贫攻坚战，不断调整分配制度形成合理的收入分配格局。党的十九大进一步提出到 2020 年我国现行标准下农村贫困人口实现脱贫，贫困县全部摘帽，解决区域性整体贫困。党的十九大还紧紧围绕教育事业、就业、社会保障体系建设、健康中国、社会治理、国家安全等关系民生的问题进行了一系列重要部署，体现了让改革发展成果更多公平惠及全体人民的要求。

五、新发展理念对世界经济社会发展具有重要意义

新发展理念不仅是我国实现社会主义现代化和中华民族伟大复兴中国梦的指南，而且"是对人类文明进步有重大作用的重大理念"[②]，对世界经济

① 《习近平在学习 < 胡锦涛文选 > 报告会上的讲话》，《光明日报》2016 年 9 月 30 日。

② 张辉：《五大发展理念具有世界意义》，《经济日报》2016 年 5 月 19 日。

社会发展和推进国际合作具有重要价值。

（一）对世界经济发展具有重要意义

新发展理念符合中国的发展态势，也顺应了世界发展潮流，体现了世界各国发展的共同价值取向，对一些国家走出经济困境具有重要意义。

创新是世界经济社会发展的动力。中国把创新作为国家发展全局的关键摆在核心位置，积极实施创新驱动战略，不断推进理论创新、制度创新、科技创新、文化创新，让一切知识、技术、财富充分迸发以推动创新的发展。本质上讲，世界经济社会的发展过程也是一个不断创新的过程。面对世界金融危机、经济增长乏力的挑战，世界各国要想摆脱危机、取得经济的长远稳定发展，根本动力在于创新。唯有通过变革激发创新活力，才能为世界经济社会发展注入新动能。

协调是世界经济社会发展的内在要求。我国提出协调的发展理念旨在针对中国长期存在的发展不平衡、不协调问题，以此破解难题，提高发展的整体性。发展的不协调问题不仅在中国存在，在世界也具有普遍性。为解决世界长期存在的发展不协调问题，中国推动“一带一路”建设，促进沿线各国经济的协调发展，共同抵御风险，以实现世界各国更好地合作与发展。

绿色是世界经济社会发展的共同梦想。既要金山银山，又要绿水青山，绿水青山就是金山银山。我国在经济发展的同时注重生态环境的保护，坚定不移走生产发展、生活富裕、生态良好的发展道路。世界各国在片面追求经济高速度发展的同时，也需要加强生态文明建设。

开放是世界经济社会发展的必然趋势。中国以互利共赢为基础实施开放的发展战略，这是中国顺应时代潮流积极融入世界的表现。历史证明，闭关锁国、故步自封是不能取得良好发展的，中国的发展离不开世界，世界的发展也离不开中国，单边主义、贸易保护主义只能让世界经济秩序更糟糕。只有世界各国共同开放、互信互惠，才能实现互利共赢、共同进步。

共享是世界经济社会发展的人民期盼。发展成果由全体人民共享，满足人民的需求，这是各国人民的基本保障和权利。资本主导发展的逻辑带来世界性的贫富差距、社会分化、环境恶化等诸多问题，“有8亿人还在挨饿。一些国家和地区发展并未惠及全体人民”①，这也是西方发展危机难以根除的深层原因。这就需要更深更高层次的共享发展，才能消除冲突的根源，才能满足人民对美好生活的热切向往，才能维护和保证世界人民共同的利益。这充分反映了世界人民尤其是发展中国家人民的共同心声和强烈盼望。

（二）对推动构建人类命运共同体具有重要意义

中国作为世界上最大的发展中国家，对世界经济增长的贡献已连续多年超越欧美最发达国家，成为世界经济增长的最强“引擎”和最大稳定力量。中国正积极融入世界经济话语体系，在世界经济格局中被赋予更多的责任和义务。

随着参与全球治理主权国家的增多，有效的全球治理体系亟待建立。新发展理念贯穿全球治理体系之中，体现了中国作为一个负责任大国的担当，也是中国向世界提供的思想智慧。创新为全球治理注入活力。超越西方旧有的军事威胁、武力征服、野蛮占领等全球治理手段，维护全球秩序和国际规则的道路创新、理论创新、制度创新和文化创新，是大势所趋。通过创新，改变传统的观念和制度，促进全球治理观念更新和制度变革，为新型全球治理注入活力。协调有利于增进全球治理的协同性。世界是各国相互联系、相互依存的命运共同体，没有哪一个国家可以脱离别国独自发展，唯有坚持协调的办法，才能增进各国之间的整体协同性。国际秩序究竟如何建立不是单个发达国家说了算，而是各国之间通过对话协商和平解决，开展全方位的交流。中国在推动全球治理的过程中，既要维护发展中国家的整体利益，提升发展中国家在全球经济治理结构中的发言权和话语权，又要积极增进与欧美发达国家的协调沟通。绿色是推进全球治理的必由之路。推进全球经济治理必须要坚持绿色发展。环境是人类生存的必要条件，人类的命运与生态环境的好坏息息相关。不坚持绿色发展、破坏生态环境，就是破坏了人

---

① 张辉：《五大发展理念具有世界意义》，《经济日报》2016年5月19日。

类共同的幸福，正如习近平总书记所说的那样，全世界人民要像对待我们自己的生命一样来保护生态环境。开放为构建全球治理提供了有效的外部条件，开放是顺应经济全球化发展背景的结果。世界各国经济“相通则共进、相闭则各退”。因此，通过丰富开放的内涵、拓宽开放的领域、提升开放的水平，促进世界各国以更加开放的胸襟和包容的心态，积极主动地参与全球治理之中。共享是新型全球治理的保障和目标。坚持共享理念，努力构建各国共同尽力、共同参与、共同享有的新气象。中国一直秉承共享的发展理念，在脱贫、消除贫富差距、保障就业、公共服务等各方面做了充足的工作，取得了显著成效，虽然不能福泽世界各国，但为推进全球经济治理提供了经验和借鉴。

党的十八大以来，习近平总书记积极通过多边、双边外交，不断向世界宣示当代中国发展新理念，并提出了构建人类命运共同体的重要思想，以期建设持久和平、普遍安全、共同繁荣、开放包容、清洁美丽的世界；开启并积极推进“一带一路”国际合作，努力实现政策沟通、设置联通、贸易畅通、资金融通、民心相通，打造国际合作新平台，增添共同发展新动力。构建人类命运共同体战略及促进“一带一路”建设重大举措与新发展理念具有内在的一致性，体现了中国秉持共建共享的全球治理观。在这个意义上讲，新发展理念为构建人类命运共同体和促进“一带一路”国际合作提供了指南，对在国际和区域层面建设全球伙伴关系，对世界各国同心打造人类命运共同体具有重要现实指导意义。

第八章 “四个自信”：新时代中国特色社会主义创新发展的新境界

党的十八大以来，以习近平同志为核心的党中央着眼实现中华民族伟大复兴的中国梦，紧紧围绕续写中国特色社会主义这篇大文章，创造性地扩展了党的十八大提出的中国特色社会主义道路自信、理论自信、制度自信“三个自信”的谱系，提出了中国特色社会主义文化自信，将“三个自信”扩展为“四个自信”。与此同时，习近平总书记对为何要坚定“四个自信”、坚定什么样的“四个自信”、如何坚定“四个自信”等问题，作出了重要论述，内涵丰富，系统完整，立意深远，是习近平新时代中国特色社会主义思想的重要组成部分。“四个自信”重要思想，进一步深化了全党对中国特色社会主义科学内涵和发展规律的整体性认识，是中国特色社会主义的重大理论创新，开辟了新时代中国特色社会主义理论发展的新境界。

一、“四个自信”的提出

自信既是一个世界大党的胸怀担当，也是一个世界大国前进的定力。党的十八大以来，以习近平同志为核心的党中央始终围绕坚持和发展中国特色社会主义这一当代中国共产党人最核心的使命，巩固道路，创新理论，完善制度。在我国进入比历史上任何时期都更接近中华民族伟大复兴目标的新时代，面对国内外环境条件的深刻变化和调整，习近平总书记在不同场合多次强调中国特色社会主义文化的功能作用、深厚底蕴及精神内涵，鲜明地提出了“四个自信”的重要思想，这对于我们坚定不移坚持和发展中国特色社会主义、决胜全面建成小康社会、全面实现社会主义现代化具有十分重要的意义。

（一）从“三个自信”到“四个自信”

改革开放40年来，中国各项事业获得了长足发展与进步，创造了无数个“中国奇迹”与“世界第一”，中国前所未有地靠近世界舞台中心，前所未有地接近实现中华民族伟大复兴的目标，前所未有地具有实现这个目标的能力和信心，目前已经进入决胜全面建成小康社会的关键时刻。这些发展成就使中国在日趋激烈的国际竞争中对中国特色社会主义更加有底气、更加有信心。与此同时，中国的发展也还存在一些不尽如人意的地方，如贫富差距问题、贪污腐败问题、环境污染问题，等等。面对中国经济社会发展的巨大成就与存在的矛盾和问题，出现了中国特色资本主义论、新民主主义回归论、历史虚无主义等否定中国社会主义本质和抹黑中国发展历史的论调与思潮，新自由主义、普世价值等鼓吹西方资本主义的论调与思潮却甚嚣尘上，中国话语体系和话语权建设成为新的历史条件下维护中国特色社会主义事业的重要保障。因而，对于中国建设取得成就的理论总结和中国发展中存在矛盾和问题的理论建构变得日益紧要迫切。

2012年党的十八大报告明确指出，“中国特色社会主义道路，中国特色社会主义理论体系，中国特色社会主义制度，是党和人民九十多年奋斗、创造、积累的根本成就，必须倍加珍惜、始终坚持、不断发展。”“只要我们胸怀理想、坚定信念，不动摇、不懈怠、不折腾，顽强奋斗、艰苦奋斗、不懈奋斗，就一定能在中国共产党成立一百年时全面建成小康社会，就一定能在新中国成立一百年时建成富强民主文明和谐的社会主义现代化国家。全党要坚定这样的道路自信、理论自信、制度自信。”① 这是党的十八大报告首次提

① 本书编写组：《十八大报告学习辅导百问》，党建读物出版社、学习出版社2012年版，第11、14—15页。

出中国特色社会主义的“三个自信”——道路自信、理论自信、制度自信。

自党的十八大报告提出“三个自信”以后，习近平总书记又在中国梦的语境下，在很多场合多次强调中国特色社会主义文化的功能作用、深厚底蕴及精神内涵。2013 年 12 月，他在山东考察时深刻指出：“一个国家、一个民族的强盛，总是以文化兴盛为支撑的，中华民族伟大复兴需要以中华文化发展繁荣为条件。”①2014 年 2 月，他在主持中央政治局第十三次集体学习时首次提出了文化自信的概念，并指出增强文化自信要从中华民族优秀传统文化中汲取养分，要讲清楚中华民族优秀传统文化的历史发展及其鲜明特色。2014 年 10 月，他在文艺工作座谈会上又强调：“增强文化自觉和文化自信，是坚定道路自信、理论自信、制度自信的题中应有之义。”② 之后，他又将文化自信的独立地位、特性及作用逐步确立了起来。在 2016 年“5·17 讲话”中，他强调：“我们说要坚定中国特色社会主义道路自信、理论自信、制度自信，说到底是要坚定文化自信。文化自信是更基本、更深沉、更持久的力量。”③ 在 2016 年建党 95 周年的讲话中，他更是明确指出，中国共产党人“坚持不忘初心、继续前进，就要坚持中国特色社会主义道路自信、理论自信、制度自信、文化自信”④。这“四个自信”，后来他又多次强调并加以阐释，进而又将其概括为“四个自信”，并在中共中央办公厅印发的《关于推进“两学一做”学习教育常态化制度化的意见》中，写进了党中央对于每一个共产党员的明确要求。

“文化自信”是继“制度自信”“理论自信”“道路自信”之后，习近平总书记提出的第四个“自信”。为什么我们要呼唤“文化自信”的回归？为什么我们在“三个自信”之外还需要“文化自信”？简而言之，“文化自信，是更基础、更广泛、更深厚的自信，是更基本、更深沉、更持久的力量。坚

---

① 中共中央文献研究室：《习近平关于社会主义文化建设论述摘编》，中央文献出版社 2017 年版，第 3—4 页。

② 《十八大以来重要文献选编》（中），中央文献出版社 2016 年版，第 135 页。

③ 《习近平谈治国理政》第二卷，外文出版社 2017 年版，第 339 页。

④ 《习近平谈治国理政》第二卷，外文出版社 2017 年版，第 36 页。

定文化自信，是事关国运兴衰、事关文化安全、事关民族精神独立性的大问题”①。具体而言，一是因为文化是民族生存和发展的“根”和“魂”，“文明特别是思想文化是一个国家、一个民族的灵魂。无论哪一个国家、哪一个民族，如果不珍惜自己的思想文化，丢掉了思想文化这个灵魂，这个国家、这个民族是立不起来的”②，而且还可能上演一幕幕历史悲剧；二是因为中华民族优秀传统文化蕴含着千年智慧的治理经验，它“可以为治国理政提供有益启示，也可以为道德建设提供有益启发”③，我国今天的国家治理体系，是在我国历史传承、文化传统、经济社会发展的基础上长期发展、渐进改进、内生性演化的结果；三是因为提高文化软实力事关国运兴衰，中国虽然有源远流长的文化底蕴和强劲的文化发展势头，但同我国日益强大的物质硬实力相比较而言，文化软实力的表现尚不尽如人意，中国目前最多算是一个文化大国，远非一个文化强国。体现一个国家综合实力最核心的、最高层的，还是文化软实力。

由此可见，从“三个自信”到“四个自信”，不仅创造性地扩展了党的十八大提出的中国特色社会主义“三个自信”的谱系，补充了“文化自信”，而且把“四个自信”并列在一起作为一个整体思想提出，是中国特色社会主义自信理论逻辑结构的升华和理论内容的丰富与拓展；这不仅凸显了新时代中国特色社会主义文化在中国特色社会主义伟大事业中的突出地位和作用，而且还进一步创新和发展了中国特色社会主义话语体系，推动了中国特色社会主义总体性的话语表达和理论建构；这不仅是中国特色社会主义的一个重大理论创新，而且标志着我们党对中国特色社会主义达到了一种更新、更高的整体自信水平，彰显了中国共产党坚持和发展中国特色社会主义的责任担当和坚定意志。

---

① 《习近平谈治国理政》第二卷，外文出版社 2017 年版，第 349 页。

② 中共中央文献研究室：《习近平关于社会主义文化建设论述摘编》，中央文献出版社 2017 年版，第 5 页。

③ 习近平：《在纪念孔子诞辰 2656 周年国际学术研讨会暨国际儒学联合会第五届会员大会开幕会上的讲话》，《人民日报》2014 年 9 月 25 日。

（二）“四个自信”的来源

我们对中国特色社会主义的道路自信、理论自信、制度自信、文化自信，有着无比充分的理由、无比充足的底气。“四个自信”是习近平总书记对改革开放40年、中华人民共和国成立近70年、中国共产党成立近100年、世界社会主义500年乃至中华民族5000多年悠久而深厚的历史经验的总结和概括，是从反思历史、立足现实、面向未来的中国特色社会主义历时性视角提出来的。我们的自信来源于中华民族无比深厚的历史底蕴，来源于中国特色社会主义的伟大实践，来源于人民的选择、拥护和支持，来源于中国特色社会主义的科学真理性。

1.“四个自信”来源于中华民族无比深厚的历史底蕴

我们的自信首先来源于中华民族无比深厚的历史底蕴。五千多年文明史，源远流长。而且我们是没有断流的文化。文化没有断流的，始终传承下来的只有中国。中华民族虽历经劫难，却生生不息、薪火相传，根本原因就在于中华民族优秀传统文化的魅力，在于厚重的中华民族优秀传统文化支撑。与中华文明岁月相近的古巴比伦文明、古埃及文明、古印度文明都曾中断过，有的甚至消亡了，唯有中华文明延续至今，从未中断过。中华文明博大精深、积淀深厚、历史悠久、源远流长。物质层面，中华民族向世界贡献了“四大发明”、古“丝绸之路”和浩瀚文物，对人类社会的文明进步，对经济和科学文化的发展，都起到了重要推动作用；思想文化层面，中华民族古代思想文化的辉煌，我们今天仍能深切感受到，如先秦诸子的学说，《黄帝内经》的医学，《史记》《汉书》的史学，唐诗、宋词的文学，几乎每一个朝代都有其辉煌的文化成就，给世人留下了难以磨灭的记忆和印象。西方学者无不承认，在近代以前的所有文明中，没有一个国家的文明比中国文明更发达、更先进。研究“软实力”的著名学者约瑟夫·奈也明确指出：“中国的软实力资源之一，就是富有魅力的传统文化。”①1988年，75位诺贝尔奖获得者齐聚法国巴黎，共同研讨21世纪科学的发展与人类发展面临的问

---

① 周熙明：《中央党校学员关注的文化问题》，中共中央党校出版社2010年版，第22页。

题，得出的16项结论之一就是："人类要生存下去，就必须回到2500年之前，去汲取孔子的智慧。"① 毋庸讳言，积淀无比丰厚的中华优秀传统文化，让我们今天这样一个需要文化大繁荣大发展的时代拥有了深沉醇厚的文化"底气"。

一个民族的文明进步，一个国家的发展壮大，需要一代又一代的文化积淀、薪火相传与发展创新。对此，习近平总书记就曾深刻指出："一个民族、一个国家，必须知道自己是谁，是从哪里来的，要到哪里去，想明白了、想对了，就要坚定不移朝着目标前进。"② 无数的历史和现实都一再证明，一个背叛或者抛弃自己历史文化的民族，非但不可能走得太远，而且还很可能会上演一场场历史悲剧；一个忘记来路的民族，也是没有前途的民族。在意识形态领域，西方敌对势力惯用的伎俩之一就是通过搞历史虚无主义来搞垮自己的敌对国。苏联解体的一个很重要原因，就是西方敌对势力有组织并呈系列化地策划、煽动苏联民众全面否定苏联历史、苏共历史，最终导致苏联悲剧的发生。西方敌对势力这一最有效的伎俩，在我们今天的中国也时不时上演。他们通过竭尽丑化、污蔑、攻击中国革命史、新中国历史之能事，搅乱人们思想，分裂社会共识，淡化民众对中国特色社会主义道路的认同、对中国共产党执政的认同，销蚀我国主流意识形态的导向和聚合功能。历史实践反复证明，一个国家走什么样的道路、选择什么样的治理体制，都是由这个国家和民族的文化传统、历史积淀、基本国情决定的，是渐进改革、内生演化的结果。抛开自己民族发展的先决条件，不顾本国发展所处的历史阶段，盲目采用被西方大国所推行的所谓放之四海而皆准的发展模式，无一例外地都遭遇到了这样或那样的困境。而中国之所以取得了今天如此辉煌的成就，是因为我们一直所坚持的中国特色社会主义这条道路是从改革开放40年的伟大实践中走出来的，是从中华人民共和国成立近70年的持续探索中走出来的，是从对近代以来170多年中华民族发展历

---

① 周熙明：《中央党校学员关注的文化问题》，中共中央党校出版社2010年版，第23页。

② 《习近平谈治国理政》第一卷，外文出版社2014年版，第171页。

程的深刻总结中走出来的，是从对中华民族5000多年悠久文明的传承中走出来的。独特的文化传统、历史积淀、基本国情，注定了我们必然要走适合自己特点的中国特色社会主义发展道路，这是“四个自信”的历史底蕴所在。

2.“四个自信”来源于中国特色社会主义的伟大实践

自信来源于中国特色社会主义的伟大实践，这是我们自信的现实基础。“四个自信”不是空喊出来的，而是我们党领导中国人民一步一步奋斗出来的，是从中国的伟大实践中生长出来的。它不是水中月、镜中花，事实胜于雄辩。伟大的实践铸就自信，非凡的实践成就增强自信。

从纵向看，“四个自信”源于中华民族百年复兴的沧桑巨变。实践是最好的教材。回望中华民族发展史，我们经历了从傲娇到失去自信再到回归自信的一个历程。在中华民族5000多年的历史进程中，我们的先辈们创造了灿烂辉煌的中华文明，为人类的发展作出了卓越贡献。可以说，在进入封建社会至16世纪之前，无论在经济、政治、军事或科学技术和文化上，中国都走在世界的前列，都是世界上最强大的国家，那时的中国人是无比自信的。然而，到了近代，特别是1840年鸦片战争之后，由于封建统治的腐朽和西方列强的侵略，中国沦为积贫积弱、任人欺侮的半殖民地半封建社会。这段历史成为中华民族的最耻辱记忆。正如习近平总书记所说：“想起这一段历史，我们的心中都有刻骨铭心的痛。”① 实现中华民族伟大复兴由此便成为近代以来中国人民和无数仁人志士最伟大的梦想。中国各阶级包括农民阶级、地主阶级、新兴资产阶级，为找回中华民族往日的尊严和逝去的辉煌，在中华民族救亡图存的道路上都进行了苦苦探索和不屈不挠的斗争，从林则徐、魏源的“睁眼看世界”到太平天国的《资政新篇》，从“中体西用”的洋务运动到体制改良的戊戌维新，再到推翻帝制的辛亥革命，都未能拯救中华民族和中国人民于水火，旧中国的社会性质也没有根本改变。而“自从产生了中国共产党，中国历史就改变了方向，五千年的中国历史就

① 习近平：《在网络安全和信息化工作座谈会上的讲话》，《人民日报》2016年4月26日。

改变了方向”[①]。中国共产党一经成立，就把实现共产主义作为党的最高理想和最终目标，义无反顾地担负起实现中华民族伟大复兴的历史使命，并在一代一代的接续奋斗中，不断开创并续写中华民族伟大复兴中国梦的历史的新篇章。

98 年来，中国共产党带领全国各族人民取得了新民主主义革命的胜利，建立了中华人民共和国，实现了人民的解放和民族的独立；完成了社会主义改造，确立起了社会主义基本制度，为当代中国一切发展进步奠定了根本政治前提和制度基础；开启了改革开放新的伟大征程，进入了全面建设社会主义现代化的新时代，开创、坚持和发展了中国特色社会主义，中国特色社会主义道路、理论、制度、文化不断发展、丰富和完善。中国共产党领导中国人民近一个世纪以来的伟大实践，使科学社会主义主张在中国焕发出旺盛的生命力与活力；使拥有 5000 多年的中华文明在实现社会主义现代化的新征程中焕发出新的勃勃生机；让中国发展成为经济总量位居世界第二位的经济体，而且与世界第一大经济体美国的差距不断在缩小，人均国内生产总值从 100 多美元连续翻番达到 8000 多美元，7 亿人摆脱贫困，对世界的减贫工作作出了卓越贡献。尽管现实中还存在着诸多令人不满和忧虑的地方，尽管我们还面临着诸多困难和挑战，但是任何不带有色眼镜或偏见的人都可以看到，中国的综合国力、国际竞争力和影响力都得到了大幅度提升，这是千真万确的事实。这让我们更加坚信，“中国特色社会主义道路是实现社会主义现代化、创造人民美好生活的必由之路，中国特色社会主义理论体系是指导党和人民实现中华民族伟大复兴的正确理论，中国特色社会主义制度是当代中国发展进步的根本制度保障，中国特色社会主义文化是激励全党全国各族人民奋勇前进的强大精神力量。”[②]

从横向看，“四个自信”源于中国同世界各国的比较。有比较才有鉴别，比较是最好的老师。发端于美国的金融危机如今已十余年，整个资本主义世

① 《毛泽东文集》第三卷，人民出版社 1996 年版，第 397 页。

② 《中国共产党第十九次全国代表大会文件汇编》，人民出版社 2017 年版，第 46 页。

界经济仍然复苏乏力，经济增长动力不足，贫富两极分化现象严重，地区热点问题“你方唱罢我登场”，资本主义主导的国际政治经济秩序弊端丛生，“黑天鹅”“灰犀牛”事件频现，逆全球化思潮上扬，改革议程裹足不前，国家治理乱象丛生，“民主赤字”“和平赤字”“治理赤字”“发展陷阱”此起彼伏，西方的价值理念、制度模式、国际治理安排日益陷入困境，美国或西方主导的资本主义政治经济体系已经难以为继；与此形成鲜明对比的是，在席卷全球的金融危机对各国发展道路、制度模式、经济理论和经济政策、治理体系和治理能力的大考中，中国交出了令西方国家无可企及的漂亮答卷。自国际金融危机以来，中国对世界经济增长的平均贡献率每年都在 30% 以上，超过美国、欧元区、日本贡献率的总和，居世界第一；在全球化与“逆全球化”的博弈中，中国正日益成为经济全球化的推动者、组织者和引领者，中国智慧、中国理念、中国方案的影响力空前增强，中国国际话语权空前增强，中国正在发挥着全球发展贡献者、世界和平推进者、国际秩序维护者的重要作用。东欧转型经济国家，如匈牙利、斯洛伐克等国家采用西方推崇的“民主制度”以后，民生非但没有改善反而凋敝，人民由希望变成失望甚至绝望。菲律宾、泰国等东南亚国家也大都出现了社会分裂、经济滑坡、贪腐盛行的局面。经济基础与中国接近的印度近年来发展势头虽然迅猛，但《中国超越》的作者张维为教授说：“你可以开车从北京或上海市中心出发，往任何方向开……开 20 个小时……你把你一路所看到的贫困现象加在一起，可能会少于你从印度的孟买、新德里、加尔各答市中心往城外开 2 个小时所看到的贫困。”①

由此可见，无论是同深陷治理乱局的西方发达国家相比，还是同陷入“中等收入陷阱”和动乱频发的拉美国家相比，还是同改旗易帜的一些东欧原社会主义国家相比，坚持走我们自己特色社会主义道路的中国，非但没有崩溃，反而生机勃勃，“风景这边独好”。随着社会主义中国的蓬勃发展，人们正在见证“历史终结论”的“终结”，“中国崩溃论”的“崩溃”，“社会主

① 张维为：《中国震撼》，上海人民出版社 2016 年版，第 180 页。

义失败论”的“失败”。

3.“四个自信”来源于人民的选择、拥护和支持

中国特色社会主义，是植根于中国大地、顺应中国人民过上幸福美好生活的期盼而提出的，它代表人民的根本利益，以人民的选择为选择。回望来路，中国共产党人领导中国人民进行革命、建设和改革的初心和使命，就是为中国人民谋幸福，为中华民族谋复兴。正是因为我们党始终坚持全心全意为人民服务的根本宗旨，始终把人民放在心中最重要的位置，把人民赞成不赞成、满意不满意、支持不支持、高兴不高兴、拥护不拥护作为衡量我们党的一切工作得失的根本判断标准，我们党和国家的事业才始终拥有了恒久持续的力量源泉，才取得了一个又一个的伟大胜利；正是因为我们党始终坚持以人民为中心的发展思想，始终回应人民群众对美好生活的追求和向往，我们党和国家的事业才始终得到了人民的拥护和支持；正是因为有了人民群众的支持和拥护，中国共产党才能够不断发展壮大，中国特色社会主义事业才能够不断胜利前进。这是我们自信的源泉，是我们自信的底气。

与此同时，在推进中国特色社会主义伟大事业的历史进程中，我们的党和国家之所以始终得到了人民的拥护和支持，是因为人民也不断地从党和国家的事业发展中获得了实惠。中国人民迎来从站起来、富起来到强起来的伟大飞跃，特别是改革开放以来，中国人民从新旧、内外、横纵多角度对比中，切身经历了生活质量和水平的大幅度跃升，切身感受到了祖国翻天覆地的变化与荣光。由此，我们的人民自己就用活生生的事实雄辩地证明了，中国特色社会主义既最能代表中国最广大人民的根本利益，又符合人类社会的客观发展规律和中国的基本国情，只要继续走下去，不动摇、不懈怠、不折腾，就一定能早日实现国家富强、民族振兴、人民幸福的中华民族伟大复兴中国梦的目标。由此可见，中国特色社会主义既是最符合人民意愿、代表人民心声、不断满足人民日益增长的美好生活需要的成功之路、必由之路，也是当代中国发展进步的根本方向。因而，在人民的心目中中国特色社会主义就能够始终占据真理和道义的制高点，就能够始终得到人民的认同、拥护和

支持。“四个自信”作为中国共产党和中国人民对自己选择、开创、确立的道路、理论、制度和文化的自我认识和评价，其真理性已经得到并正在继续不断得到13亿多人民伟大实践的证明。这就是“四个自信”最牢固可靠的科学根据。

4.“四个自信”来源于中国特色社会主义的科学真理性

真理是坚定自信的理论源泉。习近平总书记深刻指出：“理论上清醒，政治上才能坚定。”“认识真理，掌握真理，信仰真理，捍卫真理，是坚定理想信念的精神前提。”①

马克思主义是科学真理，具有永恒的思想价值。习近平总书记多次强调，“无论时代如何变迁、科学如何进步，马克思主义依然显示出科学思想的伟力，依然占据着真理和道义的制高点”②。实践一再雄辩证明，马克思主义关于人类社会发展规律思想、关于坚守人民立场思想、关于生产力生产关系思想、关于人民民主思想、关于文化建设思想、关于社会建设思想、关于人与自然关系思想、关于世界历史思想、关于马克思主义政党建设思想都没有过时，我们都要认真学习、领会、实践。中国共产党自诞生之日起，就始终坚持把马克思主义作为自己的指导思想，把马克思主义科学理论作为自己全部理论和实践的基石。冷战结束后，一些发展中国家在西方新自由主义、“普世价值”的蛊惑下，深陷四分五裂、战乱不堪的泥潭。尤其在苏联解体、东欧剧变之后，唱衰中国的论调在国际上不绝于耳，“历史终结论”“中国崩溃论”从未中断过，为什么中国反而能够迅速崛起？一个重要原因，就是因为中国特色社会主义始终坚持以马克思主义基本原理、科学社会主义基本原则为理论指导和根本遵循。事实再清楚不过地表明，只有社会主义才能救中国，只有中国特色社会主义才能发展中国，只有坚持和发展中国特色社会主义才能实现中华民族的伟大复兴，这是历史的选择、人民的选择。科学而系统的马克思主义科学理论体系，是“四个自信”最根本的世界观基础和理论

① 《习近平谈治国理政》第二卷，外文出版社2017年版，第50页。

② 《习近平谈治国理政》第二卷，外文出版社2017年版，第329页。

源泉。

中国特色社会主义的科学真理性，不仅体现在它坚持了科学社会主义的基本原则，而且还体现在中国共产党人与时俱进地把马克思主义基本原理、科学社会主义基本原则与中国建设和改革的具体实际相结合，不断推进中国特色社会主义理论体系的创新发展。历代中国共产党人都在紧密结合当代中国发展客观实际，继承前人理论成果，积极顺应时代发展规律，并深刻把握基本国情的基础上，在一代代的接力探索、继承、发展和创新中不断续写马克思主义中国化的时代华章，不断推进马克思主义中国化理论成果的与时俱进，并用与时俱进的理论成果指导中国新的实践。从邓小平理论到“三个代表”重要思想，再到科学发展观，再到习近平新时代中国特色社会主义思想，中国特色社会主义理论体系不断丰富、创新和发展。其中，习近平新时代中国特色社会主义思想是马克思主义中国化的最新理论成果，是对马克思列宁主义、毛泽东思想、邓小平理论、“三个代表”重要思想、科学发展观的继承和发展，以全新的视野深化了对共产党执政规律、社会主义建设规律、人类社会发展规律的认识，开辟了马克思主义新境界、中国特色社会主义新境界、治国理政新境界、管党治党新境界，是中国 21 世纪的马克思主义，是全党全国各族人民为实现中华民族伟大复兴而奋斗的行动指南，必须长期坚持并不断发展。中国共产党人和中国人民有了马克思主义理论及其与时俱进的中国化理论成果的指导，对中国特色社会主义伟大事业就有无比雄厚的底气和信心。

（三）“四个自信”的重大意义

“四个自信”具有重大时代价值和深远世界意义，它不仅为实现“两个一百年”奋斗目标和中华民族伟大复兴中国梦汇聚磅礴力量、提供精神支撑，还向全世界展现了科学社会主义的蓬勃生机与活力，为世界上那些既希望加快发展又希望保持自身独立性的广大发展中国家和民族提供了重要借鉴和信心，为解决人类发展问题贡献了中国智慧和中国方案。

1.“四个自信”是实现“两个一百年”奋斗目标和中华民族伟大复兴中国梦的迫切需要

2016年11月30日，习近平总书记在中国文联十大、中国作协九大开幕式上的讲话中强调：“实现中华民族伟大复兴，必须坚定中国特色社会主义道路自信、理论自信、制度自信、文化自信。”① 中国特色社会主义道路、理论、制度、文化贯穿于实现中国梦的整个过程和全部实践之中，为实现中华民族伟大复兴的中国梦提供了实现途径、行动指南、制度保障和精神动力。牢固树立“四个自信”，保持战略定力，始终坚持和发展中国特色社会主义，这样才能汇聚起实现中华民族伟大复兴的磅礴力量。

“四个自信”激扬前行伟力、汇聚实现中华民族伟大复兴的磅礴力量。如前所述，我们对中国特色社会主义引领中国走向发展和繁荣具有足够的理由充满自信。但我们也必须保持清醒头脑，在改革发展以及实现中华民族伟大复兴中国梦的路上，难免会遇到这样或那样的矛盾与问题，这些会干扰实现中国梦的进程。从外部环境来看，国外各种敌对势力对中国特色社会主义的质疑和否定从未停止过，各式各样的“中国威胁论”“中国崩溃论”也从未中断过，利用互联网平台抹黑中国共产党、抹黑中国历史、妄图否定中国共产党、否定社会主义制度的卑劣行径也从未消失过。如此种种，其根本意图就是想让我们党改旗易帜、改弦易辙、改名换姓，牢固树立“四个自信”就是为应对这种挑战。从国内环境看，仍然有人甚至包括部分党员干部同志，对于当前中国改革方案的设计与改革道路的选择，可谓众声喧哗，对中国特色社会主义道路和制度缺乏足够信心。主张走“老路”者有之，将发展过程中不可避免出现的矛盾和问题归因于改革本身；主张走“邪路”者有之，奉西方道路、理论与制度为金科玉律，力图通过移植进行全盘西化；主张走“古路”者亦有之，呼吁“用儒学取代马列主义”。对此，习近平总书记警示我们：“一个政党执政，最怕的是在重大问题上态度不坚定，结果社会上对有关问题沸沸扬扬、莫衷一是，别有用心的人趁机煽风点火、蛊惑搅

① 《习近平谈治国理政》第二卷，外文出版社2017年版，第349页。

和，最终没有不出事的！”[①] 只有坚定“四个自信”，以无比强大的自信之力引领中国道路、弘扬中国精神、汇聚中国力量，画好最大同心圆、形成最大公约数，全党和全国人民就能够统一思想、凝聚共识，就能够激扬起深化改革、继续前行的思想伟力。

“四个自信”坚定中国特色社会主义理想、共产主义信念，筑牢中华民族伟大复兴中国梦的精神支柱。习近平总书记在纪念马克思诞辰200周年大会上的讲话中明确指出，只有社会主义才能救中国，只有中国特色社会主义才能发展中国，只有坚持和发展中国特色社会主义才能实现中华民族伟大复兴。坚定“四个自信”，牢固树立起中国特色社会主义理想、共产主义信念，是我国实现中华民族伟大复兴中国梦的精神支柱和动力源泉。习近平总书记曾有一个形象的比喻，即理想信念好比是共产党人精神上的“钙”，如果共产党人理想信念不坚定或理想信念缺失，精神上就会“缺钙”，就会得“软骨病”，政治上就会变质、经济上就会贪婪、道德上就会堕落、生活上就会腐化。习近平总书记深刻指出：“国内外各种敌对势力，总是企图让我们党改旗易帜、改名换姓，其要害就是企图让我们丢掉对马克思主义的信仰，丢掉对社会主义、共产主义的信念。”[②] 苏联解体的惨痛教训时刻警示我们，马克思主义政党特别是执政党一旦放松对马克思主义的信仰和追求、对社会主义和共产主义理想信念的坚守，就会沦陷坍塌，就会失去执政的地位。所以“我们一定要有一个基本立场，就是对中国特色社会主义要保持必胜信念，在涉及中国特色社会主义道路、理论、制度等重大原则问题上必须立场坚定、态度坚决”[③]。否则，中华民族伟大复兴中国梦就会变成水中月、镜中花，就真的只是一个“梦”而已，梦醒时分，一切都是枉然。

2.“四个自信”为21世纪的科学社会主义注入了强大生机与活力

世界社会主义500年，从空想社会主义的产生到科学社会主义理论体系的创立，从俄国十月革命的胜利并实践社会主义到苏联模式的形成，从包

① 《习近平谈治国理政》第二卷，外文出版社2017年版，第113页。
② 《习近平谈治国理政》第二卷，外文出版社2017年版，第327页。
③ 《习近平谈治国理政》第二卷，外文出版社2017年版，第143页。

括中国在内的各个社会主义国家的探索和实践到中国特色社会主义的开创和发展，反映了人类对美好社会制度的执着探索与追求，深刻改变着世界历史的发展进程。过去百年，特别是在东欧剧变、苏联解体之后，世界社会主义运动遭遇大地震，资本主义制度称霸世界，国际社会抛出了“历史终结论”“社会主义失败论”的论调，针对中国这个最大社会主义国家的怀疑论、崩溃论不绝于耳。当时，我们党和国家顶住了空前的巨大压力，不仅没有改旗易帜，而且更加鲜明地坚持社会主义旗帜和方向，并经过长期努力和接续奋斗，以令世人瞩目的发展成就实现了自身的迅速崛起。社会主义在中国的成功实践和发展，推动中华民族实现了历史上最伟大、最深刻、最广泛的社会变革，产生了广泛的世界影响，使得社会主义的声音不但没有在世界历史的大潮中被淹没，反而引起了整个世界对社会主义的重新审视。正如习近平总书记所指出的那样：“历史没有终结，也不可能被终结。”① 随着社会主义中国的蓬勃发展，人们正在见证“历史终结论”的“终结”，“中国崩溃论”的“崩溃”，“社会主义失败论”的“失败”。

中国特色社会主义开辟了科学社会主义的新境界，形成了道路、理论、制度、文化“四位一体”的有机统一的科学体系，实现了经济、政治、文化、社会、生态文明五大建设的统筹推进，社会主义的影响力、感召力大大增强。新时代中国特色社会主义理论的先进性、道路的启发性、制度的优越性、文化的可亲性更加突出，中国特色社会主义谱写了世界社会主义500年来最华彩的篇章。“中国之治”与“西方之乱”的鲜明对比，进一步凸显出新时代中国特色社会主义的无比优势。今天我们完全可以说，中国不但在世界上把社会主义的旗帜举住了、举稳了，而且还把科学社会主义推向了崭新的阶段。“四个自信”使科学社会主义在中国展示出强大的生机与活力，不仅使中国成为21世纪科学社会主义的理论策源地、实践创新地、发展引领地，成为振兴世界社会主义的中流砥柱，而且也极大地改变了世界社会主义与资本主义力量对比严重失衡的局面，为我们人类对更美好社会制度的探索

---

① 《习近平谈治国理政》第二卷，外文出版社2017年版，第37页。

提供了一种全新选择。“四个自信”的提出，是对“历史终结论”“中国崩溃论”以及中国特色社会主义世界历史定位的有力回应。

3.“四个自信”是为广大发展中国家走向现代化之路提供全新选择的必然要求

在全球化背景下，“不同”“多元”是社会发展的必然，更是现代社会文明进步的标志。各个国家由于各自的具体国情不同，它们的发展道路必然也不会相同。每个国家、每个民族都可以而且必须根据自己的具体国情选择适合自己的发展道路。世界上根本就不存在也不可能存在放之四海而皆准的发展道路或发展模式，任何发展道路或发展模式都只有在紧密结合本国特定的历史和现实条件下才可能获得成功。无数国家的发展事实证明，照搬别国模式就从未成功过。西方资本主义国家的现代化发展模式只是当代世界多样化发展模式中的一种，不能也不应该作为普世模式输出到世界各地，输出到其他国家的最终结果也只能是水土不服，非但不能实现其他国家发展的现代化，反而有可能会撕裂社会，加剧民众收入差距的鸿沟，进而导致社会动乱。

我们反对不加任何批判地照抄照搬其他任何发展模式，而是支持与时俱进地根据我国不断发展变化的阶段性特征不断调试属于我们自己的道路。1956年，我国社会主义三大改造基本完成之后，以毛泽东同志为代表的第一代中央领导集体就明确提出了要将马克思列宁主义与中国实际“进行第二次结合”，即“以苏为鉴”，探索有自己特点的中国社会主义建设道路。党的十一届三中全会以后，邓小平同志也明确指出，“我们的现代化建设，必须从中国的实际出发。无论是革命还是建设，都要注意学习和借鉴外国经验。但是照抄照搬别国经验、别国模式，从来不能得到成功”①。他还指出：“改革开放必须从各国自己的条件出发。每个国家的基础不同，历史不同，所处的环境不同，左邻右舍不同，还有其他许多不同。别人的经验可以参考，但是不能照搬。”② 习近平总书记更是直接明确指出：“世界上没有放之四海而

① 《邓小平文选》第三卷，人民出版社1993年版，第2页。

② 《邓小平文选》第三卷，人民出版社1993年版，第265页。

皆准的发展模式。”① 正是坚持从中国的基本国情出发，我们才开创了中国特色社会主义的伟大事业。

中国特色社会主义在坚持中华文明的主体性、社会主义现代化建设的实践性的同时，又着力把当代中国在社会主义现代化建设中的积极探索和宝贵经验，加以理论化、系统化，构建了坚持马克思主义基本原则、体现独特文明特征、独立于西方模式和西方话语的思想体系、价值体系和制度体系，深刻凝结着当代中国共产党人对人类更美好未来的艰辛探索，发展中国家实现现代化、走向繁荣富强的途径，世界上并非只有西方一条现代化路径，任何国家只要立足本国国情，与本国实际相结合，就可以找到一条符合自己国家特点的现代化道路。

4.“四个自信”是为构建人类命运共同体提供中国方案的必然前提

党的十九大报告明确指出：“中国共产党是为中国人民谋幸福的政党，也是为人类进步事业而奋斗的政党。中国共产党始终把为人类作出新的更大的贡献作为自己的使命。”② 中国共产党在全国执政以后，很快就提出了“和平共处五项原则”；20 世纪 70 年代，毛泽东同志提出“三个世界”划分的重要思想；进入改革开放新时期，邓小平同志作出“和平与发展是当今时代主题”的重大论断，这些都得到了世界范围不同国家的广泛认同，在推动全球治理、构建世界格局、引领发展走向等方面产生了深刻影响。

进入新时代，世界正处于百年未有之变局，经济全球化深入发展，全球治理体系和国际秩序变革加速推进，各国相互联系和依存日益加深。同时，“逆经济全球化”思潮和贸易保护主义持续升温，人类发展面临和平赤字、治理赤字、发展赤字“三大赤字”。资本主义主导的国际政治经济体系弊端丛生，“黑天鹅事件”“灰犀牛事件”频现，逆全球化思潮上扬，改革议程停滞不前，国家治理乱象丛生，“民主赤字”“和平赤字”“治理赤字”“发展陷阱”此起彼伏。西方的价值理念、制度模式、国际治理安排日益陷入困

---

① 《习近平谈治国理政》第一卷，外文出版社 2014 年版，第 29 页。

② 《中国共产党第十九次全国代表大会文件汇编》，人民出版社 2017 年版，第 46 页。

境，美国或西方主导的资本主义政治经济体系已经难以为继，世界需要新的方向、新的方案、新的选择。在这样的时代背景下，以习近平同志为核心的党中央领导中国前所未有地走近世界舞台的中央，中国的发展理念、发展道路的影响力空前增强，中国的话语权空前增强。世界需要中国智慧、中国方案、中国信心，中国也正在发挥着世界和平建设者、全球发展贡献者、国际秩序维护者的重要作用。

以习近平同志为核心的党中央以“四个自信”，呼吁同各国一道构建人类命运共同体，提出“一带一路”倡议、共商共建共享的全球治理观、总体国家安全观等一系列关乎人类前途命运的新理念新思想新主张，不断为解决国际发展难题、治理困境、公平赤字贡献中国方案、中国智慧和中国力量。通过发起创办亚洲基础设施投资银行、设立丝路基金，加速推动“一带一路”沿线国家基础设施的互联互通，通过举办“一带一路”国际合作高峰论坛加强“一带一路”沿线国家间的交流与合作，扎扎实实推进共建“一带一路”倡议。自“一带一路”倡议提出以来，目前已有 100 多个国家或国际组织积极响应和支持，80 多个国家和国际组织同中国签署了相关合作协议。“一带一路”倡议已经成为推动全球治理体系变革、构建人类命运共同体的重要平台，凸显了中国特有的大国风范、大国担当。

二、“四个自信”的科学内涵及相互关系

“当今世界，要说哪个政党、哪个国家、哪个民族能够自信的话，那中国共产党、中华人民共和国、中华民族是最有理由自信的。”[①] 这个自信就是对中国特色社会主义的道路自信、理论自信、制度自信、文化自信。

（一）“四个自信”内涵丰富

党的十九大报告明确指出：“中国特色社会主义道路是实现社会主义现

① 《习近平谈治国理政》第二卷，外文出版社 2017 年版，第 36 页。

代化、创造人民美好生活的必由之路，中国特色社会主义理论体系是指导党和人民实现中华民族伟大复兴的正确理论，中国特色社会主义制度是当代中国发展进步的根本制度保障，中国特色社会主义文化是激励全党全国各族人民奋勇前进的强大精神力量。全党要更加自觉地增强道路自信、理论自信、制度自信、文化自信，既不走封闭僵化的老路，也不走改旗易帜的邪路，保持政治定力，坚持实干兴邦，始终坚持和发展中国特色社会主义。”① 中国特色社会主义道路自信、理论自信、制度自信、文化自信，说到底，就是对我们正在从事的中国特色社会主义伟大事业，始终抱有坚定的信念、真诚的信仰、铁一般的信心。

1. 道路自信

中国特色社会主义道路，就是在中国共产党领导下，立足基本国情，坚持“一个中心、两个基本点”的基本路线，统筹推进“五位一体”总体布局，协调推进“四个全面”战略布局，不断解放和发展社会生产力，促进人的全面发展，逐步实现全体人民共同富裕，建设富强民主文明和谐美丽的社会主义现代化强国。坚定道路自信，就是坚信中国特色社会主义道路是实现社会主义现代化、创造人民美好生活的必由之路。中国特色社会主义道路“不是简单套用马克思主义经典作家设想的模板，不是其他国家社会主义实践的再版，也不是国外现代化发展的翻版”，而是我们党领导中国人民经过 90 多年的艰辛探索，70 多年的辛苦实践，40 年的凯歌推进，在不断试错纠错过程中成功开辟出来的一条适合中国国情的能够实现国家富强、民族振兴、人民幸福的康庄大道、人间正道，引导我国取得了巨大成就。这条道路体现了当代中国发展进步的客观规律和趋势，反映了实现中国最广大人民根本利益的价值追求，是实现我国社会主义现代化的必由之路，是创造人民美好生活的必由之路。

坚定道路自信，就是坚定中国特色社会主义道路是实现社会主义现代化的必由之路。各国历史条件和基本国情的多样性，决定了各国选择发展道

① 《中国共产党第十九次全国代表大会文件汇编》，人民出版社 2017 年版，第 13—14 页。

路或发展模式的多样性。人类发展史上，还没有一个国家、没有一个民族能够通过依赖外部力量、照搬他国发展道路或发展模式实现繁荣富强的。包括中国在内的所有发展中国家所共同面临的一道难题就是选择一条什么样的发展道路实现现代化、实现国强民富。冷战结束后，苏联社会主义发展模式的失败，直接推动了一些发展中国家如拉美国家对西方自由市场经济模式的采纳，结果导致民众分裂、党争纷起、社会动荡不安、百姓生活困苦不堪，深陷"中等收入陷阱"难以自拔，教训十分深刻。与此形成鲜明对比的是，中国始终立足中国基本国情，坚持从中国实际出发，既学习和借鉴他国经验，又不照抄照搬他国经验、他国模式，而是走出了一条完全不同于资本主义现代化发展道路的中国特色社会主义现代化道路，打破了对西方资本主义现代化的路径依赖，并取得了巨大成功。

坚定道路自信，就是坚定中国特色社会主义道路是创造人民美好生活的必由之路。一条道路选择的正确与否，不仅要看这条道路有多么丰富深厚的理论内涵，更要看这条道路是否给本国人民带来了实实在在的好处，如生活水平的改善、幸福指数的提升等。改革开放 40 多年来，中国特色社会主义这条康庄大道，让中国这个拥有 13 亿多人口的世界上最大的发展中国家，在短短的几十年时间里成功地摘掉了"贫困帽"并跃升为世界第二大经济体，中国老百姓的生活发生了翻天覆地的变化。从衣食住行的持续改善中、从国家面貌的巨大变化中、从民族伟大复兴满怀希望的憧憬中，中国老百姓切身感受到了中国特色社会主义道路的正确性、科学性。美国学者库恩认为，"在人类的历史上，以前从未有过如此之多的人口以如此之快的速度过上这样水准的生活"①。

2. 理论自信

中国特色社会主义理论体系，是包括邓小平理论、"三个代表"重要思想、科学发展观和习近平新时代中国特色社会主义思想在内的科学理论体系，是当代中国的马克思主义，为国家富强、民族振兴、人民幸福提供了科

① 转引自林小波《当代中国共产党人最核心的使命是什么》，《瞭望》2016 年第 47 期。

学指导和行动指南。坚定理论自信，就是坚信中国特色社会主义理论体系是指导党和人民实现中华民族伟大复兴的正确理论，即对中国特色社会主义理论体系的科学性、真理性的自信。中国特色社会主义理论体系是对马克思列宁主义、毛泽东思想的继承、坚持和发展，是马克思主义中国化的新成果，凝结了几代中国共产党人带领全国各族人民不懈探索与实践的智慧和心血，是党最可宝贵的政治财富和精神财富，是全党全国各族人民团结奋斗的共同思想基础和行动指南。它是指导中国人民沿着中国特色社会主义道路实现中华民族伟大复兴中国梦的正确理论，是立足于时代前沿、与时俱进的科学理论。

坚定理论自信，就是坚定中国特色社会主义理论体系是指导党和人民实现中华民族伟大复兴的正确理论。以邓小平为主要代表的中国共产党人，通过对“贫穷不是社会主义、社会主义要消灭贫穷”“两极分化不是社会主义、社会主义要实现共同富裕”等一系列“什么不是社会主义”的回答，不断深化对“什么是社会主义”的认识，鲜明地回答了“什么是社会主义、怎样建设社会主义”这个首要的基本的理论问题，成功开创了中国特色社会主义，创立了邓小平理论，指导中国开启了中华民族富起来的新征程；以江泽民为主要代表的中国共产党人，创造性地回答了“建设一个什么样的党、怎样建设党”的问题，解决了对中国共产党抽象、教条的认识，形成了“三个代表”重要思想，成功地把中国特色社会主义推向了21世纪；以胡锦涛为主要代表的中国共产党人，创造性地回答了“实现什么样的发展、怎样发展”的问题，形成了科学发展观，在新的历史起点上坚持和发展了中国特色社会主义；党的十八大以来，以习近平为主要代表的中国共产党人紧紧围绕实现“两个一百年”奋斗目标和中华民族伟大复兴的中国梦，创造性地回答了“坚持和发展什么样的中国特色社会主义、怎样坚持和发展中国特色社会主义”的问题，形成了习近平新时代中国特色社会主义思想，推动中国特色社会主义进入了新时代，推动中华民族迎来从站起来、富起来到强起来的伟大飞跃。正是在不断与时俱进的中国特色社会主义理论体系的指引下，科学社会主义和马克思主义在中国的沃土上焕发出了勃勃生机与活力，给人民带来了更多福祉，让中华民族从大踏步赶上时代到引领时代潮流，迎来中华民族伟大复兴的辉煌灿烂的光明前景。

坚定理论自信，就是坚定中国特色社会主义理论体系是始终立于时代前沿、与时俱进的科学理论。改革开放40年来，我们党始终坚持科学社会主义基本原则，根植于中国特色社会主义伟大实践，坚持把马克思主义基本原理同中国具体实际和时代特征相结合，解放思想、实事求是、与时俱进，在实践创新和理论创新的互动中，不断推进马克思主义中国化，开辟马克思主义中国化的新境界。如上所述，邓小平理论开创了这一理论体系，“三个代表”重要思想成功地把中国特色社会主义推向21世纪，科学发展观成功地在新的起点上坚持和发展了中国特色社会主义，习近平新时代中国特色社会主义思想是这一理论体系的最新成果，把中国特色社会主义推进到新时代。从邓小平理论到“三个代表”重要思想，再到科学发展观，再到习近平新时代中国特色社会主义思想，中国特色社会主义理论体系在一代代接续探索中不断丰富、发展和创新，系统回答了在中国这样一个十几亿人口的发展中大国建设什么样的社会主义、怎样建设社会主义，建设什么样的党、怎样建设党，实现什么样的发展、怎样发展，坚持和发展什么样的中国特色社会主义、怎样坚持和发展中国特色社会主义等一系列重大理论和实践问题，是对毛泽东思想的继承和发展，是被实践证明了的关于在中国建设、巩固、坚持和发展社会主义的正确的理论原则和经验总结，是中国共产党集体智慧的结晶。

3. 制度自信

中国特色社会主义制度，是指我国在经济、政治、文化、社会、生态文明、党的建设等各个领域、各个层面形成的一整套相互衔接、相互联系的具有巨大系统性、协同性和包容性的制度体系。包括人民代表大会这一根本政治制度，中国共产党领导的多党合作和政治协商制度、民族区域自治制度以及基层群众自治制度等在内的基本政治制度和以公有制为主体、多种所有制经济共同发展的基本经济制度，以及建立在这些基本制度基础上的经济体制、政治体制、文化体制、社会体制、生态文明体制等具体制度和中国特色社会主义法律体系。中国特色社会主义制度，是从新中国成立后开始建立和形成、改革开放时期逐步丰富和完善的崭新的社会制度体系，是社会主义中国发展进步的根本制度保障，集中体现了中国特色社会主义的性质、特点和优势。坚定制度自信，就是坚信中国特色社会主义制度是当代中国发展进步的根本制度保障，是具有突出制度优势、强大自我更新能力和完善能力、鲜明中国特色的先进制度体系。制度自信的根本就是坚定中国共产党的领导，中国特色社会主义制度的最大优势就是中国共产党的领导。

坚定制度自信，就是坚定中国特色社会主义制度是当代中国发展进步的根本制度保障。中国特色社会主义制度，从纵向上来看，是由根本制度、基本制度和具体制度三个层次的制度构成，其中，根本政治制度是中国特色社会主义制度体系有效运行的根本前提，基本政治制度和基本经济制度是中国特色社会主义制度体系良性运转的根本保证，具体制度是中国特色社会主义制度体系有效运作并发挥优势的基本实现方式，三个层次的制度构成一个相互贯通、协调运转的有机整体；从横向上来看，中国特色社会主义制度是一个在经济、政治、文化、社会、生态文明、党的建设等各个领域形成的一整套相互衔接、相互联系的制度体系，是中国共产党和中国人民的伟大创造，是马克思主义基本原理同中国的具体实际、历史传统和优秀文化相结合的产物，既遵循了科学社会主义的基本原则，又具有鲜明的中国特色，符合社会历史发展的基本规律，符合中国最广大人民的根本利益。中国特色社会主义制度体系各个层次、各个方面的制度尽管其地位和功能不同，但各个组成部分之间却是相互联系、相互影响、相互促进，相互作用的，形成了一个推动中国特色社会主义事业不断发展进步的共向性合力。中国的成功实践充分证明，这样的一个制度体系，是当代中国发展进步的根本制度保障。

坚定制度自信，就是坚定中国特色社会主义制度不仅富有效率，能集中力量办大事、办成事，而且是具有强大自我调适、自我更新、自我完善能力的先进制度。随着中国特色社会主义事业的不断向前发展，随着发展面临的阶段性特征的不断变化，中国特色社会主义制度也需要与时俱进地不断发展和完善。从当前我国各方面的发展与各项制度的适应性来看，我国的社会民主法治建设与老百姓民主意识的增强和民主能力的提升、经济社会发展的要求还不完全协调；我国社会主义市场经济体制虽然已经建立起来，但市场体系还不完善，市场发育还不是很充分；如何更好地体现和坚持公有制经济的主体地位、国有经济的主导作用，进一步探索基本经济制度的有效实现形式；如何更好地推进共同富裕目标的实现，进一步深化分配制度改革、促进社会公平正义，从根本上扭转贫富收入差距；如何协调好经济发展与生态环境的持续改善的关系，还老百姓碧水蓝天、让老百姓吃上放心食品、喝上干净的水等问题，还需要不断地进行探索与创新，等等。因此，党的十八届三中全会将完善和发展中国特色社会主义制度、推进国家治理体系和治理能力现代化确立为我国推进全面深化改革的总目标。党的十九大不仅重申了这一改革目标，而且将其作为习近平新时代中国特色社会主义思想“八个明确”的精神实质和丰富内涵中的“第四个明确”提了出来。习近平总书记多次强调，坚定制度自信不是自视清高、自我满足，更不是裹足不前、故步自封，而是要把坚定制度自信与不断深化改革创新紧密结合起来，在坚持根本制度、基本制度的基础上，推进具体制度体系的不断完善、发展与创新，为夺取新时代中国特色社会主义新的伟大胜利提供更加有效的制度保障。

4. 文化自信

中国特色社会主义文化，以马克思主义为指导、以中华优秀传统文化为基础、以革命文化为源头、以社会主义先进文化为主体，吸收和借鉴了人类文化的优秀成果，是中华民族伟大复兴的强大精神动力。它包括在中华文明 5000 多年文明发展中孕育的中华优秀传统文化、在血与火的革命岁月中孕育的革命文化和改革开放以来在新的伟大革命中孕育的社会主义先进文化，三者共同推动了中华文明、科学社会主义和中华民族不断焕发出新的蓬勃生机与活力。所以说，中国特色社会主义的文化本质，就在于它积淀了中华民族最深层的精神追求，代表了中华民族最独特的精神标识，开启了中华民族最广阔的精神创造。因此，习近平总书记指出：“我们要坚持道路自信、理论自信、制度自信，最根本的还有一个文化自信。”① 坚定文化自信，就是坚信包括中华优秀传统文化、革命文化、社会主义先进文化在内的中国特色社会主义文化是激励全党全国各族人民奋勇前进的强大精神力量。

坚定文化自信，就是坚定对中华优秀传统文化的自信。中华民族拥有5000年文明史，中华优秀传统文化博大而精深，是我们最深厚的文化软实力，积淀着中华民族最深沉的精神追求。诸如“自强不息”的奋斗精神，“精忠报国”的爱国情操，“天下大同”的人类情怀，“天下兴亡、匹夫有责”的担当意识，“舍生取义”的牺牲精神，“革故鼎新”的创新思想，“扶危济困”的公德意识，“天人合一”的社会理想，“民惟邦本”的治国理念，“协和万邦”的和平思想，“和而不同”的东方智慧，等等。这些丰富的道德理念、哲学思想、人本精神和治国理政理念，已经成为中华民族最独特的精神标识、最深沉的精神追求和最根本的文化基因，历久弥新，在不断坚持用马克思主义进行创造性转化、创新性发展中实现与当代社会相协调、与现代文化相适应，焕发出了强大的文化生命力，为我们正确认识和改造世界提供了许多有益启示，为中国共产党治国理政提供着有益启发，为国家道德建设提供着有益启迪。中华民族正因为承继着如此强大的文化基因，才能够在当今世界各种文化交流交融交锋中、在世界先进民族之林中充满坚定的文化自信。

坚定文化自信，就是坚定对中国共产党领导中国人民创造的革命文化的自信。革命文化是中国共产党带领中国人民在血与火的革命岁月中创造出的文化形态，是对20世纪广大中国人民救亡图存历史的红色记忆。革命文化所蕴含的改天换地、不畏艰险、敢于担当、勇于牺牲、敢于胜利的革命精神，上承中华优秀传统文化，下启社会主义先进文化，不论过去、现在还是将来，始终都是激励我们持续奋斗的强大精神力量，也是共产党人最需要传承和弘扬的“红色革命基因”，应当成为我们坚定文化自信的重要内容。党的十八大以来，习近平总书记先后多次深入到一些革命老区和纪念地学习考

① 《习近平谈治国理政》第二卷，外文出版社2017年版，第339页。

察、调研指导。他反复强调，中国革命历史是最好的清醒剂、营养剂；不忘初心，方能继续前进；走在新时代的长征路上的中国共产党人，仍然要有那样一种“红军不怕远征难，万水千山只等闲”的革命精神，这是我们党的宝贵精神财富。

坚定文化自信，就是坚定对社会主义先进文化的自信。社会主义先进文化是党领导人民在社会主义建设和改革开放新时期创造的新文化，是对中华民族优秀传统文化和红色革命文化的继承和发展。它以马克思主义为指导，以社会主义核心价值观为灵魂，包括中国特色社会主义共同理想和以爱国主义为核心的民族精神、以改革创新为核心的时代精神，以及社会主义荣辱观等在内的社会主义文化。社会主义先进文化是社会主义社会的精神支柱，是我们全党全国各族人民团结奋斗的共同价值引领。在短短几十年的社会主义实践中，正是因为我们发展出的坚持以马克思主义为指导、凝聚人类文明成果、融合中华优秀传统文化的社会主义先进文化，才使得我们能够走出一条植根中国特色的社会主义发展道路，走出一条东西共济、“和而不同”的和平发展道路，这充分说明社会主义先进文化是一种有生命力的文化，是一种体现人类文明发展进步方向的文化。

（二）“四个自信”是辩证统一的有机整体

中国特色社会主义道路自信、理论自信、制度自信、文化自信是一个内在的科学有机统一体，同属于中国特色社会主义的总范畴，四者之间彼此相辅相成、相互贯通，存在着内在的逻辑关系。其中，道路自信是理论自信、制度自信、文化自信的实践基础，为理论自信、制度自信、文化自信提供实践上的基本前提；理论自信是道路自信、制度自信、文化自信的思想引领和行动指南，为道路自信、制度自信、文化自信提供强大的思想武器；制度自信是道路自信、理论自信、文化自信的根本保障，为道路自信、理论自信、文化自信提供坚实的体制依托和制度保障；文化自信是道路自信、理论自信、制度自信的精神支撑，为道路自信、理论自信、制度自信提供坚实的文化基础与雄厚的精神滋养。

1. 道路自信是实践基础

道路自信是理论自信、制度自信、文化自信的实践基础。中国特色社会主义道路使中国人民走上了繁荣富强的社会主义现代化康庄大道，开辟了实现中华民族伟大复兴的光明前景。经过40年的改革开放，我国保持了长期持续稳定发展的良好态势，从一个相对落后的大国跃升为世界第二大经济体，在国家发展、政治稳定、人民生活质量改善、社会公平正义、民主法治建设、精神文明建设、生态环境保护、军队和国防建设、反腐倡廉等方面实现了质的飞跃，为世界带来许多重大而又积极的变化和影响。中国已经连续多年成为世界经济增长的最大贡献者，是世界经济增长的最重要引擎，并积极参与全球治理体系的建设与变革，在众多国际事务中发挥着越来越重要而且是不可替代的作用，负责任、有担当的大国形象得到了世界各国特别是广大发展中国家的高度赞许与广泛认可。这不仅为道路自信奠定了坚实的实践基础，而且也为理论自信、制度自信、文化自信奠定了坚实的实践基础。因为中国人民之所以在长期的艰苦奋斗和实践探索中坚定地选择了中国特色社会主义道路，不仅是由马克思主义理论的科学指导所决定的，而且归根到底是由中国的独特文化传统、中华民族的根本利益与价值诉求、中国特色社会主义理论的内在逻辑以及中国特色社会主义制度的性质与目标所决定的。

2. 理论自信是思想引领

理论是行动的指南，道路、制度、文化建设中遇到的问题，追根究底还是要靠理论来解决。理论自信是道路自信、制度自信、文化自信的思想引领，为道路自信、制度自信、文化自信指明方向。中国共产党在领导人民探索和开辟中国特色社会主义道路的实践中形成的中国特色社会主义理论体系，深刻阐明了当代中国社会发展进步的客观规律与历史演进逻辑，是经过历史实践反复证明了科学的先进的思想理论。中国特色社会主义理论体系作为马克思主义中国化第二次历史飞跃的重大理论成果，既坚持和发展了马克思列宁主义、毛泽东思想，又立足于当代中国改革开放和社会主义现代化建设的伟大实践，不断与时俱进，形成了包括邓小平理论、“三个代表”重要思想、科学发展观和习近平新时代中国特色社会主义思想在内的科学的理论体系，指导中国人民不断取得中国特色社会主义建设事业的一个又一个新的伟大胜利。因此说，中国特色社会主义理论自信是中华民族自信的思想引领，是道路自信、制度自信、文化自信的行动指南和强大思想武器。

3. 制度自信是根本保障

制度自信是道路自信、理论自信、文化自信在制度上的具体展现，为道路自信、理论自信、文化自信提供根本制度保障。中国特色社会主义制度是在中国特色社会主义理论体系的指导和引领下确立并不断完善的，它植根于中华民族优秀传统文化的深厚沃土，生成于中国特色社会主义的伟大实践，是党领导全国各族人民紧密结合中国实际、立足中国基本国情、坚持以人民群众的切身利益为出发点和落脚点，独立自主进行社会主义制度设计与制度建构的实践成果。中国特色社会主义制度完全打破了西方资本主义国家现代化的单一制度模式，开创了一种立足本国国情、紧密结合本国实际、符合自己国家特点的现代化发展模式，宣告了“历史终结论”的终结，反映和折射出了中国特色社会主义制度的巨大优越性，包括中国共产党的领导、集中力量办大事、社会主义制度优势与市场经济效率优势的有机结合，更加公平公正的共享发展等，并且这种巨大的优越性不断通过改革进行自我完善、自我革新而不断被充分发挥出来，彰显出旺盛的生命力和活力。我国改革开放 40 年的生动实践，雄辩地证明了这一点。

4. 文化自信是精神支撑

文化是民族精神之根、之血脉，文化自信是民族自信之源，它不仅渗透于道路自信、理论自信、制度自信之中，而且为道路自信、理论自信、制度自信提供深厚的文化底蕴和强大的精神支撑。中国特色社会主义根植于中华文化沃土中，中国特色社会主义道路是在对中华民族 5000 多年悠久文明的传承中走出来的。5000 多年的文化蕴含中华民族最深厚的精神追求，代表中华民族最独特的精神标志。中国特色社会主义文化自信是中国特色社会主义道路自信、理论自信、制度自信产生和成长的沃土，如果缺少文化自信提供的沃土，那么道路自信、理论自信、制度自信就会成为无源之水、无本之木。与此同时，文化自信又是蕴含于道路自信、理论自信、制度自信之中的灵魂和精神支撑，始终贯穿于道路选择、理论发展和制度完善之中，对道路自信、理论自信、制度自信的升华，有着十分重要的作用。中国特色社会主义道路、理论、制度的形成，本身就是文化积淀的结果。坚定中国特色社会主义道路自信、理论自信、制度自信，本身就蕴含着对中国特色社会主义文化自信的坚定。归结起来正如习近平总书记所指出的，文化自信是更基本、更深沉、更持久的力量，文化自信是更基础、更广泛、更深厚的自信。

5.“四个自信”统一于中国特色社会主义伟大实践

习近平总书记在党的十九大报告中强调指出：“中国特色社会主义是改革开放以来党的全部理论和实践的主题，是党和人民历尽千辛万苦、付出巨大代价取得的根本成就。”[①] 毛泽东同志早在 1920 年 11 月就曾形象地指出：“主义譬如一面旗子，旗子立起了，大家才有所指望，才知所趋赴。”[②] 我们坚定“四个自信”，本质上就是坚定一个自信，即坚定对中国特色社会主义的自信。“四个自信”中的每一个“自信”，都内含标志其根本性质的“中国特色社会主义”八个字。“四个自信”，无论是从其整体还是从其每一个方面来说，都是对中国特色社会主义的自信。“四个自信”的核心要义和精神实质就是“中国特色社会主义”。学习、领会“四个自信”，首先必须抓住这个核心要义和精神实质。离开中国特色社会主义去讲“自信”，就偏离了“四个自信”的“根”和“魂”。从实践上看，“四个自信”统一于中国特色社会主义的伟大实践。历史和现实一再雄辩证明，只有社会主义才能救中国，只有中国特色社会主义才能发展中国，只有坚持和发展中国特色社会主义才能实现中华民族伟大复兴。在新时代的长征路上，我们必须深刻认识坚持和发展中国特色社会主义对于党和国家事业发展的极端重要性，准确把握“四个自信”的核心要义、科学内涵和精神实质，始终高举中国特色社会主义伟大旗帜，坚定“四个自信”，不断夺取中国特色社会主义新的伟大胜利。

总之，“四个自信”是一个相互联系、相互贯通、相互促进的有机整体，

---

① 《中国共产党第十九次全国代表大会文件汇编》，人民出版社 2017 年版，第 13 页。

② 转引自《习近平新时代中国特色社会主义思想三十讲》，学习出版社 2018 年版，第 12 页。

在建设中国特色社会主义的伟大实践中实现统一，不仅彰显出中国特色社会主义道路、理论、制度和文化各自的独特价值和作用，也从整体上构成了中国特色社会主义的实践形态、理论形态、制度形态和价值形态，深刻地揭示和体现了中国特色社会主义的科学内涵和精神实质。回顾总结我国 40 年改革开放的历史，可以得出一个清晰的结论，即坚持中国特色社会主义道路，发展中国特色社会主义理论，创新中国特色社会主义制度，弘扬中国特色社会主义文化，是我们取得一切进步和胜利的根本原因。坚持中国特色社会主义道路自信、理论自信、制度自信和文化自信，是坚持和高举中国特色社会主义伟大旗帜最根本的标志。

三、“四个自信”的实践路径

历史是不断向前发展的，要达到理想的彼岸，没有平坦的大道可走。当前，我国正处于决胜全面建成小康社会的关键期，存在的问题矛盾和挑战风险还很多，正如习近平总书记在“七一”重要讲话中所强调的那样：“要时刻准备应对重大挑战、抵御重大风险、克服重大阻力、解决重大矛盾”①，并号召全党“高举中国特色社会主义伟大旗帜，牢固树立中国特色社会主义道路自信、理论自信、制度自信、文化自信，确保党和国家事业始终沿着正确方向胜利前进”②。这实际上为我们坚定“四个自信”、夺取新时代中国特色社会主义的伟大新胜利规划了实践路径。

（一）以坚定的理想信念夯实坚定“四个自信”的思想基础

坚定理想信念是坚定“四个自信”的思想基础和精神动力。理想指引前进方向，信念决定事业成败。正如习近平总书记所指出的那样，理想信念就好比是共产党人精神上的“钙”，共产党人缺乏理想信念，就会“缺钙”、

① 《习近平谈治国理政》第二卷，外文出版社 2017 年版，第 32 页。
② 《习近平谈治国理政》第二卷，外文出版社 2017 年版，第 59 页。

就会得“软骨病”。共产党人只有树立起坚定的中国特色社会主义必胜的理想信念，才能团结统一全社会的思想和行动，才能凝聚起13亿多人民的磅礴之力，为实现中华民族伟大复兴的中国梦而努力奋斗。“尤其对于共产党人来说，有了坚定的理想信念，站位就高了、眼界就宽了、心胸就开阔了，就能坚持正确政治方向，在胜利和顺境时不骄傲不急躁，在困难和逆境时不消沉不动摇，经受住各种风险和困难考验，自觉抵御各种腐朽思想的侵蚀，永葆共产党人政治本色。”①

远大理想激发“四个自信”。党的十九大规划了新时代中国特色社会主义发展的战略安排，即2020年全面建成小康社会，2035年基本实现社会主义现代化，到本世纪中叶把我国建成富强民主文明和谐美丽的社会主义现代化强国，这是我们党的阶段性理想，远大理想就是实现共产主义。中国共产党人就是通过一个个切实可行的阶段性理想的不断实现，一步一个脚印地朝着共产主义远大理想迈进，这是激发“四个自信”的不竭动力之源。也就是说，阶段性理想的不断实现坚定了中国共产党人的远大理想信念，中国共产党人的远大理想信念又进一步激发了我们对中国特色社会主义道路、理论、制度和文化的自信。共产党人只要有了坚定的理想信念，就能够勇敢地面对一切困难和挑战，就能抵御一切名与利的诱惑，矢志不渝地朝着共产主义远大理想前进。

坚定的理想信念，必须建立在对马克思主义的深透理解基础之上，建立在对历史规律的正确把握基础之上。正如习近平总书记指出的那样：“认识真理，掌握真理，信仰真理，捍卫真理，是坚定理想信念的精神前提。”事实也一再警示我们，不学习、不懂得马克思主义基本原理、基本观点、基本方法，就不可能真正理解和把握中国特色社会主义理论体系，中国特色社会主义事业就会迷失方向，就可能落入功利主义、实用主义的“陷阱”。因此，习近平总书记多次强调，我们党的领导干部要把学习、理解、掌握马克思主义作为干事业的看家本领，要把马克思主义理论作为我们党特别是领导

① 《十八大以来重要文献选编》（上），中央文献出版社2014年版，第116—117页。

干部的必修课，真正把马克思主义这个共产党人的“真经”念好。我们要深入学习领会马克思列宁主义、毛泽东思想、中国特色社会主义理论体系，特别是要深入学习领会当代中国的马克思主义——习近平新时代中国特色社会主义思想，坚持用马克思主义、中国化的马克思主义、马克思主义中国化的最新成果武装我们的头脑、坚定我们的信念、指引我们的理想，并以更加宽广的眼界全面准确把握马克思主义在当代中国发展的现实基础和实践需要，善于聆听时代声音，以问题为导向，勇于坚持真理、修正错误，不断开辟马克思主义在中国发展的新境界，让21世纪的中国马克思主义放射出更加光辉灿烂的真理光芒。

（二）以强大的物质力量夯实坚定“四个自信”的现实基础

“四个自信”彰显的是一种精神状态，坚定“四个自信”最终还是要以强大的物质基础为支撑。习近平总书记明确指出，要坚定中国特色社会主义的道路自信、理论自信、制度自信、文化自信，既要有坚如磐石的精神和信仰力量，也要有支撑这种精神和信仰的强大物质力量。因此，要坚定“四个自信”，就必须贯彻落实五大新发展理念，推进全面深化改革，统筹推进中国特色社会主义经济、政治、文化、社会、生态文明“五位一体”总体布局，协调推进全面建成小康社会、全面深化改革、全面依法治国、全面从严治党“四个全面”战略布局，统筹好国内国际两个大局，决胜全面建成小康社会，开启全面建设社会主义现代化国家的新征程，创造比资本主义更高的劳动生产率、比资本主义国家更高更切实的民主，使中国特色社会主义在与资本主义的竞争中赢得比较优势，从而夯实坚定“四个自信”的现实基础。

夯实“四个自信”的现实之基，关键是要靠通过不断改革创新，进一步解放和发展社会生产力、解放和增强社会活力和创造力，不断把中国特色社会主义推向前进。历史已经雄辩证明，改革开放是决定当代中国命运的关键一招，还是决定实现“两个一百年”奋斗目标和中华民族伟大复兴中国梦的关键一招，也是中国特色社会主义事业大踏步赶上时代的重要法宝。新时代，站在新的历史起点上，我们只有继续坚定不移地坚持改革开放，加快推进全面深化改革，才能走好新时代的长征路、强国路。我们要以敢于自我革命的气魄、壮士断腕的决心推进全面深化改革，敢于向积存已久的顽瘴痼疾开刀，敢于触动深层次的利益关系和矛盾，坚决破除利益固化的藩篱，坚决破除妨碍社会生产力发展的体制性机制性障碍，不断推进理论创新、实践创新、制度创新以及其他各方面的创新，让中国特色社会主义制度更加成熟、更加定型，让中国发展更有质量，让中国治理更有水平，让中国人民更有获得感。

夯实“四个自信”的现实之基，也要处理好中国与世界的关系，这是我们进一步坚定“四个自信”的重要保障。当今世界正处于大发展大变革大调整时期，面临的不稳定性不确定性日益突出，经济全球化深入发展，各国之间已经成为“你中有我、我中有你”深度融合的“地球村”，但“逆经济全球化”思潮和贸易保护主义也在持续升温，我们要把握世界发展大势，顺应时代发展潮流，积极主动参与和推动经济全球化进程，促进贸易和投资自由化便利化，推动经济全球化朝着更加开放、包容、普惠、平衡、共赢的方向发展；促进“一带一路”国际合作，积极参与全球治理体系建设与变革，同各国人民同心协力，努力建设一个持久和平、普遍安全、共同繁荣、开放包容、清洁美丽的世界，打造一个“你好我好大家好”的人类命运共同体。

（三）以中国话语净化坚定“四个自信”的舆论环境

西方的“新自由主义”“普世价值”“宪政民主”“历史虚无主义”“公民社会”等社会思潮，一直在通过各种途径、各种方式不断向我国渗透，竭力冲破我们的心理防线、精神防线和思想防线，搅乱我们的思想，分裂我们的社会共识，企图削弱我国主流意识形态的思想引导和社会整合、凝聚功能，抹除社会主义核心价值观的民族性，淡化民众对中国特色社会主义道路、理论、制度、文化的认同，严重影响着我国意识形态的安全。

社会思潮越是纷繁复杂，越需要牢牢把握意识形态工作的领导权、控制权和话语权，净化坚定“四个自信”的社会环境。要建设具有强大凝聚力和引领力的社会主义意识形态，就要形成“四个自信”的中国话语。“四个自信”涉及中国特色社会主义的方方面面，完全可以打造一整套具有中国特色、中国风格和中国气派的话语体系。只有形成中国自己的话语体系，具有了中国自己的国际话语权，在面对各种文化、价值观的冲击和社会思潮的碰撞时，我们在世界上才能更好地发出中国声音、讲好中国故事，才能更有信心为人类对更好社会制度的探索提供中国智慧和中国方案，打破“中国崩溃论”“中国威胁论”“中国责任论”的西方话语偏见，发出和传播中国的价值理念，为人类文明作出属于中国的独特贡献，“四个自信”也才会更有底气。

（四）以坚持和加强党的全面领导增强坚定“四个自信”的组织保证

坚定中国特色社会主义道路自信、理论自信、制度自信、文化自信，党的领导是根本、是关键、是统领，离开党的领导，一切自信都将成为无本之木、无水之源。党政军民学、东西南北中，党是领导一切的。中国特色社会主义最本质的特征是中国共产党领导，中国特色社会主义制度的最大优势是中国共产党领导。坚持和加强党的全面领导，是党和国家事业的根本所在、命脉所在，是全国各族人民的利益所系、幸福所系。面对错综复杂的国内外形势，面对发展过程中的各种风险和挑战，党带领全国各族人民实现“两个一百年”奋斗目标、实现中华民族伟大复兴，不知道还要爬多少坡、过多少坎、经历多少风风雨雨、克服多少艰难险阻。在这样的历史背景下，完成光荣艰巨的历史使命，战胜前进道路上的风险挑战，必须进一步坚定“四个自信”。坚定“四个自信”就必须坚持和加强党的全面领导，坚持党要管党、全面从严治党，确保党总揽全局协调各方。

坚持和加强党的全面领导，坚持党要管党、全面从严治党，要以加强党的长期执政能力建设、先进性和纯洁性建设为主线，以党的政治建设为统领，以坚定理想信念宗旨为根基，以调动全党积极性、主动性、创造性为着力点，全面推进党的政治建设、思想建设、组织建设、作风建设、纪律建设，把制度建设贯穿其中，深入推进反腐败斗争，不断提高党的建设质量，把党建设成为始终走在时代前列、人民衷心拥护、勇于自我革命、经得起各种风浪考验、朝气蓬勃的马克思主义执政党，为开创党和国家事业的新局面提供重要的组织保证。因此，只有把党建设好了，使党坚强有力，才能为进一步坚定“四个自信”提供可靠组织保证和坚实组织基础。

第九章　构建人类命运共同体：中国特色社会主义创新发展的全球新定位

创新发展不仅是中华民族伟大复兴的内在需要，也是国际竞争的大势所趋。以习近平同志为核心的党中央立足于中国发展的实际，以宽广的人类视野和全方位开放姿态对全球发展态势作出准确研判，作出了构建人类命运共同体的重要决断。这既给世界带来新的发展机遇，也标志着中国日益走近国际舞台中央，成为中国共产党肩负起推动世界共同发展的国际使命的重要依据，成为引领中国特色社会主义走向世界的思想动力。

一、构建人类命运共同体是中国特色社会主义走向世界的鲜明旗帜

（一）构建人类命运共同体具有敏锐的时代洞察力和清晰的问题意识

党的十八大以来，以习近平同志为核心的党中央精准判断中国的历史方位及其与世界互动的战略走向，深刻把握时代发展大势和人类前途命运，提出构建人类命运共同体的主张，引起国内外热烈回响，也必将对人类发展与国际新秩序的确立发挥引领作用。

1. 构建人类命运共同体：统筹国际国内两个大局的战略思考

经过40年的改革开放，中国的社会主义建设已经迈入了新时代。这个新时代的特征，最关键的是中国的现代化进程进入了一个新的历史阶段，最显著的标志是中国综合国力上升给世界带来的改变。无论是在鸦片战争以来

中国现代化的纵轴，还是在与世界各国发展相较的横轴，中国所取得的进步都堪称奇迹。根据十九大报告的论断，这个新时代是“全体中华儿女勠力同心、奋力实现中华民族伟大复兴中国梦的时代，是我国日益走近世界舞台中央、不断为人类作出更大贡献的时代”①，这就是中国所处的新的历史方位。中国梦必然包含着对人类未来的关切、对世界秩序的建言，中国道路必然进入国际视野之中，受到国际社会的揣摩与审视。这里，首先遇到的问题就是，实现中华民族伟大复兴的中国梦对世界意味着什么？中国是否要颠覆现有国际秩序，像以往的新崛起大国一样称霸世界？如果不能很好地回应这一问题，就会给遏制中国发展、阻挠中华民族伟大复兴的势力提供口实。中国对此给出的答案就是构建人类命运共同体。今天的中国，所展现的综合国力和人民生活水平，无比接近民族复兴目标的实现，无比接近世界的中心位置。随着中国发展进入攻坚克难的最紧要关头，中国就越需要经营好与世界的关系，就越需要良好的外部环境。中国发出倡议并推动构建人类命运共同体，把自身的利益与世界各国的共同利益结合起来，把中国梦与世界梦贯通起来，赋予中国特色社会主义更加深刻的世界意义，阐发出全人类命运与共的宽广视野、博大胸怀和责任担当。在构建人类命运共同体进程中，中国推进各国友好共处、良性互动、合作共赢，为世界谋福利，为人类谋发展，同时也为实现中国梦提供了广阔的发展平台，营造了有利的外部条件。

在新时代，中国还面临着另一个重大问题，持续发展、民族复兴的动力何在？当今中国已经进入了改革深水区和矛盾凸显期，可谓不进则退。中国经济必须实现转型升级、提质增效。制造业大国不能与制造业强国画等号，“世界工厂”的称号并不代表着中华民族复兴成为现实。中国的高速发展引发了世界格局的变化，贸易保护主义等逆全球化操作不断袭来，中国承受的国际压力越来越大。中国应作何选择，是开放，还是保护？习近平总书记反复强调发展依然是当代中国的第一要务，中国发展的根本出路在于改革，开放

① 习近平：《决胜全面建成小康社会　夺取新时代中国特色社会主义伟大胜利——在中国共产党第十九次全国代表大会上的报告》，《人民日报》2017年10月28日。

是国家繁荣发展的必由之路，“中国开放的大门不会关闭，只会越开越大”①，表达了改革开放的坚定决心。历史证明，关起门来搞建设不可能成功，闭关锁国必然导致落后，对外开放则是发展的前提。以对外开放促对内改革，是我国发展不断取得新的辉煌成就的重要法宝。如习近平总书记所言，“过去40年中国经济发展是在开放条件下取得的，未来中国经济实现高质量发展也必须在更加开放条件下进行。这是中国基于发展需要作出的战略抉择，同时也是在以实际行动推动经济全球化造福世界各国人民”②。只有坚持对外开放，与世界经济紧密衔接，继续深化改革，才能实现可持续发展。准确把握经济全球化新趋势，有效回应我国经济社会发展中出现的新情况新问题，更加需要扩大对外开放。实现建设现代化强国的奋斗目标，追赶先进国家，也要推进更高水平的对外开放，以对外开放的主动赢得经济发展的主动，进而赢得国际竞争的主动。推动构建人类命运共同体就是要启动新一轮的扩大开放，推动改革走向深入，为中华民族伟大复兴提供新动力。这是中国主动而为之，也是国际责任的承担。我国同世界的互动越来越紧密，机遇共享、命运与共的关系日益凸显。构建人类命运共同体意味着中国将坚定不移在资金技术引进、体制机制创新等方面提高开放型经济水平，为经济发展注入新动力、增添新活力、拓展新空间；中国将采取更加全面深入的开放战略，完善互利共赢、多元平衡、安全高效的开放型经济体系，形成沿海内陆优势互补、既能带动区域发展又能引领国际经济合作和竞争的开放格局；中国将以更加开放的胆识、更加谦逊的心态、更加理性的视角，积极开展与外部世界的交流，在学习互鉴中，为推动人类进步事业作出与国家定位相匹配的贡献。

2. 构建人类命运共同体：面对当今人类发展挑战提出的中国方案

世界正处于新的变革时期。当今世界格局正在发生自欧洲30年战争和威斯特伐利亚和会以来前所未有的历史性转变。由于发展中国家的兴起，原

---

① 习近平：《开放共创繁荣　创新引领未来——在博鳌亚洲论坛2018年年会开幕式上的主旨演讲》，《人民日报》2018年4月11日。

② 习近平：《开放共创繁荣　创新引领未来——在博鳌亚洲论坛2018年年会开幕式上的主旨演讲》，《人民日报》2018年4月11日。

有的由西方发达国家占据绝对主导地位的世界实力版图出现深刻的变化。同时，随着高新科技的推陈出新，世界现代化进程呈现出新的特点，全球化、信息化态势更趋明显。变化是双刃剑，蕴含着积极因素，也包含消极因素；既带来机遇，也带来挑战。从积极方面来看，世界正在发生的大变局，包括全球相互依存、网络互联沟通、国际力量更加均衡、文明的交流互鉴，都有利于世界朝着和平、发展、合作的方向前行，有利于支持和平、发展、合作的力量增长。全球化、信息化、网络化使生产力水平发生新的跃升，创造出潜力无限的发展机遇。世界多极化和文明多样化有力推动了国际关系的民主化，带来了共商共建、持久和平的曙光。从消极方面来看，在既有的全球治理体系和国际秩序没有通过改革加以完善的情况下，在传统的发展理念和发展模式没有通过反省加以变革的条件下，发展中国家的声音得不到充分表达，利益得不到充分保障，世界经济难以摆脱周期性危机，贫富分化只会日益严重，加之国际格局的变动和各种力量的较量，必然导致国际局势的冲突和动荡，在军备竞赛、局部战争和地区热点问题等传统安全威胁无法消弭的同时，层出不穷的全球性问题日益突出，环境污染、气候变化、恐怖主义、网络安全、难民、重大传染性疾病、毒品、海盗等非传统安全威胁此起彼伏，给人类带来空前严峻的挑战。人类生活于同一个地球村，各国相互联系、相互依存、相互合作、相互促进的程度空前加深，国际社会日益形成一个难分彼此、患难与共的命运共同体。面对国际安全威胁以及全球性挑战，没有哪个国家，哪怕是最强大的国家，可以游离其外、独善其身，世界各国需要以负责任的精神同舟共济、协调行动。

2017 年 1 月 18 日，习近平总书记在联合国日内瓦总部的演讲中，提出了“世界怎么了、我们怎么办”[①] 的问题。这是具有哲学意味和道德境界的发问，质朴却深邃。人类自进入现代社会以来，无疑取得了超过以往任何时代的发展成就。但毋庸讳言，人类社会也面临着深重的危机。反思和检视既

---

① 习近平：《共同构建人类命运共同体——在联合国日内瓦总部的演讲》，《人民日报》2017 年 1 月 20 日。

有的现代化模式以及国与国的相处方式，找寻破解危机的路径，事关人类的命运。习近平总书记不仅提出了问题，而且全面阐述了对这一问题的思考成果。在他看来，“对于世界怎么了”，总的判断是“人类正处在大发展大变革大调整时期”①。在这样的时期，首先要看到世界的趋势和潮流，应当顺势而为，不应逆潮流而动。“世界多极化、经济全球化深入发展，社会信息化、文化多样化持续推进，新一轮科技革命和产业革命正在孕育成长，各国相互联系、相互依存，全球命运与共、休戚相关，和平力量的上升远远超过战争因素的增长，和平、发展、合作、共赢的时代潮流更加强劲。”② 同时也要正视挑战和风险，特别是这些挑战和风险足以给人类带来致命威胁。“人类也正处在一个挑战层出不穷、风险日益增多的时代。世界经济增长乏力，金融危机阴云不散，发展鸿沟日益突出，兵戎相见时有发生，冷战思维和强权政治阴魂不散，恐怖主义、难民危机、重大传染性疾病、气候变化等非传统安全威胁持续蔓延。”③ 对于“我们怎么办?”习近平总书记这样回答:“让和平的薪火代代相传，让发展的动力源源不断，让文明的光芒熠熠生辉，是各国人民的期待，也是我们这一代政治家应有的担当。中国方案是：构建人类命运共同体，实现共赢共享。”④ 习近平总书记的一问一答，向世界解释了建构人类命运共同体的目标指向，显示了政治家的博大胸襟和高度智慧，彰显了中国特色社会主义的价值选择，表明了崛起中的中国面向世界的基本态度。

3. 构建人类命运共同体：习近平新时代中国特色社会主义思想的重要组成部分

构建人类命运共同体是以习近平同志为核心的党中央在新的历史时期

① 习近平：《共同构建人类命运共同体——在联合国日内瓦总部的演讲》，《人民日报》2017年1月20日。

② 习近平：《共同构建人类命运共同体——在联合国日内瓦总部的演讲》，《人民日报》2017年1月20日。

③ 习近平：《共同构建人类命运共同体——在联合国日内瓦总部的演讲》，《人民日报》2017年1月20日。

④ 习近平：《共同构建人类命运共同体——在联合国日内瓦总部的演讲》，《人民日报》2017年1月20日。

提出的治国理政理念和方略，既关涉内政，又统揽外交。从主题来说，构建人类命运共同体主要是为如何处理中国与世界的关系提供总的原则。从领域来说，构建人类命运共同体主要是为中国外交以及参与全球治理提供价值目标。党的十八大之后，以习近平同志为核心的党中央，在继承中国的外交优良传统、保持对外战略连续性的同时，在新形势下，积极探索理论创新，在实践中检验完善。作为中国对外战略创新的核心成果，构建人类命运共同体和实现中华民族伟大复兴一道成为中国特色社会主义追求的目标。以这一目标为指引，中国外交在总体战略上坚持和平发展，在对外交往上追求合作共赢，在实现方式上促成伙伴关系，在价值理念上践行正确义利观，凝练出鲜明的中国特色。换一个角度说，构建人类命运共同体是以习近平同志为核心的党中央在新的历史时期提出的全球治理的中国方案。构建人类命运共同体就是中国共产党带领中国人民在新的历史条件下参与全球治理、应对现代社会分裂危机、引领重塑世界秩序而设计的中国方案，具有鲜明的时代价值和历史意义。构建人类命运共同体始终聚焦发展这个根本性问题。人类命运共同体为当今世界发展描画了未来，为完善全球治理体系指明了方向。未来世界的不确定性逐渐升高，而发展是排除风险隐患的要害。构建人类命运共同体就是聚焦发展这个根本性问题，释放各国发展潜力，实现世界经济大融合，各国发展大联动，人类成果大共享。

构建人类命运共同体的主张，从国内国际两个大局出发整体规划，将中国的发展放置于世界的发展图景之中，既为中国开阔了视野和空间，也为事关人类存续的重大课题贡献了中国智慧、提供了中国方案。构建人类命运共同体已写入党和国家的纲领性文献和法规制度之中，包括党的十九大报告、党章和宪法，成为党和国家的指导思想，同时也是对世界的庄严承诺。在党的十九大报告中，“八个明确”是总纲，“十四个坚持”是实施的基本方略。报告在“第七个明确”中指出：“明确中国特色大国外交要推动构建新型国际关系，推动构建人类命运共同体”①。在第十三条基本方略中提出：“坚

① 习近平：《决胜全面建成小康社会　夺取新时代中国特色社会主义伟大胜利——在中国共产党第十九次全国代表大会上的报告》，《人民日报》2017 年 10 月 28 日。

持推动构建人类命运共同体。中国人民的梦想同各国人民的梦想息息相通，实现中国梦离不开和平的国际环境和稳定的国际秩序。必须统筹国内国际两个大局，始终不渝走和平发展道路、奉行互利共赢的开放战略，坚持正确义利观，树立共同、综合、合作、可持续的新安全观，谋求开放创新、包容互惠的发展前景，促进和而不同、兼收并蓄的文明交流，构筑尊崇自然、绿色发展的生态体系，始终做世界和平的建设者、全球发展的贡献者、国际秩序的维护者。"[①] 在十九大报告的第十二部分，专题列出了"坚持和平发展道路，推动构建人类命运共同体"[②]。这样，构建人类命运共同体的思想就作为具有中国特色的外交的总目标和基本方略，成为习近平新时代中国特色社会主义思想的不可或缺的组成部分。

（二）构建人类命运共同体的多维意蕴

什么是人类命运共同体？习近平总书记指出："人类命运共同体，顾名思义，就是每个民族、每个国家的前途命运都紧紧联系在一起，应该风雨同舟，荣辱与共，努力把我们生于斯、长于斯的这个星球建成一个和睦的大家庭，把世界各国人民对美好生活的向往变成现实。"[③] 人类命运共同体理念生发于中华文化的沃土，成长于新中国的伟大实践，符合和平、发展、合作的时代潮流，与世界人民的利益相一致，有着深刻丰富的理论内涵。

1. 构建人类命运共同体的五位一体内涵

习近平总书记 2015 年 9 月 28 日在纽约联合国总部出席第七十届联合国大会一般性辩论并发表题为《携手构建合作共赢新伙伴　同心打造人类命运共同体》的讲话。他在讲话中首次系统阐述了构建人类命运共同体的基本内

---

① 习近平：《决胜全面建成小康社会　夺取新时代中国特色社会主义伟大胜利——在中国共产党第十九次全国代表大会上的报告》，《人民日报》2017 年 10 月 28 日。

② 习近平：《决胜全面建成小康社会　夺取新时代中国特色社会主义伟大胜利——在中国共产党第十九次全国代表大会上的报告》，《人民日报》2017 年 10 月 28 日。

③ 习近平：《携手建设更加美好的世界——在中国共产党与世界政党高层对话会上的主旨讲话》，《人民日报》2017 年 12 月 2 日。

涵，强调要“建立平等相待、互商互谅的伙伴关系”，“营造公道正义、共建共享的安全格局”，“谋求开放创新、包容互惠的发展前景”，“促进和而不同、兼收并蓄的文明交流”，“构筑尊崇自然、绿色发展的生态体系”。① 这五个方面形成了构建人类命运共同体的总体规划，描绘了世界发展的美好前景。这五个方面从不同领域和层面阐述了构建人类命运共同体的内涵，相互配合、相互支持、相互补充，构成一个有机联系的整体。第一，建立伙伴关系是路径。在全球范围内编织伙伴关系，是构建人类命运共同体的基础性工作。中国要在全球、区域、双边等层面推进伙伴关系建设，努力摆脱国与国结盟对抗的老路，开创一条对话、结伴、合作、共赢的国际交往新路。构建人类命运共同体，倡导各国跳出冷战式的国际关系窠臼，顺应时代发展潮流，平等相待、互商互谅，探索构建不设假想敌、不针对第三方、具有高度包容力和建设意义的伙伴关系。第二，打造共同安全是基础。安全是所有国家生存的第一需要，因此，人类命运共同体首先是安全共同体。对于世界各国而言，没有绝对的自我安全，安全是互动相关的。对他国安全的无视，也会招来对本国的安全威胁。要树立综合、合作、可持续、共同安全的新观念，统一协调应对传统、非传统安全威胁，开拓一条共商共建共享共赢的安全之道。打破单一国家为中心的安全观对于维护世界和平、促进世界安全意义重大，在新安全观的引领下，各国可以增进相互信任、合作应对安全挑战、谋求人类共同福祉。第三，坚守合作共赢是原则。要想缔造新的国际关系，就必须转换思维。旧的思维是零和博弈、赢者通吃；新的思维则强调协调合作、实现共赢。一国在寻求自身利益的时候，要适当考虑他国利益；在追求自身发展的时候，应以促进共同发展作为条件。中国坚持合作共赢原则，用合作代替对抗，用共赢代替独占。这在根本上抛弃了恃强凌弱的丛林法则，有益于国与国之间建立坦诚相待、共同进步的新型关系。第四，推动文明交流是纽带。加强文明交流互鉴是构建人类命运共同体的关键环节。各个民族、不同

① 习近平：《携手构建合作共赢新伙伴　同心打造人类命运共同体——在第七十届联合国大会一般性辩论时的讲话》，《人民日报》2015 年 9 月 29 日。

文明百花齐放是人类繁荣的标志，文明不应简单区分优劣，而是各有特点、各有所长。不同文明之间虽然存在差异，但是差异并不必然导致冲突。通过各种文明的和谐相处、相互学习，不仅能搭建促进各国人民友谊的桥梁，而且有助于维护世界和平、推动人类文明总体的进步。所以，只有摒弃种族优越、文明冲突的文明观，不同文明之间和而不同、共同繁荣，人类命运共同体方有可能。第五，实现绿色发展是条件。没有生态保护，就没有人类的未来。人与自然的紧张关系已经严重威胁到人类的生存，国家的自私自利和错误的发展模式是症结所在。国际社会必须为此携起手来，团结行动，才能拯救我们赖以生存的地球家园。人类现代化的实践证明，片面强调对自然的征服，我们就会陷入重重危机。只有尊重自然、顺应自然、保护自然，才能开辟通往未来的道路。这一道路就是低碳、循环、绿色发展之路，是实现可持续发展和人的全面发展的必由之路。面对业已产生的生态环境问题，不能回避责任，唯有共同应对，这也是建构人类命运共同体的机会。

2017 年 1 月 18 日，在联合国日内瓦总部的演讲中，习近平总书记进一步完善了人类命运共同体的思想，更为凝练地提出了构建人类命运共同体五位一体的目标和具体路径，即“坚持对话协商，建设一个持久和平的世界”；“坚持共建共享，建设一个普遍安全的世界”；“坚持合作共赢，建设一个共同繁荣的世界”；“坚持交流互鉴，建设一个开放包容的世界”；“坚持绿色低碳，建设一个清洁美丽的世界”。① 习近平总书记在十九大报告中给出了完整精准的概括：“我们呼吁，各国人民同心协力，构建人类命运共同体，建设持久和平、普遍安全、共同繁荣、开放包容、清洁美丽的世界。”五个方面展开为：“要相互尊重、平等协商，坚决摒弃冷战思维和强权政治，走对话而不对抗、结伴而不结盟的国与国交往新路。要坚持以对话解决争端、以协商化解分歧，统筹应对传统和非传统安全威胁，反对一切形式的恐怖主义。要同舟共济，促进贸易和投资自由化便利化，推动经济全球化朝着更加

---

① 习近平：《共同构建人类命运共同体——在联合国日内瓦总部的演讲》，《人民日报》2017 年 1 月 20 日。

开放、包容、普惠、平衡、共赢的方向发展。要尊重世界文明多样性，以文明交流超越文明隔阂、文明互鉴超越文明冲突、文明共存超越文明优越。要坚持环境友好，合作应对气候变化，保护好人类赖以生存的地球家园。”① 这“五个世界”的目标设定旨在解决人类面对的各式各样的全球性问题，根植于中华文化追求世界大同、推崇天下一家的优秀文明土壤之中。在十九大报告中，中国人民的美好生活与世界人民的美好生活两个目标交相辉映，五位一体实现中国梦与五位一体建构人类命运共同体相互呼应，超越了国家、民族、意识形态的分歧，反映了世界人民的广泛期待，符合国际社会的普遍利益，也使中国的对外政策和理念站上了道义的制高点，表明中国共产党人可以也愿意为解决人类问题作出自己的贡献。

2. 构建人类命运共同体的核心理念

任何思想都具有内核，构建人类命运共同体，契合人类进步的脉动，引导世界发展的潮流，具有如下核心理念：一是和平。构建人类命运共同体，要求各国都选择和平发展道路，不动用武力解决利益纷争。维护国家主权和正当权益是必要的，但首先是透过外交的对话协商，而不是采取非和平方式处理争端。要尽可能避免战争的爆发，珍惜来之不易的和平局面，通过各个领域交往，增进各国的相互理解和信任，实现和平共处、共同发展。二是正义。构建人类命运共同体，最基本的内涵就是主权平等，不论国家大小、贫富、强弱都享有国际社会成员应当享有的权利，每个国家的尊严、安全、发展机会都应得到充分保障，主权平等的国家才能建立起公平正义的国际法和国际关系基本准则，才能消除弱肉强食的不合理现象，才能建立民主协商的国际秩序。三是包容。人类命运共同体是包容的，而不是排他的。一个国家不会因为其种族、文化、制度的特殊性而被排除在外，也不会因为弱小、贫穷而被另眼看待。只要秉持全人类命运与共的意识，愿意为人类共同利益作出贡献，就能成为其中的一员。不同发展阶段、发展道路的国家，因

① 习近平：《决胜全面建成小康社会　夺取新时代中国特色社会主义伟大胜利——在中国共产党第十九次全国代表大会上的报告》，《人民日报》2017 年 10 月 28 日。

为共同的利益关切，可以求同存异、谋求合作、共同发展。不仅如此，各个国家、各种文明之间还可以相互交流、相互借鉴，一起推动人类社会的发展进步。四是可持续。构建人类命运共同体，追求人与自然的和谐，追求以人为本的新发展理念，追求人类的共同利益，为人类的未来负责，为我们的子孙后代着想，为可持续的发展提供基本保障。五是科学。构建人类命运共同体，既代表了世界人民的呼声和现代文明的高度，又科学地把握住了时代特征和人类社会演进规律。它是解决当今国际社会面临的难题的正确出路，为人类发展和国际关系重建指明了方向。这一思想，从实践中萌发，到实践中应用，在实践中发展，彰显着科学精神。六是整体。人类命运共同体是一个整体性概念，其内涵是多维度、多层次、多面向的。多维度是指，这一概念涵盖安全、经济、政治、文化、生态等不同领域。多层次是指，这一概念涉及双边、多边、全球等不同层次。多面向是指，按照不同的需求和交集点，可以展现为利益共同体、价值共同体、责任共同体等。多维度、多层次、多面向构成了一个丰富的整体性概念。①

3. 构建人类命运共同体的具体实践

实践是马克思主义的基本观点和理论品质，实践也是构建人类命运共同体的题中应有之义。大道至简，实干为要。构建人类命运共同体，关键在行动。对中国而言，构建人类命运共同体不仅仅是坐而论道，而是要起而行之。其中，最具代表性的就是在习近平总书记阐述人类命运共同体理念的同一年，提出的“一带一路”倡议。2013 年，习近平总书记在访问中亚和东南亚时，分别提出建设丝绸之路经济带和 21 世纪海上丝绸之路的倡议。习近平总书记指出：“2013 年，我首次提出构建人类命运共同体的倡议。我高兴地看到，中国同世界各国的友好合作不断拓展，人类命运共同体理念得到越来越多人的支持和赞同，这一倡议正在从理念转化为行动。”“我提出‘一带一路’倡议，就是要实践人类命运共同体理念。”②“一带一路”巧妙地运

① 参见王毅《携手打造人类命运共同体》，《人民日报》2016 年 5 月 31 日。

② 习近平：《携手建设更加美好的世界——在中国共产党与世界政党高层对话会上的主旨讲话》，《人民日报》2017 年 12 月 2 日。

用了非常具有影响力的古丝绸之路文化符号，以和平发展为宗旨，以共同建设为路径，以利益共赢为基础，以责任共担为保障，以文化交流为纽带，大力拓展丝绸之路沿线国家的伙伴关系，合力打造命运共同体。提出“一带一路”倡议与建构人类命运共同体的动因如出一辙。习近平总书记从历史与现实两个维度加以阐述。从历史维度看，人类社会正处在一个大发展大变革大调整时代，各国之间的联系之紧密、世界人民对美好生活的向往之强烈、人类战胜困难手段之丰富从未达到今天这样的程度。从现实维度看，我们正处在一个挑战频发的世界，和平赤字、发展赤字、治理赤字，是摆在全人类面前的严峻挑战。习近平总书记说：“在‘一带一路’建设国际合作框架内，各方秉持共商、共建、共享原则，携手应对世界经济面临的挑战，开创发展新机遇，谋求发展新动力，拓展发展新空间，实现优势互补、互利共赢，不断朝着人类命运共同体方向迈进。这是我提出这一倡议的初衷，也是希望通过这一倡议实现的最高目标。”①“我提出‘一带一路’倡议，就是要实现共赢共享发展。”②可以说，“一带一路”倡议是中国为解决当前世界课题提供的一条具体的解决之道。

在古代中国，陆上和海上丝绸之路就是沟通不同的文明的大通道。地理的屏障并没有能够阻隔住人类交往的意愿，无数先人艰辛探索将中国与欧亚非的国家连接起来。古丝绸之路连通了贸易，传播了文化，更凝结成了以和平合作、开放包容、互学互鉴、互利共赢为核心的丝路精神。这是由中国和沿线国家共同创造的人类文明的最伟大最宝贵的遗产之一。习近平总书记提出的“一带一路”倡议是在新的历史条件下对古代丝绸之路精神的传承和升华，顺应了新的时代的要求和各国加快发展的愿望，提供了一个自愿参与、包容性极大的合作平台，能够把经济富有活力的中国同沿线国家的发展战略结合起来，特别是沿线国家中大多数是资金缺乏、基础设施落后的发展

① 习近平：《开辟合作新起点　谋求发展新动力——在“一带一路”国际合作高峰论坛圆桌峰会上的开幕辞》，《人民日报》2017年5月16日。

② 习近平：《共同构建人类命运共同体——在联合国日内瓦总部的演讲》，《人民日报》2017年1月20日。

中国家。“一带一路”倡议是发展的倡议、合作的倡议、开放的倡议，主张的是共商、共建、共享的平等互利方式，重点是沿线各国政策沟通、设施联通、贸易畅通、资金融通、民心相通。共建“一带一路”体现了符合人类文明走势的价值取向，顺应了全球治理体系变革的内在要求，彰显了同舟共济、权责共担的人类命运共同体意识，为完善全球治理体系变革提供了新思路新方案。“一带一路”倡议，不仅有利于中国和区域的发展，而且可以通过消除贫困、促进文明交流，为和平奠定稳固基础，为人类命运共同体的实现提供助力。正如习近平总书记所说：以共建“一带一路”为实践平台推动构建人类命运共同体，这是从我国改革开放和长远发展出发提出来的，也符合中华民族历来秉持的天下大同理念，符合中国人怀柔远人、和谐万邦的天下观，占据了国际道义制高点。①

“一带一路”是开放的，不仅仅局限于亚欧大陆，而是遍布世界的最大范围的“朋友圈”。无论过往的态度如何，所有对“一带一路”感兴趣的国家和国际组织都可以选择加入“朋友圈”。习近平总书记指出：共建“一带一路”是经济合作倡议，不是搞地缘政治联盟或军事同盟；是开放包容进程，不是要关起门来搞小圈子或者“中国俱乐部”；是不以意识形态划界，不搞零和游戏，只要各国有意愿，我们都欢迎。② 一些别有用心的舆论把“一带一路”抹黑为中国实现称霸野心的工具，是完全站不住脚的。“一带一路”以合作共赢为核心价值，将会给沿线各国人民带来实实在在的利益，为中国和沿线国家共同发展带来巨大机遇。“一带一路”追求的是共同繁荣的大利，不是一枝独秀的小利。这条路不是专属于中国的私家小路，而是世界各国携手前进的阳光大道。中国推动共建“一带一路”、设立丝路基金、倡议成立亚洲基础设施投资银行、推进金砖国家新开发银行建设等，目的是支持各国共同发展，而不是要谋求政治势力范围。中国欢迎周边国家参与到合

---

① 参见《坚持对话协商共建共享合作共赢交流互鉴　推动共建“一带一路”走深走实造福人民》，《人民日报》2018 年 8 月 28 日。

② 参见《坚持对话协商共建共享合作共赢交流互鉴　推动共建“一带一路”走深走实造福人民》，《人民日报》2018 年 8 月 28 日。

作中来，通过“一带一路”建设，共同打造开放、包容、均衡、普惠的区域合作架构。5年来，共建“一带一路”取得了丰硕的成果，得到了国际社会特别是沿线国家人民和企业界的高度认可。我国同“一带一路”相关国家的货物贸易额累计超过5万亿美元，对外直接投资超过600亿美元，为当地创造20多万个就业岗位，我国对外投资成为拉动全球对外直接投资增长的重要引擎，已经有80多个国家和国际组织同中国签署了合作协议。与此同时，“一带一路”建设也大幅提升了我国贸易投资自由化便利化水平，推动我国开放空间从沿海、沿江向内陆、沿边延伸，形成陆海内外联动、东西双向互济的开放新格局。共建“一带一路”倡议源于中国，但机会和成果属于世界，中国不打地缘博弈小算盘，不搞封闭排他小圈子，不做凌驾于人的强买强卖。需要指出的是，“一带一路”建设是全新的事物，在合作中有些不同意见是完全正常的，只要各方秉持和遵循共商共建共享的原则，就一定能增进合作、化解分歧，把“一带一路”打造成为顺应经济全球化潮流的最广泛的国际合作平台，让共建“一带一路”更好地造福各国人民。“一带一路”建设的成效对于推广人类命运共同体理念至关重要。要本着合作共赢的原则同沿线国家携手推动，让沿线国家搭中国快车。对于建设中出现的一些问题，要及时找到问题的根源，避免问题的蔓延影响声誉。国内企业参与“一带一路”建设，要真心诚意对待沿线国家，尤其要注重规则和信用，要依法经营，做到言必信、行必果。人文交流要与经贸交流相配套，加强政治互信和相互理解，让民心相通构成打造命运共同体的牢固根基。

（三）“构建人类命运共同体”的理论超越与当代价值

1.对传统国际政治思维的超越

源自西方的传统的国际政治思维，主张“强权即真理”的权力政治和“你赢即我输”的零和博弈，相互为敌和冲突是必然的结果。美国学者米尔斯海默在其所著《大国政治的悲剧》一书中表达了传统国际政治思维的基本逻辑。他指出，因为缺乏超国家的国际权威统治，世界呈现为无政府状态和自助体系，为了生存与安全，大国全都倾向于损人利己，追逐权力的最大化，力求成为支配性国家，结果就是大国间必然产生冲突，这就是大国政治的悲剧。“修昔底德陷阱”的说法也遵循这一逻辑。所谓“修昔底德陷阱”是当代学者对修昔底德观点的一种发挥。古希腊历史学家修昔底德在《伯罗奔尼撒战争史》中分析道：使战争（伯罗奔尼撒战争）不可避免的真正原因是雅典势力的增长和因而引起的斯巴达的恐惧。哈佛大学贝尔福科学与国际事务中心主任、政治学者艾利森首次使用“修昔底德陷阱”概念，2012 年 8 月他在英国《金融时报》上发表文章，标题触目惊心：“修昔底德陷阱已凸显于太平洋”；《金融时报》加注的副标题更加直白：“中国与美国就是今天的雅典和斯巴达”。自近现代意义上的国际关系出现以来，一直占据主导地位的正是这一思维，大国争霸和战争由此成为国际社会主旋律，给人类带来了无尽的浩劫。20 世纪更是出现了两次世界范围的大规模战争，人员、财产损失惨重。冷战思维以及冷战期间美苏两个超级大国的争霸与对抗也是其典型表现，核战争的阴云始终挥之不去。从国际关系理论的视角而言，传统的国际政治思维是造成世界不和谐不稳定的根源。习近平总书记依据当前世界和平、合作的全球发展大势，将世界人民的呼声和新的时代精神，概括升华为人类命运共同体理念。它超越了冷战思维、霸权思维、敌我思维、单边思维、封闭思维等，推崇平等合作、互利共赢；超越集团党派、国家的私利，超越文明和意识形态的差异，追求全人类共同价值和利益，凝聚人类共同意愿和理想，带领人类迈向和平发展、合作共赢的崭新时代。

构建人类命运共同体，作为习近平外交思想的主要内容构成，是以习近平同志为核心的党中央运筹中国特色大国外交的一个关键原则和方向，其实践与理念是中国共产党领导全党全国各族人民对全世界全人类的一个伟大贡献。构建人类命运共同体理念，继承和发扬中国优秀传统文化，借助东方智慧解决当代世界面临的难题，因为这些难题的根源就在于西方文化内在的缺陷。中华文明中“和”文化源远流长，和而不同、和为贵等思想，主张文化包容，崇尚和平；民胞物与、天人合一，强调人与自然的和谐；天下大同，为万世开太平，体现了人类的终极关怀。构建人类命运共同体，也是近代以来中国对外交往实践和经验的总结。鸦片战争之后，中国饱受资本主义列强侵略战争的摧残，是弱肉强食的国际旧秩序的受害者，分外珍惜来之不易的独立与和平。新中国成立后，中国外交就把和平发展作为核心目标，将独立自主作为首要原则，将与各国发展平等的友好关系作为主要任务，并倡导提出了和平共处五项原则。改革开放后，中国坚定不移实行对外开放政策，将中国的发展融入世界，全方位发展与各国的外交关系，积极推动建立公正合理的国际新秩序，提出新安全观以及建设和谐世界主张。追溯新中国外交理论的发展脉络，会发现构建人类命运共同体思想的渊源以及在新时代的创新与超越。构建人类命运共同体，还充分汲取了当代的最新文明成果，吸纳反思经典现代化和发展模式的思想，将和平、自由、民主、正义、法治等人类共同价值包含其中，凝练出世界人民内心认同的最大公约数——建设美好世界，使具有中国特色的中国方案具有了世界意义。实施这一方案，首先要求作为倡导者的中国率先垂范，身体力行，真诚付出，打破所谓国强必霸的铁律，树立负责任大国的外交形象。其次是做好心灵沟通，增进友谊，扩大认同，壮大支持力量。最后，与其他国家共同打造合作平台，推进合作项目，以实实在在的成果赢得人心。

2. 对马克思主义的丰富与发展

构建人类命运共同体最核心的理念，是马克思主义关于人类解放的价值目标和共产主义理想的当代呈现。马克思、恩格斯依据唯物史观，在把握人类社会发展规律的基础上，深入剖析了资本主义的基本矛盾，阐明了人类将在历史发展进程中摆脱自身、社会与自然界的束缚，建立实现所有人全面而自由发展的共产主义社会，即自由人联合体。在经典作家看来，作为自由人联合体的共产主义就是真正的人类共同体，是一种世界历史性的存在。它是人类和自然之间的矛盾、作为个体的人和作为整体的人类之间的矛盾的真正解决，是人类历史之谜的解答。如今世界处于各国彼此联系和彼此依存的经济全球化时代，“你中有我、我中有你”的命运共同体越来越成为人类需要的模式。构建人类命运共同体，是以习近平同志为核心的党中央对全球化时代人类命运和前途的理性思考，回答了当今全球化时代“建构什么样的世界，怎样建构”这一人类共同面临的重大课题。构建人类命运共同体是对马克思主义关于共产主义终极理想追求的继承和发展，是在历史唯物主义基础上对当下构建合理的国际秩序的创造性回答，展现了马克思主义的共产主义思想在当今的全球化时代仍然具有科学的价值引领和指导作用。

发展是人类社会永恒的主题，每个人自由而全面的发展是共产主义的基本原则，中国共产党人作为马克思主义者，把实现共产主义作为自己的最高理想，并坚持在实践中不断丰富和发展马克思主义。还要看到，在当今时代，国与国的利益冲突，意识形态的分歧，文明之间的差异，都是现实存在的，如何争取和团结更多的人类进步力量，为建设美好世界而奋斗，也是一个重大的理论问题。人类命运共同体的构建不是轻轻松松就可以实现的，其过程需要最大程度争取世界进步力量，结成最广泛的国际统一战线，与顽固坚持冷战思维、零和思维的势力作不懈斗争。在新的时代背景下，人类生活在充满机遇和风险的世界，要想抓住机遇、化解风险，就必须依靠全人类同舟共济和协调行动。中国作为一个社会主义大国，在实现自身发展目标的过程中，应当具有人类视野和道德情怀，贡献中国智慧和方案，在世界舞台上扮演更重要的角色，尤其是文明领航者的角色。可以说，人类命运共同体是中国梦与世界梦的有机统一。中国共产党始终带领中国人民在实现中国梦、点亮世界梦的道路上不断前进，积极推动全球治理变革。中国梦属于中国，也属于世界。中国梦是奉献世界的梦，是合作发展之梦，追求“美美与共”和“天下大同”，与世界各国人民的美好梦想是相通的。构建人类命运共同体思想以马克思主义为指导，以中国的实践为依据，汲取了古今中外的政治智慧，是在真实的共同体中实现世界的包容性发展，这既是马克思主义理论创新的重要成果，也是对当今时代问题的有力回答。

构建人类命运共同体，不仅是中国作为社会主义大国应当为人类社会发展承担的历史职责，也是中国共产党人为人类文明进步应当推进的历史使命。十九大报告指出：“中国共产党是为中国人民谋幸福的政党，也是为人类进步事业而奋斗的政党。中国共产党始终把为人类作出新的更大的贡献作为自己的使命。”① 中国共产党与世界政党高层对话会于2017年11月30日至12月3日在北京举行，主题是“构建人类命运共同体、共同建设美好世界：政党的责任”。在本次会议上，习近平总书记指出：“中国共产党是为中国人民谋幸福的党，也是为人类进步事业而奋斗的党。中国共产党是世界上最大的政党。我说过，大就要有大的样子。中国共产党所做的一切，就是为中国人民谋幸福、为中华民族谋复兴、为人类谋和平与发展。我们要把自己的事情做好，这本身就是对构建人类命运共同体的贡献。我们也要通过推动中国发展给世界创造更多机遇，通过深化自身实践探索人类社会发展规律并同世界各国分享。我们不‘输入’外国模式，也不‘输出’中国模式，不会要求别国‘复制’中国的做法。”② 中国共产党是有人类情怀和坚定信仰的政党，构建人类命运共同体的思想充分体现了政党性质，从政党世界责任和历史使命的维度丰富了马克思主义的政党学说。

构建人类命运共同体作为一个目标、一种方案，其实现绝不是可以一蹴而就的。挑战不仅来自于现实问题的复杂性，而且来自传统思维和保守势力的阻挠。这一主张已得到世界上越来越多国家、国际组织和人民的认同，其实践成果也正在逐步展现出来。正如习近平总书记所言：“我们生活的世界充满希望，也充满挑战。我们不能因现实复杂而放弃梦想，不能因理想遥远而放弃追求。没有哪个国家能够独自应对人类面临的各种挑战，也没有哪个国家能够退回到自我封闭的孤岛。”“世界命运握在各国人民手中，人类前途系于各国人民的抉择。中国人民愿同各国人民一道，推动人类命运共同体建设，共同创造人类的美好未来！”③ 人类需要梦想，没有梦想就没有目标、

---

① 习近平：《决胜全面建成小康社会 夺取新时代中国特色社会主义伟大胜利——在中国共产党第十九次全国代表大会上的报告》，《人民日报》2017年10月28日。

② 习近平：《携手建设更加美好的世界——在中国共产党与世界政党高层对话会上的主旨讲话》，《人民日报》2017年12月2日。

③ 习近平：《决胜全面建成小康社会 夺取新时代中国特色社会主义伟大胜利——在中国共产党第十九次全国代表大会上的报告》，《人民日报》2017年10月28日。

动力和超越。构建人类命运共同体是美好世界的梦想，实现这一梦想需要付出艰辛的努力。中国拥有悠久历史和灿烂文明，拥有占世界五分之一的人口，拥有强有力的执政党和符合中国国情的社会制度，理应为人类文明的发展作出更大的贡献。构建人类命运共同体就是中国给世界提供的全球治理方案，得到越来越多国家的支持，也展现出中国的软实力。中国将在实践中贯彻和丰富这一理念，团结全世界爱好和平、向往美好世界的国家和人民，从点点滴滴做起，将理念转化为行动，力争早日实现梦想。

二、走和平发展道路是中国特色社会主义走向世界的战略抉择

（一）走和平发展道路不仅符合中国人民的利益，而且符合世界人民的利益

走和平发展道路，是在对我国国情和国家根本利益以及时代潮流作出准确、科学判断后作出的战略抉择，这不仅符合中国人民的利益，而且符合世界人民的利益。

中华民族爱好和平，但在近代却屡遭殖民侵略，饱受战乱之苦，沉痛的历史记忆使中国人民不仅对于争取民族独立、实现国家富强和人民富裕有着最迫切、最深厚的渴望，对和平与发展也有着锲而不舍的追求，十分珍视拥有的安定生活，同时乐于创造和维护人类赖以生存的和平环境。改革开放40年，中国的发展成就举世瞩目，但是人口多，底子薄，发展不充分不平衡的状况并未根本改变，改革攻坚任务艰巨，推进现代化进程任重而道远。尽管党的十九大已经确认中国特色社会主义进入了新时代，但我国仍处于并将长期处于社会主义初级阶段的基本国情并未改变，中国仍旧是世界上最大的发展中国家，未来任重道远。战火纷飞、社会动荡的情况下不可能有中国特色社会主义建设的顺利发展，不可能实现国强民富，更难以企及真正的民族复兴，必须有一个和平稳定的国内外环境，中国才能聚精会神搞建设、一心一意谋发展，全力以赴打造现代化强国。走和平发展道路，这是基于中国

国情和国家根本利益作出的自觉选择。

时至今日，当世界多极化、经济全球化进一步发展的同时，文化多样化、社会信息化也日益成为世界发展的重要趋势，愈来愈多的新课题摆在国际社会面前。不同制度、不同类型、不同发展阶段的国家间利益交织、相互依存达到前所未有的程度，各民族、各国的前途命运紧密相连，正是习近平总书记所形容的人类命运共同体，这种“你中有我、我中有你”的生存状态，形成了有利于和平发展的时代潮流。与此同时，霸权主义、强权政治等传统安全威胁和恐怖主义、金融危机、信息安全等非传统安全威胁相互交织，成为日益严峻的全球性挑战，不仅危及中国的国家安全和国家利益，也危及其他国家的安全利益，危及人类的共同安全，危及世界的和平与共同发展。解决这一系列问题不是任何一个国家能够独自完成的，因此，中国必须走和平发展道路，同时还要在复杂多变的国际环境中，争取和携手国际社会共同寻求和平发展。中国要通过和平发展强大自身，也要以自身发展维护和促进世界和平与共同发展，同时还要推动世界各国共襄和平与发展，创造和维护人类赖以生存的和平环境，谋求共同发展。走和平发展道路，正是在把握时代潮流和世界形势下作出的科学决断，也符合世界各国人民的共同利益。

（二）十八大以来以习近平同志为核心的党中央把和平与发展推向了一个新阶段

改革开放后中国发展的强劲势头，引起了国际社会的高度关切，不少国家对中国的发展存有疑虑与畏惧。自 20 世纪 90 年代，“中国威胁论”在一些国家相继出现，并在进入 21 世纪后愈演愈烈。对此，有必要阐明中国的发展理念，以减少发展阻力，营造国家崛起的良好国际环境。

2003 年 1 月，时任中共中央总书记胡锦涛同志在给中央党校的一份报告批示中指出，要就中国和平崛起道路问题开展研究。[①] 同年 11 月，在博

① 阿静：《在和平中崛起》，《大地》2005 年第 1 期。

鳌亚洲论坛年会上，中国代表的题为《中国和平崛起新道路和亚洲的未来》的讲演引起了国内外极大反响。同年12月，胡锦涛同志在纪念毛泽东诞辰110周年座谈会上明确提出“要坚持走和平崛起的发展道路”①。在此前后，时任国务院总理温家宝同志也在不同场合阐述了中国和平崛起发展道路的要义。

此后，这一发展理念不断调整、完善。2005年12月，中国政府发表了《中国的和平发展道路》白皮书，正式公开宣明，“中国将坚定不移地走和平发展道路”②。2007年党的十七大报告也指出：“中国将始终不渝走和平发展道路。”③2011年9月，国务院新闻办公室发布《中国的和平发展》白皮书，对中国和平发展道路的内涵和特征给予了明确的界定。白皮书指出，中国的和平发展道路概括起来就是：既通过维护世界和平发展自己，又通过自身发展维护世界和平；在强调依靠自身力量和改革创新实现发展的同时，坚持对外开放，学习借鉴别国长处；顺应经济全球化发展潮流，寻求与各国互利共赢和共同发展；同国际社会一道努力，推动建设持久和平、共同繁荣的和谐世界；中国的和平发展道路最鲜明的特征，就是坚持科学发展、自主发展、开放发展、和平发展、合作发展、共同发展。从和平崛起到和平发展，表述虽然有所区别，但实质不变，都表明了中国要以和平方式实现发展的立场。中国的发展不会对任何国家构成威胁，在坚持自己和平发展的同时，还致力于维护世界和平，是世界和平发展的重要保证。

党的十八大以来，以习近平同志为核心的党中央准确把握了国内国际两个大局的新特点、新变化，站在新的历史起点上，继续坚持走和平发展道路，并提出了一系列新思路、新主张，在理论和实践层面上把和平与发展推向了一个新阶段。

---

① 胡锦涛：《在纪念毛泽东诞辰110周年座谈会的讲话》，《人民日报》2003年12月27日。

② 中华人民共和国国务院新闻办公室：《中国的和平发展道路》，《人民日报》2005年12月23日。

③ 胡锦涛：《高举中国特色社会主义伟大旗帜　为夺取全面建设小康社会新胜利而奋斗——在中国共产党第十七次全国代表大会上的报告》，《人民日报》2007年10月25日。

首先，以人类命运共同体的理念创新交融中国优秀传统文化与马克思主义，夯实中国走和平发展道路的思想文化基础。中国共产党人是坚定的马克思主义者，马克思、恩格斯深入剖析资本主义的发展规律，揭示了实现共产主义和人类解放的历史必然性，提出“代替那存在着阶级和阶级对立的资产阶级旧社会的，将是这样一个联合体，在那里，每个人的自由发展是一切人的自由发展的条件”①。其主要特征是：物质财富极大涌流、精神境界达到一定高度、人的发展自由而全面。马克思主义关于人类解放和共产主义社会的论述，为以习近平同志为核心的党中央思考当代中国与世界提供了坚实的理论依据。中国共产党人还是中华优秀传统文化的继承者，习近平总书记高度重视传承和发扬 5000 年来中华优秀传统文化，强调从积淀着中华民族最深沉精神追求的传统文化中汲取力量和营养。

中国有着源远流长的和合文化底蕴，素有敦睦邻里、与人为善的文化传统，推崇“以和为贵”“天人合一”，讲求“民胞物与”“天下一家”“协和万邦”，憧憬“大道之行，天下为公”的美好世界，这些都成为中国人处理人与人、人与自然乃至国与国关系所遵循的重要价值观念，也与马克思主义主张的人类解放思想和共产主义理想在理念上有一定程度的共融共通。2014 年习近平总书记在德国指出：“中华民族是爱好和平的民族……有着 5000 多年历史的中华文明，始终崇尚和平，和平、和睦、和谐的追求深深植根于中华民族的精神世界之中，深深溶化在中国人民的血脉之中。”② 2015 年习近平总书记在新加坡指出：“和平发展思想是中华文化的内在基因。”③ 2017 年习近平总书记在中国共产党与世界政党高层对话会上的主旨讲话中提出：“世界各国尽管有这样那样的分歧矛盾，也免不了产生这样那样的磕磕碰碰，但世界各国人民都生活在同一片蓝天下、拥有同一个家园，应该是一家人。世界各国人民应该秉持‘天下一家’理念，张开怀抱，彼此理解，求同存

① 《马克思恩格斯选集》第 1 卷，人民出版社 2012 年版，第 422 页。

② 《习近平谈治国理政》，外文出版社 2014 年版，第 265 页。

③ 习近平：《深化合作伙伴关系 共建亚洲美好家园》，《人民日报》2015 年 11 月 8 日。

异，共同为构建人类命运共同体而努力。”①

“人类命运共同体”的提出，既符合马克思主义的人类解放思想和共产主义的远大理想，也交融了中华文明中的和合理念与大同理想，是对马克思主义的理论创新，也是对中华优秀传统文化理念的超越，其所具有的全球视野和人类情怀为中国走和平发展道路提供了更为扎实的思想文化基础。坚持走和平发展道路符合中华民族一贯的“求同存异”“和而不同”“兼容并蓄”的文化价值理念，是中华优秀文化的传承和历史发展的必然结论，也是经马克思主义改造后的传统和合文化兼济天下的善意表达。

其次，创造性地提出构建以合作共赢为核心的新型国际关系，最大限度地凝聚和平发展的全球性共识。

20 世纪 80 年代中期，邓小平在准确把握和冷静分析了当时国际局势变化的基础上，明确提出，和平和发展问题是“现在世界上真正大的问题”②；1987 年党的十三大报告正式确认“和平和发展是当代世界的主题”。和平与发展时代主题的提出，为改革开放后党和国家把工作重心转移到经济建设上来、为确立新时期的发展战略和国际战略奠定了重要的思想基础。

进入 21 世纪后，国际局势发生了冷战结束以来最为深刻复杂的变化。中国共产党一方面敏锐地注意到世界出现的大变革大调整大发展；另一方面清醒地认识到，虽然不稳定、不可测的因素增多，虽然面临着新挑战和严峻考验，但是和平与发展仍然是时代主题，党的十七大报告、十八大报告都对此作出了明确认定，同时对国际局势的新变化予以了积极的回应。

2007 年党的十七大报告提出，“求和平、谋发展、促合作已经成为不可阻挡的时代潮流”③，“合作”由此成为和平与发展时代主题中的新内容。2012 年党的十八大报告进一步提出：“中国将继续高举和平、发展、合作、

① 习近平：《携手建设更加美好的世界——在中国共产党与世界政党高层对话会上的主旨讲话》，《人民日报》2017 年 12 月 2 日。

② 《邓小平文选》第三卷，人民出版社 1993 年版，第 105 页。

③ 胡锦涛：《高举中国特色社会主义伟大旗帜　为夺取全面建设小康社会新胜利而奋斗——在中国共产党第十七次全国代表大会上的报告》，《人民日报》2007 年 10 月 25 日。

共赢的旗帜，坚定不移致力于维护世界和平、促进共同发展。”[1] 并主张在国际关系中弘扬平等互信、包容互鉴、合作共赢的精神，共同维护国际公平正义。继“合作”之后，“共赢”成为和平与发展时代主题中的又一新内容。2013 年 3 月，习近平总书记出访俄罗斯期间，明确表示“各国应该共同推动建立以合作共赢为核心的新型国际关系，各国人民应该一起来维护世界和平、促进共同发展”[2]，首次提出了推动建立以合作共赢为核心的新型国际关系。2017 年党的十九大报告继续重申，“中国将高举和平、发展、合作、共赢的旗帜，恪守维护世界和平、促进共同发展的外交政策宗旨”[3]，同时提出要推动建设相互尊重、公平正义、合作共赢的新型国际关系。

以合作共赢为核心积极构建新型国际关系，是党的十八大以来中国特色社会主义在走向世界过程中对时代主题内涵的充实与丰富，这一思想创新最大限度地凝聚了和平发展的全球性共识。

这一思想强调合作是构建新型国际关系的主要方式。世界的大发展大变革大调整，使各国、各地区在经济、政治、文化、安全等问题上相互影响、彼此交融，国际社会趋向一体，成为大势所趋。这一事实和趋势决定了无论是谋求发展，还是对抗风险，单打独斗都难成气候，以邻为壑、人为制造对抗更没有出路，任何一个国家都不可能脱离这一世界体系特立独行，都必须走合作的道路，和衷共济、共迎挑战才是唯一正确的抉择。在和平的状态下实现发展是各个国家主体都希望达到的目的，合作则是实现和平发展的手段和途径。虽然在国家没有消亡之前，国家利益的差别、意识形态的分野等，决定了对于不同的国家主体而言，和平与发展都有其具体的内涵和特定的指向，合作都是为了实现各自所希望的发展和各自所需要的和平，合作不

---

① 胡锦涛：《坚定不移沿着中国特色社会主义道路前进　为全面建成小康社会而奋斗——在中国共产党第十八次全国代表大会上的报告》，《人民日报》2012 年 11 月 18 日。

② 《习近平谈治国理政》，外文出版社 2014 年版，第 273 页。

③ 习近平：《决胜全面建成小康社会　夺取新时代中国特色社会主义伟大胜利——在中国共产党第十九次全国代表大会上的报告》，《人民日报》2017 年 10 月 28 日。

等于冲突的消弭，但是合作代表了国际社会的一种发展趋势，即以对话取代对立、以合作取代对抗。同当今世界仍然存在的各种冲突相比，合作的趋势更为突出，合作的呼声影响力更大。不断扩大的互利合作，为有力应对日渐增多的全球性挑战，协同破解关乎世界进步和人类命运的重大课题注入了强劲动力。

这一思想还强调共赢是新型国际关系的基本模式。共赢是区别传统国际关系模式的根本特征，是构建新型国际关系的基本原则，也是构建人类命运共同体的题中应有之义。强调共赢意味着摒弃零和博弈、你输我赢、赢者通吃的冷战思维、霸权主义等旧观念，意味着各国在寻求自身发展时兼顾别国发展，在追求本国利益时兼顾别国利益，致力于实现双赢、多赢、共赢，最终实现共同发展与普遍繁荣。

以合作共赢为核心的新型国际关系的构建，是以正确的义利观为指针的。中国传统的义利观既讲求义在利先、道义至上、重义轻利，同时也有兼顾义利、取利有道、见利思义的一面。习近平总书记把这一传统义利观的合理内容创造性地运用于新型国际关系的构建中，指出："义，反映的是我们的一个理念，共产党人、社会主义国家的理念。这个世界上一部分人过得很好，一部分人过得很不好，不是个好现象。真正的快乐幸福是大家共同快乐、共同幸福。我们希望全世界共同发展，特别是希望广大发展中国家加快发展。利，就是要恪守互利共赢原则，不搞我赢你输，要实现双赢。"① 全世界共同发展、发展中秉持公正与平等是大义，在发展中实现互利、互惠、互助则是共赢。"只有义利兼顾才能义利兼得，只有义利平衡才能义利共赢。"②"要坚持正确义利观，做到义利兼顾，要讲信义、重情义、扬正义、树道义"③，在政治、经济、安全、文化等对外合作的方方面面坚持互利共赢的开放战略。这些重要论断，把维护国家核心利益与承担国际义务有机统一起来，把维护自身利益与兼顾各方利益有机统一起来，展现了中

① 王毅：《坚持正确义利观 积极发挥负责任大国作用》，《人民日报》2013 年 9 月 10 日。

② 习近平：《共创中韩合作未来 同襄亚洲振兴繁荣》，《人民日报》2014 年 7 月 5 日。

③ 《习近平谈治国理政》第二卷，外文出版社 2017 年版，第 443 页。

国作为一个负责任大国的道义与担当，表明了中国对维护世界和平的郑重承诺。

合作是共赢的必然途径，共赢是合作的共同目标。在合作中创共赢，在共赢中促合作，这顺应了国际社会的普遍愿望，是国家间关系健康发展的理性抉择，也决定了新型国际关系的基本形态，为推动国际秩序朝着更加公正合理的方向发展提供了新思路，也在全球范围为维护世界和平、促进共同发展提供了思想共识。

2017年党的十九大重申中国将继续坚持和平、发展、合作、共赢，提出推动建设相互尊重、公平正义、合作共赢的新型国际关系。相互尊重是建设新型国际关系的基础，就是强调无论国家大小、强弱、贫富，一律平等，相互尊重对方的领土主权完整和政治制度，尊重彼此的核心利益和战略关切；公平正义是建设新型国际关系的保障，就是强调国家无论大小都要公平对待，公道处事，恪守国家法原则和国际关系准则，坚决反对把自己的意志强加于人，反对干涉别国内政，反对一切形式的以大压小、以强凌弱、霸权主义和强权政治。合作共赢是建设新型国际关系的目标，就是强调共同发展，利益共享，中国决不会以牺牲别国利益为代价来发展自己，致力于建立更加平等均衡的新型全球发展伙伴关系。[①] 三者有机结合、层层递进。中国倡导的新型国际关系代表着当今世界发展的方向，有着强大的生命力和广阔的前景。

再次，倡导共同、综合、合作、可持续的安全观，创新维护世界和平与发展的新思路。

自改革开放至今，中国共产党的历届中央领导集体始终坚持和平与发展是时代主题，同时又能审时度势，把握最新的世界潮流与发展走势。随着中国的崛起，随着构建人类命运共同体的提出，对于中国走和平发展道路与世界的和平与发展之间相互影响、相互作用的密切关系，以习近平同志为核心的党中央的理解和认识也前所未有地深刻起来。

---

① 赵可金：《坚持走和平发展道路的“中国方案”》，《前线》2017年11月15日。

环顾今天的世界，大变革大发展大调整带来了无限的机遇，也显露出问题丛生、压力与挑战并存的严峻形势。通过对时代潮流和国家根本利益的准确判断，通过对国内国际两个大局的统筹权衡，中国作出走和平发展道路的战略抉择，并清醒地认识到了和平国际环境的重要性，认识到了安全的重要性。习近平总书记指出："世界繁荣稳定是中国的机遇，中国发展也是世界的机遇。和平发展道路能不能走得通，很大程度上要看我们能不能把世界的机遇转变为中国的机遇，把中国的机遇转变为世界的机遇，在中国与世界各国良性互动、互利共赢中开拓前进。"① 为此，中国坚持走和平发展道路，并与维护和捍卫自己的正当权益和国家核心利益高度统一起来；同时也清醒地认识到，中国要发展，其他国家也要发展，中国在发展中决不会吞下损害我国主权、安全、发展利益的苦果，中国的发展也绝不能以牺牲别国利益为代价。只有各国共同发展，各国的安全和利益都有了保障，国与国才能和平相处；只有其他国家都与中国在和平发展道路上携手同行，和平发展道路才能走得通。习近平总书记强调："安全问题确实是事关人类前途命运的重大问题"，"促进和平与发展，首先要维护安全稳定；没有安全稳定，就谈不上和平与发展。""实现各国共同安全，是构建人类命运共同体的题中应有之义。"② 中国愿同各国一道，共同构建普遍安全的人类命运共同体。

2014 年 5 月习近平总书记在亚信峰会上发表讲话，明确表示："积极倡导共同、综合、合作、可持续的亚洲安全观，创新安全理念，搭建地区安全和合作新架构，努力走出一条共建、共享、共赢的亚洲安全之路。"③ 当今世界近 200 个国家，不分大小、贫富、强弱，已经越来越紧密联结起来，成为一个利益交融、安危与共的命运共同体。此后，习近平总书记多次强调要树立共同、综合、合作、可持续安全的新观念，这一新安全观现已对世界的和平与发展产生了重要影响。

---

① 《习近平谈治国理政》，外文出版社 2014 年版，第 248 页。

② 习近平：《坚持合作创新法治共赢　携手开展全球安全治理——在国际刑警组织第八十六届全体大会开幕式上的主旨演讲》，《人民日报》2017 年 9 月 27 日。

③ 《习近平谈治国理政》，外文出版社 2014 年版，第 354 页。

共同安全，从普遍性而言，就是要尊重和保障每一个国家安全，不能牺牲别国安全或一部分国家安全成就所谓自身绝对安全或另一部分国家安全；从平等性而言，就是指地区乃至世界安全事务不应被个别或少数国家垄断，每一个国家都有平等参与地区乃至世界安全事务的权利和维护安全的责任；从包容性而言，就是要尊重各国合理安全关切，尊重各国自主选择的社会制度和发展道路，把世界多样性和各国差异性转化为促进世界安全合作的活力和动力。共同安全就是从空间上强调安全问题关系世界范围内每一个国家，要尊重和保障世界上每一个国家的安全，也要集各国的合力来维护世界安全。

综合安全，就是统筹应对传统领域安全和非传统领域安全。通盘考虑世界安全问题的历史经纬和现实状况，针对恐怖主义、跨国犯罪、环境安全、网络安全、能源资源安全、重大自然灾害等带来的挑战明显上升的趋势，立足当前、着眼长远，多管齐下、综合施策，协调推进世界安全治理。既着力解决当前突出的地区安全问题，又统筹谋划应对各类潜在的安全威胁。综合安全从内容上实现进一步拓展了安全问题的内涵和外延。

合作安全，就是通过对话沟通，增进战略互信，减少相互猜疑，求同化异，和睦相处；就是着眼共同安全利益，培育合作应对安全挑战的意识、扩大合作领域、创新合作方式。合作安全不同于集体安全。集体安全观念出现于第一次世界大战期间，第二次世界大战之后盛行，它强调以同盟协作方式有效地维护同盟体系中各成员的安全与防务。其结果是追求和无限扩大自己的和成员国的安全，挤压、削弱甚至剥夺非成员国的安全；把各成员国的安全利益和对外战略彼此绑定，其本质仍然难以摆脱敌我友划线的零和思维。① 合作安全则立足于维护世界共同安全利益，就是在途径上坚持通过对话沟通、谈判协商促进国际和地区间的合作，以合作谋和平、以合作促进世界安全，营造共建、共享、共赢的世界安全新格局。

---

① 参见傅莹《坚持合作安全共同发展政治包容　携手构建人类命运共同体》，《人民日报》2017 年 5 月 16 日。

可持续安全，就是坚持发展和安全并重，以实现持久安全。发展是安全的基础，安全是发展的条件。对世界大多数国家来说，发展就是最大的安全，也是解决地区安全问题的“总钥匙”。习近平总书记指出，当今世界，安全问题的联动性、跨国性、多样性更加突出，更要“以合作谋安全、谋稳定，以安全促和平、促发展，努力为各国人民创造持久的安全稳定环境”①。可持续安全就是力求从时间上实现永续安全，为同心打造人类命运共同体提供长久的保证。

（三）坚持走和平发展道路，扩大同各国的利益交汇点，积极发展全球伙伴关系

十八大以来，中国坚持走和平发展道路，把中国自身利益与各国共同利益结合起来，在处理不同类型的国家间关系方面不断创新和发展，努力推动与各大国关系协调发展，不断巩固与周边国家的睦邻友好，深化与广大发展中国家的团结合作，以多边为舞台，深化务实合作，加强政治互信，全面发展对外友好合作，在中国特色社会主义走向世界的进程中形成了全方位、多层次、立体化的外交格局。

其一是与发达国家共建新型大国关系。

大国关系影响到世界总体格局和全球稳定，其重要性在我国总体外交布局中尤为突出。共建21世纪新型大国关系的倡议是2012年习近平总书记访美时针对中美关系提出的，在此基础上，党的十八大报告进一步推进了共建新型大国关系的思想，将范围扩展到所有发达国家，使之更具有了普遍性，这是现阶段我国外交政策的重要内容。2017年党的十九大报告针对大国关系更进一步明确，要“扩大同各国的利益交汇点，推进大国协调和合作，构建总体稳定、均衡发展的大国关系框架”②。

---

① 习近平：《坚持合作创新法治共赢　携手开展全球安全治理——在国际刑警组织第八十六届全体大会开幕式上的主旨演讲》，《人民日报》2017年9月27日。

② 习近平：《决胜全面建成小康社会　夺取新时代中国特色社会主义伟大胜利——在中国共产党第十九次全国代表大会上的报告》，《人民日报》2017年10月28日。

与发达国家共建新型大国关系，就是要不冲突、不对抗。要理性看待彼此战略意图，通过对话协商的方式，妥善处理敏感问题和分歧，坚持做伙伴、不做对手；就是要相互尊重，平等相待。要尊重各自选择的社会制度和发展道路，尊重彼此核心利益和重大关切，以建设性方式增进理解、扩大共识，求同存异，包容互鉴，聚同化异；就是要合作共赢。要摒弃零和思维，在追求自身利益时兼顾对方利益，在寻求自身发展时促进共同发展，不断深化利益交融格局，扩大大国之间共同利益的汇合点，拓宽合作领域。为此，作为大国要着眼于世界大局，目光长远；要加强高层沟通和交往，增进战略互信；要建立大国互动新模式，探索管控分歧、矛盾和摩擦的建设性方式和新办法；要在开展务实合作方面采取新步骤，深化各领域交流合作，推动大国关系良性互动。

当前，在我国积极运筹和努力下，中俄互相视为最主要、最重要的战略协作伙伴，战略互信不断深化，经贸合作水平稳步提升，在重大国际和地区问题、全球经济治理等方面保持密切协调，全面战略协作伙伴关系取得新发展。中欧正在拓宽合作领域，加深利益交融，作为和平伙伴、增长伙伴、改革伙伴、文明伙伴，其战略合作关系不断提升。此外，中国还积极发展与其他发展中大国及地区大国的友好合作关系，也都取得了明显成效。在中美关系上，虽然两国的分歧仍然存在，2018 年持续不断的贸易战显露出中美关系的变数，但中国不断拓展务实合作，继续推进中美新型大国关系建设的方向不会动摇。

其二是深化与周边国家的友好合作。

在周边国家问题上，《中国的和平发展》白皮书（2011）就指出："中国同周边各国积极开展睦邻友好合作，共同推动建设和谐亚洲。主张地区各国相互尊重、增进互信、求同存异，通过谈判对话和友好协商解决包括领土和海洋权益争端在内的各种矛盾和问题。"① 2012 年党的十八大提出，"坚持与邻为善、以邻为伴，巩固睦邻友好，深化互利合作，努力使

① 中华人民共和国国务院新闻办公室：《中国的和平发展》，《人民日报》2011 年 9 月 7 日。

自身发展更好惠及周边国家。”① 2017年党的十九大报告进一步明确提出，“按照亲诚惠容理念和与邻为善、以邻为伴周边外交方针深化同周边国家关系”②。

周边环境总体上是对中国有利的，但是局部的挑战在上升。因为中国经济的健康发展，中国的地区影响力在不断扩大，邻国大多数希望改善同中国的关系，推进区域合作，所以中国能够在国际体系重组中获利，经济实力逐步转化为政治、外交和军事影响力。与此同时，周边国家对我国的防范也在上升，很多周边国家与美国关系密切，它们经济上依靠中国，安全上依靠美国，希望借助美国来制衡中国。

对此，中国一方面坚决维护国家主权、安全、发展利益，在东海、南海等问题上，坚定维护我国领土主权与海洋权益，决不屈服于任何外来压力，主张主权在我，搁置争议，共同开发；另一方面，中国还奉行睦邻友好的地区合作观，坚持睦邻、安邻、富邻，本着“亲、诚、惠、容”的周边外交理念，深化与周边国家的互利合作和互联互通。中国立场坚定地主张共同维护地区和平稳定，期望通过加强经贸来往与互利合作，推动亚太经济一体化进程，利用好已有区域合作平台。对其他国家提出的区域合作构想，中国并不排斥，而是以开放态度欢迎各国在促进地区合作方面发挥建设性作用。中国不会谋求地区霸权和政治势力范围，没有意图在地区排挤特定国家，对周边邻国而言，中国的繁荣和稳定是发展机遇而不是安全威胁。2017年党的十九大召开后，中国表示将继续把东盟放在周边合作议程的首页，力图打造更高水平的战略伙伴关系，构建更紧密的命运共同体；中国还表示在日方不犹豫不折腾不倒退、客观对待和认同中国的发展的前提下，愿意与之相向而行；中国希望与印度打开心结，用信任代替猜忌，以对话管控分歧，龙象共舞，靠合作开创未来。事实证明，中国会始终秉持自强不息、开拓进取、

---

① 胡锦涛：《坚定不移沿着中国特色社会主义道路前进 为全面建成小康社会而奋斗——在中国共产党第十八次全国代表大会上的报告》，《人民日报》2012年11月18日。

② 习近平：《决胜全面建成小康社会 夺取新时代中国特色社会主义伟大胜利——在中国共产党第十九次全国代表大会上的报告》，《人民日报》2017年10月28日。

开放包容、同舟共济的“亚洲精神”，永远做周边国家的好邻居、好朋友、好伙伴。

其三是加强同广大发展中国家的团结合作。

加强同发展中国家的团结合作是中国对外政策的基本立足点。中国是世界上最大的发展中国家，与发展中国家命运相通，在争取民族独立、推动国家发展的事业上守望相助，在许多国际重大问题上互相支持，中国历来重视与发展中国家的友好关系。

进入新世纪后，尤其是党的十八大以来，中国同广大发展中国家的联系进一步巩固。2013 年 3 月，习近平总书记在坦桑尼亚提出“真、实、亲、诚”方针，即待非洲朋友讲“真”，开展对非合作讲“实”，加强中非友好讲“亲”，解决合作中的问题讲“诚”。这不仅是一个对非方针，也表明了中国对于广大发展中国家的态度和立场。习近平总书记还提出了正确的义利观，表明中国有义务对贫穷的国家给予力所能及的帮助，“有时甚至要重义轻利、舍利取义，绝不能唯利是图、斤斤计较”①。在此基础上，2017年党的十九大报告高度概括提出：“秉持正确义利观和真实亲诚理念加强同发展中国家团结合作。”②

中国切实加强同发展中国家的团结合作，努力推动与发展中国家关系的全面均衡发展。在政治上，“在涉及彼此核心利益和重大关切的问题上继续相互理解、相互支持”③；文化上，加强文明对话和文化交流；经济上，坚持互利共赢，扩大务实合作，通过技术、资金、人才等多种渠道，向发展中国家提供力所能及的帮助。截至 2015 年底，中国为了支持、帮助发展中国家，累计向 166 个国家和国际、区域组织提供 4000 多亿元人民币的援款，为发展中国家培训各类人员 1200 多万人次。正如习近平总书记在 2017 年新兴市场国家与发展中国家对话会上指出的，中国正在与这些国家同舟共济，

① 王毅：《坚持正确义利观　积极发挥负责任大国作用》，《人民日报》2013 年 9 月 10 日。

② 习近平：《决胜全面建成小康社会　夺取新时代中国特色社会主义伟大胜利——在中国共产党第十九次全国代表大会上的报告》，《人民日报》2017 年 10 月 28 日。

③ 《习近平谈治国理政》，外文出版社 2014 年版，第 311 页。

共同构建开放型世界经济，共同落实2030年可持续发展议程，共同把握世界经济结构调整的历史机遇，共同建设广泛的发展伙伴关系，携手开辟公平、开放、全面、创新的发展之路，为世界经济增长作出更大贡献。①

其四是加强同各国政党和政治组织的交流合作。

通过人大、政协、地方、人民团体广泛开展对外友好往来，推进多边外交、公共外交和人文交流，这是服务国家总体外交大局的必然要求，也夯实了国家关系发展的社会基础。党的十八大报告指出，要加强人大、政协、地方、民间团体的对外交流。党的十九大报告进一步突出要“加强同各国政党和政治组织的交流合作，推进人大、政协、军队、地方、人民团体等的对外交往”②。

当前，我国已经形成了全方位、宽领域、多层次的政党外交新格局。截至2017年底，与中国共产党保持经常性联系的政党和政治组织有400多个，覆盖了世界上160多个国家和地区。中国共产党努力探索搭建国际政党交流合作的新形式、新平台。2017年12月1日，中国共产党首次召开中国共产党与世界政党高层对话会，来自120多个国家的近300个政党和政治组织的领导人，共600多名中外代表与会。会上，习近平总书记提出，应在“新型国际关系的基础上建立求同存异、相互尊重、互学互鉴的新型政党关系”③，并向世界宣示，中国共产党会一如既往为世界的和平安宁、共同发展和文明交流互鉴做贡献，同时倡议世界各国政党与中国共产党一起，“做世界和平的建设者、全球发展的贡献者、国际秩序的维护者”④，推动世界共同发展繁荣。

① 参见习近平《深化互利合作促进共同发展——在新兴市场国家与发展中国家对话会上的发言》，《人民日报》2017年9月6日。

② 习近平：《决胜全面建成小康社会　夺取新时代中国特色社会主义伟大胜利——在中国共产党第十九次全国代表大会上的报告》，《人民日报》2017年10月28日。

③ 习近平：《携手建设更加美好的世界——在中国共产党与世界政党高层对话会上的主旨讲话》，《人民日报》2017年12月2日。

④ 习近平：《携手建设更加美好的世界——在中国共产党与世界政党高层对话会上的主旨讲话》，《人民日报》2017年12月2日。

此外，十二届政协（2013 年 3 月—2018 年 3 月）期间，全国政协组织了 114 个团组出访，接待 66 个团组来访，与 149 个国家的 292 个机构和 15 个国际性或区域性组织建立了联系。十二届人大（2013 年 3 月—2018 年 3 月）期间，全国人大接待 275 个外国议会代表团来华访问，组织 311 个代表团出访。同 19 个国家议会和各国议会联盟签署 21 项合作文件，同俄罗斯、美国等 21 个国家议会和欧洲议会建立交流机制，开展 65 次交流活动。多渠道的对外友好往来，促进了理念的沟通和认同，争取了更多的理解和支持，为汇聚各方力量共襄和平发展大计，构建人类命运共同体发挥了独特的作用。

三、参与全球治理是中国特色社会主义走向世界的主要方式

（一）全球治理是当代人类合作发展的新模式

全球治理理念是在特定的时代背景下产生的。20 世纪 70—80 年代，经济全球化开始崭露锋芒，各主要西方国家在取得了经济高速发展、社会高度繁荣的成就之后，自身内部各种问题也相继暴露，高福利引发了财政赤字，吸毒、犯罪、大面积失业等社会问题凸显，官僚体制效率低下难以满足与日俱增的民众公共需求、难以解决经济社会发展中爆发的各种矛盾和冲突。社会整合程度不佳，西方国家纷纷陷入治理困境。为了应对经济失衡、政治失序、社会失范，各国政府相继开始改革探索，尝试新的管理模式，治理理论与实践应运而生。

随着经济全球化逐渐成为世界发展的重大趋势，它带来了生产力的大幅度提升，刺激了世界经济加速发展，对人类的整体进步起到了巨大的推动作用，使各国相互联系和依存日益加深；同时，全球化也如同一把双刃剑，伴随其广泛深入的推进，所引发的不平衡、波动和矛盾也在日积月累，全球性问题不断增多并趋于复杂化。一方面，原有的民族矛盾、宗教纷争、领土争议、意识形态对抗、局部战争、霸权干预等传统安全威胁并未消失，战争、贫困、粮食短缺、资源枯竭困扰人类之际，霸权主义、单边主义的泛滥

更加剧了世界和平与发展的阻力；另一方面，人类社会作为一个整体又面临诸多共同风险和巨大挑战，金融危机、生态环境危机、资源匮乏、恐怖主义、武器扩散、传染病、跨国犯罪、毒品、非法移民等非传统安全问题日益显现，极地、深海、太空等“公地”在人类开发下如何治理也需要及时作出回应。

进入20世纪90年代后，当治理的探索尝试跨越了国家边界，开始运用于国际层面时，全球治理理论与实践就得以迅速发展。最初倡议提出全球治理理念的是德意志联邦共和国前总理威利·勃兰特，他在1990年担任德国国际发展委员会主席时，提出了旨在对全球政治事务进行共同管理的“全球治理”思想。1992年，勃兰特和瑞典前首相卡尔松等28位国际知名人士发起成立了“全球治理委员会”，该委员会得到了联合国支持，并在1995年联合国成立50周年之际发表了题为《天涯成比邻》研究报告。报告认为治理是“个人和机构、公共和私人管理一系列共同事务方式的总和，它是一种可以持续调和冲突或多样利益诉求并采取合作行为的过程，包括具有强制力的正式制度与机制，以及无论个人还是机构都在自身利益上同意和认可的各种非正式制度安排”①。全球治理则是治理过程在全球层面的展开，其主体包括了民族国家、非政府组织、跨国公司、公民个人等；报告还认为在全球治理过程中应该坚持和共同遵守尊重生命、自由、正义、平等、正直、相互尊重等核心价值，并讨论了全球治理同全球安全、经济全球化、改革联合国和加强全世界法治的关系。这一报告第一次比较系统地阐述了全球治理问题，涉及全球治理的概念、价值、主体、特征、机制等诸多问题，力图为全球性问题的解决提供有效方案，在全球治理发展中具有重要的历史意义。

几乎同一时期，全球治理问题也得到了詹姆斯·N.罗西瑙、罗伯特·基欧汉、约瑟夫·奈、戴维·赫尔德等一批学者的关注。美国著名国际关系学学者詹姆斯·罗西瑙等在1992年出版了专著《没有政府的治理：世

---

① The Commission on Global Governance，Our Global Neighbourhood：The Report of the Commission on Global Governance，Oxford University Press，1995，chapter1.

界政治中的秩序与变革》，鉴于全球政治、经济乃至文化呈现出前所未有的一体化和碎片化，国际政治权威的位置发生了重大的迁移，该书认为对人类社会生活的管理也因此从国家垄断的政府统治转向多层次的治理。书中提出治理是一种由共同目标支持的活动，“这个目标未必出自合法的以及正式规定的职责，而且它也不一定需要依靠强制力量克服挑战而使别人服从”。书中还认为，治理是一种比统治内涵更为丰富的现象，“既包括政府机制，同时也包含非正式、非政府的机制，随着治理范围的扩大，各色人等和各类组织得以借助这些机制满足各自的需要、并实现各自的愿望”。[①]“治理是只有被多数人接受（或者至少被它所影响的那些最有权势的人接受）才会生效的规则体系”[②]。其后，他又在新创刊的《全球治理》第一期上提出，全球治理“可设想为包括通过控制行为来追求目标以产生跨国影响的各级人类活动——从家庭到国际组织——的规则系统”[③]。罗西瑙等学者对全球治理进行了学理层面的探讨，其开创性思想具有积极的建设性意义。

时至今日，全球治理的理论与实践在不断发展，全球治理既被视为一种规则体系，也可以看作是一种活动或实践过程。人们通常从全球治理的主体、对象、规制、价值、结果等方面去理解全球治理的要义，把握全球治理的特点。目前，全球治理主体已经超越了主权国家的传统边界，如联合国、二十国集团、北约组织、世贸组织、国际货币基金组织、世界银行等超国家行为体在全球治理体系中也扮演着越来越重要的角色，它们与跨国公司、非政府组织、个人等构成了由不同领域不同层级的行为体组成的治理网络结构。全球治理的对象，则是在经济、安全、生态等不同领域对世界上的局部区域乃至整个人类产生深远影响的跨国性问题或全球性问题。全球治理的方式不仅可以依靠强制力的规制，更多的会借助于非正式的制度安排，通过良

① ［美］詹姆斯·N. 罗西瑙主编：《没有政府的治理》，张胜军等译，江西人民出版社 2001 年版，第 5 页。

② ［美］詹姆斯·N. 罗西瑙主编：《没有政府的治理》，张胜军等译，江西人民出版社 2001 年版，第 5 页。

③ 转引自俞可平《治理与善治》，社会科学文献出版社 2000 年版，第 265 页。

好的全球合作达成的基本原则和协定，推动全球治理的实现。全球治理的价值取向，包含了尊重生命、自由、正义、平等、正直、追求可持续发展等能够被不同国家、种族、宗教、意识形态背景下的人们普遍接受和认同的价值理念，同时也要面对因不同文化和利益诉求而在理念诠释和实践运用中产生的价值冲突与交锋。但从结果来看，全球治理的最终目标还是要解决当前世界各国共同面临的全球性问题，化解冲突与矛盾，进而实现社会发展和公共利益的最大化。

尽管当前全球治理的理论与实践发展呈现出国家主义、全球主义和跨国主义的不同视角，但全球治理本身已经成为事关全球各国命运与前途的共同课题。随着世界日益成为一个紧密联系的命运共同体，有效的全球治理不仅可以维护一个国家国内秩序的安全与稳定，也有利于维护世界的和平与发展。全球治理为解决世界范围内公共事务提供了新的路径选择，也成为新时代人类合作发展的新模式。

（二）中国参与全球治理并发挥重要作用是时代发展的新要求

改革开放是一个过程，中国参与全球治理也是一个过程。改革开放 40 年，中国与世界的关系日渐紧密，中国在全球治理中的参与度与发挥的作用、扮演的角色也在与时俱进、不断提升。

从十一届三中全会召开到 20 世纪末的一段时期里，中国是全球治理的融入者与参与者。改革开放的基本国策是最初推动中国参与全球治理的主要动因。中国改革需要一个良性的外部环境，坚持对外开放也必须要与世界接触、与国际接轨。20 年间，综合国力的显著提升扩大了中国的国际影响力，为中国参与全球治理提供了有力的物质积累；社会主义市场经济体制的确立不仅使国家经济发展更具活力，也使中国有了更利于参与全球治理的体制载体；随着各种国际机制的加入，中国对全球治理的相关规制日渐熟悉，更获得了融入既有国际政治经济秩序的良好契机。中国在控制大规模杀伤性武器、联合国维和行动、全球经济治理、气候变化治理等多个领域参与了全球治理，对全球治理的态度也从改革之初的谨慎参与转为积极参与，并开始有意识地承担相应的责任。

进入新世纪后，世界呈现出大发展大变革大调整的趋势，全球化的深入展开，为发展中国家追赶发达国家提供了难得的历史机遇。新兴市场国家与发展中国家经济整体性崛起，成为世界经济增长的重要引擎，而原有的发达国家却在21世纪初爆发的全球金融危机中陷入了经济大衰退的泥沼。中国是发展中国家利用全球化实现跨越式发展的成功样板，是最大的发展中国家和社会主义国家，也是世界第二大经济体和举世公认的世界新兴大国。中国迅速崛起，国力的增强使中国不仅在融入世界的同时获得了更多有助于自身发展的外部资源和力量支持，而且也在参与全球治理过程中有了更多的责任意识和利益诉求，参与全球治理的态度与战略也有了明显改变。21世纪以来，中国深度参与各种全球治理机制，与现有世界政治经济秩序全面融入；中国参与全球治理的责任意识增强，反复申明要做负责任大国，从原来受压力的驱使去承担责任转变为更主动、自觉地去承担责任，制定相应的政策规划；与责任意识增强相应的是，中国也谋求在全球治理中发挥更多的建设性作用，拥有更大的影响力，这也成为中国在参与全球治理时新的利益诉求。中国是全球化的受益者，同时也清楚地看到了全球性问题日益凸显，传统安全威胁继续发展，非传统安全威胁持续蔓延，和平赤字、发展赤字、治理赤字使人类安全、发展和命运面临越来越严重的风险，在全球治理中国际社会亟须通力合作、共同努力，以应对这些威胁与挑战；中国是现有全球治理机制的受益者，同时也清醒地认识到现有全球治理机制已经越来越不适应国际格局的变化，越来越影响全球治理进程的推动，甚至影响到中国在全球治理中作用的发挥。为此，中国表现出了真诚的合作意愿、务实的合作态度，在全球治理中积极发挥建设者的作用，同时中国也在努力消除原有国际秩序和治理机制的不合理性，推动相关治理机制的改革进程。中国已经由全球治理机制的融入者、参与者进一步成长为全球治理中的建设者、合作者和推动全球治理机制革新的变革者。

在长期不懈的努力下，中国特色社会主义进入了新时代，迎来了从站起来、富起来到强起来的伟大飞跃。在国际上，中国正日益走近世界舞台中央，也有着为人类作出更大贡献的强烈意愿。然而，当今世界面临的不稳定性不确定性突出，逆全球化现象、民粹主义思潮与日俱增，一系列关乎人类生存发展的重大问题亟待解决，也迫切需要具有全球性影响的世界大国在紧要关头发挥引领作用和建设作用。但是，原有的全球治理体系是由西方国家创建并主导的，其制度和规则更符合西方的价值取向，在处理全球事务过程中西方国家也凭借实力，向全世界输出其价值理念和制度规范。西方国家控制下的全球治理体系难以体现出广泛的代表性和本该有的公正性、公平性，实际上把全球治理演变为西方的"霸权治理"或"制度治理"。面对世界格局的深刻变化，国际秩序变革势在必行，全球治理体系的革新也必须加速推进，传统的西方强国应对全球事务却捉襟见肘，远远不能满足形势需要，既难以提供合理有效的治理方案，也未能发挥有力的主导作用，致使全球性问题解决不畅，而且还在不断产生和积累，全球治理失灵，全球发展失序失衡愈演愈烈。这些严重问题表明，西方国家在全球治理中的作用正在衰减，其世界影响力也正在下降。

与此相对照的是，中国正在走近国际舞台的中央，改革开放以来中国在治国理政方面积累了许多成功经验，中国的全方位发展、开创性的成就、根本性的变革已经在全球范围内产生了广泛的反响，中国国际地位不断提高，中国对当前全球治理作出的贡献、对现有的国际秩序进行的评断和反思、对变革全球治理机制提出的主张和建议都引起了国际社会的高度重视。虽然中国目前在全球治理中的地位与其日益强大的国家实力并不匹配，在全球治理中的国际话语权与其意愿还有相当的差距，在全球治理中的行动表现和主张贡献也不够尽如人意，在参与全球事务治理过程中遭遇的干扰、阻挠与压制也日渐增多。但正如习近平总书记所说："当前，我国处于近代以来最好的发展时期，世界处于百年未有之大变局，两者同步交织、相互激荡。做好当前和今后一个时期对外工作具备很多国际有利条件。"① 面对正在发生

① 《坚持以新时代中国特色社会主义外交思想为指导　努力开创中国特色大国外交新局面》，《人民日报》2018 年 6 月 24 日。

着重大权力转移的国际体系，中国必须抓住机遇，迎接挑战，突破现有的国际体系中的地位困境，努力成为全球治理的引领者、设计者和贡献者，在全球治理中发挥更大的作用，这是国际社会特别是广大发展中国家的共同期望，也是中国特色社会主义新时代提出的新的发展要求。

（三）共商共建共享的全球治理观指明了通向人类命运共同体的必由之路

当今世界的变化与各国面临的发展形势是复杂严峻的，但这并未动摇和平与发展的时代主题，也并没有撕裂国与国之间的关系，相反，在共同发展中，各国的相互依存程度空前加深，“你中有我”“我中有你”的命运共同体成为国际关系最为生动的写照。

正如习近平总书记所言：“没有哪个国家能够独自应对人类面临的各种挑战，也没有哪个国家能够退回到自我封闭的孤岛。”①人类命运休戚与共的客观现实，决定了只有合作才能共存共赢共荣；只有完善和建立起公平公正有效的治理体系和世界秩序，才能克制治理失灵的问题；只有及时顺应时代变化与世界发展要求，从维护全人类的共同利益出发，发现和凝聚共识，打造全球治理新理念，才能从根本上推动人类结成利益共同体、责任共同体，进而构建起人类命运共同体。说到底，全球治理需要变革，尤其需要新的理念的引领。

对于中国而言，全球治理是伴随着学术研究而进入中国并逐渐走进国家政策体系的。2012 年党的十八大报告中，把“推动全球治理机制变革”作为中国外交取得的一项重要成就，全球治理作为纲领性战略在党的十八大报告中由此明确下来。此后，党和国家领导人多次表达了中国要更加积极参与甚至引领全球治理的决心。2015 年 10 月 12 日，十八届中央政治局举行了第二十七次集体学习，就全球治理格局和全球治理体制进行专题研究，习近平总书记提出，“要推动全球治理理念创新发展”，“弘扬共商共建共享的

---

① 习近平：《决胜全面建成小康社会　夺取新时代中国特色社会主义伟大胜利——在中国共产党第十九次全国代表大会上的报告》，《人民日报》2017 年 10 月 28 日。

全球治理理念”。[①] 此后，共商共建共享的全球治理理念的内涵不断丰富和完善。“共商”即各国共同协商、深化交流，加强各国之间的互信，共同协商解决国际政治纷争与经济矛盾；“共建”即各国共同参与、合作共建，分享发展机遇，扩大共同利益，从而形成互利共赢的利益共同体；“共享”即各国平等发展、共同分享，让世界上每个国家及其人民都享有平等的发展机会，共同分享世界经济发展成果。2017 年第 71 届联合国大会召开，“共商、共建、共享”的全球治理理念首次被纳入联合国决议，表明中国理念也获得了国际社会的高度认同。2017 年 10 月党的十九大报告进一步提出，“倡导构建人类命运共同体，促进全球治理体系变革”。由此，“共商、共建、共享”的全球治理理念，不仅为当今世界面临的共同难题提供了破解思路，也为构建人类命运共同体注入了新动力新活力。2018 年 6 月在上合组织成员国元首理事会第十八次会议上，习近平总书记强调指出，“我们要坚持共商共建共享的全球治理观，不断改革完善全球治理体系，推动各国携手建设人类命运共同体”[②]。共商、共建、共享的全球治理观是全球治理体系的理论核心，它的提出也向世界表明了中国对全球治理体系的价值期待，再次宣明构建人类命运共同体是全球治理要达成的最高目标。

共商共建共享的全球治理观包含着多重思想内涵。首先，从全球治理的主体看，虽然不同领域、不同层级的行为体构成了一个多元立体的全球治理网络结构，但在国际舞台上，民族国家仍然是国际关系的主要行为体，也是全球治理中的核心力量。共商共建共享的全球治理观蕴含着共有共治共享的思想，它要求在应对全球问题、推进全球治理进程中，世界各国不分大小、强弱，都可以平等地参与，共同协商，共担全球责任，共谋全球福祉。它反对西方主导下的霸权治理，要求建设更具代表性的更合理的治理体系，以弥补当前全球治理体系中代表性不足、以体现国际关系的权力格局已经随

---

① 习近平：《推动全球治理体制更加公正更加合理　为我国发展和世界和平创造有利条件》，《人民日报》2015 年 10 月 14 日。

② 习近平：《弘扬“上海精神”构建命运共同体——在上海合作组织成员国元首理事会第十八次会议上的讲话》，《人民日报》2018 年 6 月 11 日。

着西方国家实力衰减和新兴市场国家群体的崛起而发生变化的现实。共商共建共享强调全球治理主体的共同参与，尤其要增加新兴市场国家和发展中国家的发言权及代表性，从而能够更加全面地、完整地、充分地、平衡地反映大多数国家的意愿和利益，这也是国际关系民主化对全球治理改革的必然要求。

其次，从全球治理的原则看，共商共建共享的全球治理观要求确立公平公正的治理原则。没有规矩不成方圆，规则是维持秩序的基础。确立和遵循什么样的规则，反映了不同行为体在全球治理中的话语权，折射着全球治理体系的代表性，体现着全球治理中的利益天平在向哪个方向倾斜。共商共建共享的全球治理观肯定了多元主体拥有平等参与全球治理的机会和政治权利，并要求根据各参与方的实际情况公平地、充分地考虑其在处理国际事务中的责任、权利以及对治理成果的分享，确立相应的规则、制度、程序，提高全球治理中的制度化水平，克服西方国家主导下原有全球治理体系中不合理的导向性，使全球治理体现出公平、公正的原则性。

再次，从治理方式看，共商共建共享的全球治理观支持更具开放性和合作性的治理方式。依据这一全球治理观，全球治理不会预设固定成员，也不会由特定的治理主体垄断治理议题、议程，指定和操控治理路径，瓜分治理成果。它不是封闭的，相反，更注重治理主体间的平等交流、合作建设与共同分享。与共商共建共享的全球治理观相匹配的是更具开放性和合作性的治理方式。开放指的是参与成员开放、议程开放、过程开放和结果开放，以非歧视性原则吸纳愿意承担责任的治理主体加入，以有效应对治理危机为出发点，超越国家和意识形态的分野去凝聚共识，以非排他性的规制安排去促进合作，并在共赢的基础上兼顾治理体系内外各方，共同分享治理红利。

复次，从治理目标看，秉持共商共建共享的全球治理观，其最高目标是构建人类命运共同体。十八大以来，中国共产党创造性地提出构建人类命运共同体。人类命运共同体的主张，其着眼点是人类整体而非个别国家和部分群体，思考的是人类整体的利益诉求和前途命运，强调要关注和解决世界共同面对的问题，主张尊重国家主权平等，在此基础上建立起的融利益、责任、价值等多维度内涵的共同体。人类命运共同体可以看作是为实现全人类共同的价值追求而提出的创新理念和方案，是中国对当代世界和平与发展的重要贡献。构建人类命运共同体思想的提出和发展，也进一步推动了对全球治理的理性思考。共商共建共享的全球治理观，以构建新型国际关系为实践目标，以提升人类共同福祉为己任，以天下观天下，与构建人类命运共同体的主张有着同样的人类情怀，并以构建人类命运共同体为最终选择目标。

总体而言，共商共建共享的全球治理观为全球治理体系革故鼎新注入了新动力，也指明了通向人类命运共同体的必由之路。

（四）中国积极参与全球治理展现负责任大国形象

构建人类命运共同体，就是要“建设持久和平、普遍安全、共同繁荣、开放包容、清洁美丽的世界”①。国家实力的显著增强，对全球治理高屋建瓴的认识，让中国与世界的融合更为深入。通过开展经济、安全、社会和环境等多领域多层次的治理活动，中国正在不断扩大参与全球治理的范围，努力推动着全球治理体系改革和建设，也展现了负责任大国的良好形象。

追求和平发展是人类的共同愿望，也是中国参与全球治理的首要任务。当前国际形势错综复杂，不稳定、不确定、不可测因素增多，冷战思维和强权政治依旧阴霾不散，如何在这样的环境下建设持久和平的世界？中国本着负责任大国的道义与担当，提供了构建人类命运共同体的中国方案。2017年2月和11月联合国社会发展委员会和第72届联大负责裁军和国际安全事务的第一委员会两次将人类共同体理念载入联合国决议，这一理念越来越被国际社会所认同。2013年中国发起了“一带一路”倡议，截至2017年底，中国已经与80多个国家和组织签署了合作协议，推进沿线24个国家建设75个境外经贸合作区，中国对沿线国家投资累积超过500亿美元，创造了近20万个就业岗位。中国以义为利，义利兼顾，超越意识形态的隔阂和强

① 习近平：《决胜全面建成小康社会 夺取新时代中国特色社会主义伟大胜利——在中国共产党第十九次全国代表大会上的报告》，《人民日报》2017年10月28日。

权霸权的阻碍，为建设持久和平世界提供了国际社会广受欢迎的公共产品。2017年末中国共产党与世界政党高层对话会的召开，不仅表明中国已经把世界各政党视为全球治理的重要力量，也传递了中国共产党愿与世界各国政党一起共促世界和平发展、共掌人类前途命运的坚定决心。近年来，一系列标志性会议先后在中国举办，如APEC领导人非正式会议、二十国集团领导人杭州峰会、"一带一路"国际合作高峰论坛、金砖国家领导人厦门会晤等，这不仅让中国逐渐成为世界范围内关注人类共同命运、谋求人类共同发展的中心地带，树立起了负责任大国的形象，也通过会议建立起了良好的沟通、协商、合作机制，推动和引领着全球治理机制的变革。中国还致力于推动朝鲜半岛无核化进程、积极斡旋叙利亚危机等，为寻求政治解决争端与冲突，维护人类和平的大局担当起了应有的大国责任。

参与全球经济治理是中国参与全球治理的重点领域。进入新世纪以来，中国经济增长远高于世界平均水平。2008年金融危机以来，中国积极承担全球经济治理责任，对全球经济显露出日益重要的影响。2012年党的十八大报告提出，"中国坚持权利和义务相平衡，积极参与全球经济治理"，① 首次提出了"全球经济治理"概念。在具体实践中，中国积极推动国际经济金融组织的革新和公共产品的供给，提升我国在全球经济治理中的制度性话语权。如，在中国的积极推动下，从2016年1月27日开始，国际货币基金组织内的中国份额占比从3.996%上升至6.394%，排名从第6位上升至第3位，仅次于美国和日本。再如，中国积极推动国际货币治理体系改革，努力推动人民币国际化。2016年10月1日，人民币正式纳入国际货币基金组织特别提款权（SDR）的货币篮子，继美元、欧元后，人民币也具有了成为储备货币的巨大潜力。这是特别提款权（SDR）第一次增加发展中国家货币，是人民币国际化水平提升的标志，对于世界货币体系的改革具有积极的促进作用。再如，中国作为世界第二大经济实体，积极倡行"一带一路"，倡议并

① 胡锦涛：《坚定不移沿着中国特色社会主义道路前进　为全面建成小康社会而奋斗——在中国共产党第十八次全国代表大会上的报告》，《人民日报》2012年11月18日。

筹建了亚投行，亚投行的设立，弥补了国际金融产品严重短缺的状况，作为第一个由发展中国家主导筹建的多边开发性金融机构，将有力地提升发展中国家在全球经济治理中的代表性和话语权，是全球金融治理的制度创新。中国始终坚持“引进来”和“走出去”相结合的参与战略，坚持发展高层次的开放型经济，在对外投资合作方式上进行创新、服务上提供保障、金融上建立支持体系，鼓励企业制定国际化发展战略，与各国各地区开展互利共赢的产业投资合作，中国作为高速增长的对外投资来源地，为世界其他国家提供了发展动力。中国积极参与全球经济治理，还表现在积极运用联合国、二十国集团等主要平台发挥作用，推动金砖国家合作机制发挥作用，完善亚太经合组织、亚欧会议、上海合作组织等区域次区域合作机制并充分发挥其作用，强化中非、中阿、中拉等合作机制进而打开国际合作新格局。此外，中国还全面地参与国际经济规则的制定，在全球性议题上，积极贡献新主张、新倡议和新的行动方案，中国正逐渐摆脱被动接受的局面，逐步成长为全球经济治理规则的倡导者和制定者。

公共安全治理成为全球治理中的一项重要内容。在安全方面，全球化时代，超越国界的公共安全事件层出不穷，疾病疫情、恐怖袭击、贩毒贩卖人口、武器走私、网络犯罪、核扩散威胁、粮食短缺、能源枯竭等安全问题是众多国家共同面临的严重危害，无法依靠一己之力就能化解，也无法置身事外独善其身。中国主张构建的人类命运共同体也是普遍安全的人类命运共同体，在全球公共安全治理方面，中国积极为全球安全治理贡献自己的智慧，倡导树立共同、综合、合作、可持续的全球观；坚持公平公正共赢的原则，积极开展全球协作，参与全球各项安全事务的处理；强化联合国等国际组织在全球安全治理中的地位和作用；鉴于非传统安全威胁大量涌现，危及整个人类生存安全，中国不仅注重发展双边、多边机制应对全球安全威胁，还调整治理规则，主动引领建立全球治理安全机制，以体现全球安全的整体治理，推动全球安全治理机制革新。例如，2017 年 10 月，习近平总书记在国际刑警组织第八十六届全体大会开幕式上阐述了合作、创新、法治、共赢的四点主张，其中蕴含的合作安全新思维与共同安全新内涵，回应了 158 个国家和地区执法机构的普遍愿望，在这个全球性的、代表性最广的执法机构内产生了高度认同。又如，中国积极支持并透过联合国、世界卫生组织、国际刑警组织、上海合作组织等全球性的或者区域性的国际组织在全球治理中发挥作用，通过这些平台达成的协议、条例、条约、公约，如《国际卫生条例》《联合国打击跨国有组织犯罪公约》《全球反恐战略》《打击恐怖主义、分裂主义和极端主义上海公约》《上海合作组织反恐怖主义公约》等，制定国际标准，提供专业方法，对全球公共卫生的安全治理、跨国犯罪的治理、国际恐怖主义的安全治理等提供支持；中国还先后同70多个国家和地区深度开展打击网络犯罪合作。截至2017年底，中国警方已与113个国家和地区建立了务实高效的合作关系，搭建了129个双多边合作机制和96条联络热线，全方位、立体化、多层次的国际执法安全合作工作新格局初步形成。中国积极参与全球安全事务的处理，对外派出的维和人数在联合国安理会5个常任理事国中最多。在2014年西非埃博拉疫情被世界卫生组织宣布为“国际关注的突发公共卫生事件”时，中国政府及时调动物资派出人员，建成西非第一个固定生物安全三级实验室，实施防控措施。此外，中国为维护全球粮食安全、能源安全等也作出了积极的努力。中国积极参与全球安全治理，为全球安全、和平、稳定、有序发展作出了重要贡献。再如，2015年中国等5国向联合国提交了《信息安全国际行为准则》，2017年中国发布《网络空间国际合作战略》，提出了构建网络空间命运共同体的中国方案。

积极参与全球生态环境治理，建设清洁美丽的世界，这是构建人类命运共同体的应有之义。人类的野蛮发展是全球化快速发展产生的消极影响之一，其所导致的日益严重的环境污染和生态危机正以前所未有的猛烈程度威胁着人类的生存。十八大以来，中国以更加积极主动的姿态参与全球生态环境治理。在国内，中国坚持人与自然和谐共生，秉持尊重自然、顺应自然、保护自然的绿色发展理念，加快推进低碳转型，推动经济社会发展的空间格局、产业结构、生产方式、生活方式向着节约资源和保护环境的方向迈进。自2013年起，“生态文明贵阳会议”经党中央批准更名为“生态文明贵阳国际论坛”，其主题从2013年的“可持续发展”到2014年的“携手”、2015

年的“新常态”、2016年的“知行合一”、2017年的“共享”、再到2018年的“绿色发展”，中国的绿色发展理念也借此从贵阳传向世界。中国的积极作为受到了国际社会的广泛赞赏，不仅增强了发展中国家应对环境变化的能力，也为全球生态环境治理积累了宝贵的经验。在国际上，中国携手世界各国迎接全球环境治理的考验，也表现出了新兴大国的责任担当，其话语权和影响力显著增强，中国作为全球生态文明建设的重要参与者、贡献者、引领者的角色进一步清晰起来。如在目前最突出的全球气候治理方面，《巴黎协定》的签署为全球气候治理指明了方向和目标，具有里程碑式的重大意义，其中中国在《巴黎协定》的达成、签署、批准、生效的整个过程中都发挥了至关重要的作用。2014年，通过艰苦谈判，中美两国领导人发布了《中美气候变化联合声明》，世界上两个最大的温室气体排放国，带头公布了自主贡献的目标；在中美两国带动之下，2015年12月12日，《联合国气候变化框架公约》近200个缔约方在巴黎气候变化大会上一致同意通过《巴黎协定》；2016年4月22日，《巴黎协定》由175个国家正式签署；同年9月，在举办的G20会议上，中国邀请美国向联合国秘书长递交了两国批准和加入《巴黎协定》的法律文书，带动了更多国家批准加入《巴黎协定》。2016年11月4日《巴黎协定》正式生效时，当初加入《公约》的92个缔约方批准了《巴黎协定》，其温室气体排放占全球总量的65.82%，超过了协定生效所需的55个国家、占全球55%的温室气体排放总量的门槛限制，截至2017年5月底，148个国家或地区亦已经批准生效《巴黎协定》的相关内容。联合国秘书长潘基文评价中国为《巴黎协定》的达成、巴黎气候大会的成功作出了历史性的贡献、基础的贡献、重要的贡献、关键的贡献。我国以自己的建树得到了越来越多国家的认可。我国提交的应对气候变化的“国家自主贡献”方案极富新意，进一步提升了我国在全球气候治理中的影响力，中国积极承担国际责任和义务的真实表现，与某些发达国家的消极态度形成了鲜明对比。可以说，在全球气候治理中，在坚持绿色低碳这一议程上，中国的国际角色正从参与者、追随者向引领者、领导者过渡。另外，中国还积极开展南南合作，帮助发展中国家开发可再生清洁能源，援建小水电、沼气、太阳能等小型清洁能源项目，帮助其培训上述领域相关人员，中国还向联合国环境规划署信托基金捐款等活动捐助款项等，帮助发展中国家提高应对全球生态环境变化的能力。

此外，构建人类命运共同体也促使中国从人类共同发展的全局视野去审视和参与全球治理，跨越时空变迁、超越意识形态和文化壁垒、翻越社会制度间的阻碍，用更加包容的姿态迎接全球治理，“以文明交流超越文明隔阂、文明互鉴超越文明冲突、文明共存超越文明优越”①，在尊重世界文明多样性思想氛围和文化语境中，建设起开放包容的新世界。

中国正在走近世界舞台中央，中国在全球治理中也必将扮演越来越重要的角色。当前中国参与全球治理也面临着诸多的现实挑战。全球治理危机本身的公共性、综合性、全球性等特殊性，全球治理中国家主义和全球主义之间的张力，以及来自发展中国家和西方国家的巨大压力等等，这些依然会成为未来相当一段时间内中国参与全球治理的阻力和障碍。中国必须做好应对不可预测风险的充分思想准备，才能破解困境，实现发展中国与推进全球治理的并进，在构建人类命运共同体的过程中展现中国特色社会主义创新发展的全球新定位。

---

① 习近平：《决胜全面建成小康社会　夺取新时代中国特色社会主义伟大胜利——在中国共产党第十九次全国代表大会上的报告》，《人民日报》2017年10月28日。

后 记

《新时代中国特色社会主义理论创新发展研究》系辽宁省社会科学规划基金2016年度马克思主义学科重大研究方向项目结题成果。本书由项目主持人大连理工大学马克思主义学院魏晓文教授确定选题，提出编写方案，拟定写作提纲，由大连理工大学马克思主义理论学科马克思主义中国化研究方向的博士生导师和硕士生导师合作完成。本选题具有以下特点：

第一，研究主题：本书坚持党性和科学性相统一的原则，运用马克思主义的立场、观点与方法，紧紧围绕新时代中国特色社会主义理论创新发展这一逻辑主线，开篇阐明了中国特色社会主义理论创新发展的逻辑起点，并立足于中国特色社会主义进入新时代这一新的历史方位全面地论析了新时代中国特色社会主义创新发展的新部署，着眼于“四个全面”这一战略新布局，分别揭示了全面建成小康社会是新时代中国特色社会主义创新发展的奋斗目标、全面深化改革是新时代中国特色社会主义创新发展的根本动力、全面依法治国是新时代中国特色社会主义创新发展的本质要求、全面从严治党是新时代中国特色社会主义创新发展的伟大工程。同时统筹国内国外发展大势揭示了推动新时代中国特色社会主义创新发展必须坚持以“新发展理念”为内核的新要求，坚持“四个自信”的新境界，着眼于构建人类命运共同体这一中国特色社会主义创新发展的全球新定位。

第二，研究视角：本书立足于中国特色社会主义进入新时代这一全新历史方位，以中国特色社会主义理论在新时代的创新发展为总纲要和大逻辑，在历史的纵向发展和现实的横向比较视野中，全面系统地论析并揭示了新时代中国特色社会主义理论创新发展的逻辑起点、新部署、新目标、新动力、新方略、新工程、新要求、新境界和新定位，进而在本土与世界、历史与现实、传统与现代、制度与文化的相互参照和互动融合的视野中，彰显了新时代中国特色社会主义理论创新发展的时代价值和世界意义。

第三，研究方法：本书坚持以辩证唯物主义和历史唯物主义的世界观和方法论为指导，综合运用历史研究、文献研究、比较分析、逻辑分析等多领域多学科研究方法，在深入学习习近平新时代中国特色社会主义思想和深刻领会中共中央相关文献精神，追踪本学科的理论前沿，继承和吸收本学科优秀研究成果的基础上，对新时代中国特色社会主义理论创新发展进行了历史性与时代性、学理性与实证性、整体性与系统性相互贯通和有机统一的学理研究。

本书共九章，分工如下：第一章由徐成芳教授撰写；第二章由刘志礼教授撰写；第三章由陈晓晖教授撰写；第四章由荆蕙兰教授撰写；第五章由刘洁教授、马万利教授撰写；第六章由魏晓文教授撰写；第七章由刘洁教授撰写；第八章由方玉梅教授撰写；第九章由朱琳琳副教授撰写。全书由魏晓文教授统稿、定稿。

本书在撰写中参考了中共中央相关文献和本学科相关论著，吸收了有关专家学者的研究成果，恕不一一列举，在此表示诚挚谢意。同时，感谢人民出版社给予本书出版的鼎力支持，感谢王萍编审的高度负责、科学严谨和热情帮助。最后，感谢辽宁省社科规划办给予的马克思主义学科重大研究方向的项目支持，感谢大连理工大学马克思主义学院给予本项目的大力支持。

本书的问世，倘若能对系统深入理解新时代中国特色社会主义理论和实践的创新发展有一定的启示和借鉴，则是我们最大的愿望和追求。由于本书编写组的理论水平和认识能力所限，书中难免有浅显和疏漏之处，敬请各位读者批评指正。

魏晓文

2019 年 4 月

责任编辑:宫　共
封面设计:源　源

图书在版编目(CIP)数据

新时代中国特色社会主义理论创新发展研究/魏晓文 等著.—北京:
人民出版社,2020.6(2022.1 重印)
ISBN 978-7-01-022010-9

Ⅰ.①新…　Ⅱ.①魏…　Ⅲ.①中国特色社会主义-理论研究　Ⅳ.①D616

中国版本图书馆 CIP 数据核字(2020)第 056156 号

新时代中国特色社会主义理论创新发展研究
XINSHIDAI ZHONGGUO TESE SHEHUIZHUYI LILUN CHUANGXIN FAZHAN YANJIU

魏晓文　等著

人民出版社 出版发行
(100706　北京市东城区隆福寺街 99 号)

北京兴星伟业印刷有限公司印刷　新华书店经销

2020 年 6 月第 1 版　2022 年 1 月第 2 次印刷
开本:710 毫米×1000 毫米 1/16　印张:20.25　字数:320 千字

ISBN 978-7-01-022010-9　定价:55.00 元

邮购地址 100706　北京市东城区隆福寺街 99 号
人民东方图书销售中心　电话 (010)65250042　65289539

版权所有·侵权必究
凡购买本社图书,如有印制质量问题,我社负责调换。
服务电话:(010)65250042